高静低动刚度
隔振理论与控制技术

柴 凯 楼京俊 杨庆超 等 著

华中科技大学出版社
http://press.hust.edu.cn
中国·武汉

内 容 提 要

高静低动刚度隔振技术已成为2021年机械与运载工程领域工程研究前沿之一。作者长期致力于舰船动力装置减振降噪、非线性动力学控制相关领域的研究，在高静低动刚度隔振理论与控制技术领域取得了许多创新成果。作者对已发表的成果和相关文献进行整理和汇编，据此著成此书。

本书以设计低频紧凑型高静低动刚度隔振器和实现高静低动刚度隔振系统吸引子迁移控制及高品质振动隔离效果为目标，对高静低动刚度隔振系统的动力学特性和线谱最优控制进行了深入研究，具体涉及磁体型高静低动刚度隔振系统建模和分析、幅频特性及其稳定性分析、隔振机理和传递率分析、局部分岔和全局性态分析、吸引子迁移控制、主动控制和混沌化控制等，为高静低动刚度隔振理论方法和技术手段在船舶辐射水声低频线谱控制中的应用提供主要理论基础和关键技术支撑。

本书采用理论研究、仿真分析和试验验证相结合的手段，系统深入地展示本领域的研究现状、发展趋势和成果应用，图表丰富、内容全面、可操作性强，既可满足轮机工程、机械工程和船舶声隐身技术与工程等学科方向本科生、研究生的教学需要，亦可供土木、水利、动力、车辆、飞行器和自动控制等行业从事振动咨询工作和减振降噪设计的工程技术人员和管理人员参考。

图书在版编目(CIP)数据

高静低动刚度隔振理论与控制技术 / 柴凯等著. －－ 武汉：华中科技大学出版社，2025.1.
ISBN 978-7-5772-1210-4

Ⅰ．U674.76

中国国家版本馆 CIP 数据核字第 2024LE8843 号

高静低动刚度隔振理论与控制技术
Gaojing-Didong Gangdu Gezhen Lilun yu Kongzhi Jishu

柴凯　楼京俊　杨庆超　等　著

策划编辑：金　紫
责任编辑：陈　忠
封面设计：原色设计
责任校对：王亚钦
责任监印：朱　玢
出版发行：华中科技大学出版社（中国•武汉）　　电话：(027)81321913
　　　　　武汉市东湖新技术开发区华工科技园　　邮编：430223
录　　排：华中科技大学惠友文印中心
印　　刷：湖北金港彩印有限公司
开　　本：787mm×1092mm　1/16
印　　张：15
字　　数：294 千字
版　　次：2025年1月第1版第1次印刷
定　　价：98.00元

本书若有印装质量问题，请向出版社营销中心调换
全国免费服务热线：400-6679-118　竭诚为您服务
版权所有　侵权必究

作者简介

柴 凯

海军工程大学舰船与海洋学院副教授，主要从事舰船非线性减振领域研究，主持国家自然科学基金青年科学基金、国防科技基础加强计划等项目3项，发表SCI/EI论文30余篇，获发明专利授权10余项，出版专著教材3部，获湖北省技术发明奖二等奖1项。

楼京俊

海军工程大学舰船与海洋学院教授，主要从事舰船声隐身技术与工程领域研究，主持军队级项目20余项，发表SCI/EI论文50余篇，获发明专利授权8项，出版专著5部，获军队科技进步奖一等奖1项，湖北省技术发明奖二等奖1项，全国优秀博士学位论文奖。

杨庆超

海军工程大学舰船与海洋学院副教授，主要从事舰船装备保障和振动与噪声控制领域研究，主持国家自然科学基金青年科学基金、国防科技基础加强计划等项目5项，发表SCI/EI论文20余篇，获发明专利授权8项，出版译著1部，获湖北省技术发明奖二等奖1项。

苏 攀

海军工程大学动力工程学院副教授,主要从事舰船非线性振动控制及嵌入式仿真领域研究,主持军队级项目2项,发表论文20余篇,获发明专利授权2项,软件著作权10余项,主编教材2部,获军队科技进步奖三等奖1项。

朱清波

湖北工业大学机械工程学院高级实验师、实验中心主任,主要从事基于深度学习的机械工程技术领域研究,主持和参与纵横向科研项目34项,发表SCI/EI论文10余篇,获发明专利授权4项,出版专著2部。

丰少伟

海军工程大学舰船与海洋学院副教授,主要从事舰船装备保障领域研究,主持军队级项目10余项,发表论文40余篇,获发明专利授权6项,出版专著教材4部,获军队科技进步奖二等奖2项、三等奖1项,湖北省科技进步奖二等奖1项。

序

党的十八大首次提出"建设海洋强国"战略部署,十九大明确要求"坚持陆海统筹,加快建设海洋强国",二十大创新提出"发展海洋经济,保护海洋生态环境,加快建设海洋强国"。党中央、国务院高度重视海洋工作,将海洋视为未来国家高质量发展的战略高地、资源宝地和能源要地,优化蓝色空间、打造蓝色引擎、激发蓝色动能。随着海洋强国战略深入实施,国家海防安全面临的风险和挑战不断增多,维护海洋权益和海防安全离不开一支强大的海军,建设世界一流海军必须有一流作战舰艇,而声隐身性已成为舰艇先进性的重要标志。对于舰船而言,提高生命力和战斗力的关键在于保持其隐蔽性,减小辐射水声,从而降低被敌方声呐探测的可能性;对于民船而言,船体振动会影响乘客的舒适性,严重时甚至会危害健康,振动过大也会导致机器失常、仪表失灵、船体破坏等,甚至对船舶的安全性构成严重威胁。

减振是控制船舶机电设备振动向船体传递最常用的手段,目前减振系统大多依据线性理论设计,中高频段的振动虽已得到有效控制,但随着机电设备重载、轻质趋势日益突显,以及对振动控制要求的日趋严格,低频振动控制问题显得尤为突出。采取新型化、小型化、一体化的非线性减振器来抑制振动噪声的传播,从非线性动力学角度研究和设计减振系统,提高舰艇安静性和船舶安全性越来越受到人们重视。同时,利用非线性减振系统处于混沌状态时其响应功率谱呈连续谱这一特征,可重组机电设备对船体激励的线谱结构、削弱特征线谱强度,从而改变和降低舰船辐射水声中的线谱成分,提高舰船的声隐身性能。

高静低动刚度隔振器是一种能够隔离低频振动的被动非线性隔振器,承载力取决于正刚度元件,而负刚度元件能降低动刚度,获得支撑被隔离设备的高静刚度和减小振动传递率的低动刚度特性,解决了低固有频率和小静态变形之间难以兼得的矛盾,可以满足舰船机械设备低频隔振换挡加速和弯道超车的迫切需求。该书作者团队基于长期从事舰船机械振动噪声控制的研究成果和工程经验,提出一套完整的高静低动刚度隔振系统设计理论及控制方法,为打造安静型舰艇、舒适型船舶及精密仪器超低频微幅减振系统提供新理论、好方法和硬成果。该书主要内容包括两个方面:一是高静低动刚度隔振系统理论,主要讨论磁体型高静低动刚度隔振器设计、高静低动刚度隔振系统力学特性及分岔特性,构建高静低动刚度隔振系统动力学特性的整体图像;二是全面论述高静低动刚度隔振系统控制技术,具体包括高静低动刚度隔振系统吸引子迁移、主动控制及线谱混沌化,满足船舶机电设备机械隔振系统的高性能隔振需求和高品质低频线谱混沌化的工程应用需要。

该书不仅凝聚了作者团队在高静低动刚度隔振理论与控制技术领域的科研积累,还广泛借鉴了国内外同行的研究成果,并注重对基本概念和基本方法的介绍,博采众长而不落窠臼。该书归纳的这些工作编排合理、脉络清晰、内容翔实,具有很强的学术前瞻性与工程实践性,是振动噪声控制领域一部创新性甚强的专著。相信该书的出版将推动我国船舶机电设备非线性减振理论及其关键技术的创新发展和实船应用。

2024 年 9 月

前　　言

舰船水下辐射噪声中的低频线谱能量集中,且如同"声指纹",有其独特性,是现代被动声呐在水声对抗中检测、跟踪和识别目标的主要特征信号。民用船舶装备低频振动也已成为影响可靠性、安全性、舒适性的重要因素。被动隔振器是一个承载的耗能元件,具有结构简单、低能耗和经济性好等优点,是隔离舰船机械设备振动向艇体传递的主要手段。然而,目前绝大多数基于线性隔振理论研制的被动隔振器具有频率不变性,无法实现舰船辐射水声由线谱输入转化为连续谱输出,而且线性隔振系统对外界激励频率小于$\sqrt{2}$倍系统固有频率的低频线谱隔离能力有限。同时,大承载力和超低频隔振、超低刚度和位置稳定性、低共振点传递率和宽频域高衰减率之间的矛盾一直制约着被动隔振器的工程应用。由正负刚度元件并联的高静低动刚度隔振器,承载力取决于正刚度元件,而负刚度元件则可以降低系统动刚度,获得支撑被隔离设备的高静刚度和减小振动传递率的低动刚度特性,既可提高工作点附近的低频隔振性能,又能保持系统的稳定性。同时,高静低动刚度隔振器是一种组合式强非线性被动隔振器,由于诱发混沌的最小控制增益、混沌线谱强度均与非线性系统的等效线性刚度成正比,因此高静低动刚度特性正好满足混沌化理论工程化应用对隔振器的需求,且有利于实现小能量控制混沌化。

为此,本书系统介绍高静低动刚度隔振理论及其在控制技术中的应用,旨在总结作者多年来在高静低动刚度理论教学、科研和减振降噪元器件研制等方面的理论成果和工程经验。本书分为两大部分:第一部分(第1章至第4章)为高静低动刚度隔振系统理论,主要讨论磁体型高静低动刚度隔振器设计、高静低动刚度隔振系统力学特性及分岔特性;第二部分(第5章至第8章)全面论述高静低动刚度隔振系统控制技术,具体包括高静低动刚度隔振系统吸引子迁移、主动控制及线谱混沌化。

在本书的撰写过程中,湖南大学周加喜教授、沈阳工业大学韩旭副教授、军事科学院李爽助理研究员对本书提出了众多宝贵意见,你们的把脉点拨和真知灼见使本书拨云见日,愈加行云流水。感谢海军工程大学和湖北工业大学对本书出版的大力支持。在这里,同时还要感谢课题组的所有成员,本书完稿时时处处凝聚着你们的心血浇筑和鼎力帮助,尤其是朱清波博士、刘俊锋博士、初嘉文博士、李荣华博士、卢锦芳博士。

本书的研究和出版得到了国家自然科学基金项目(52201389)和湖北省自然科学基金项目(2020CFB148)的支持,在此致以深切的谢意。

本书可作为轮机工程、舰艇综合隐身技术与工程两个船舶与海洋工程学科方向本科生或研究生的教材,也可作为机械、土木、水利、动力、车辆、飞行器、自动控制等行业从事振动咨询工作和振动控制设计的工程技术人员的参考用书。

在撰写本书过程中,作者挑灯伏案、竭尽所能、力求完善,但囿于知识水平和工程经验,错误与不当之处在所难免,敬请专家与广大读者批评指正。

作　者

2024 年 10 月

目　　录

第 1 章　概述 ……………………………………………………………（1）
　1.1　引言 ………………………………………………………………（1）
　1.2　机械振动基础 ……………………………………………………（3）
　1.3　高静低动刚度理论基础 …………………………………………（7）
　1.4　高静低动刚度隔振系统理论研究现状 …………………………（11）
　1.5　高静低动刚度隔振系统控制研究现状 …………………………（14）
　1.6　本章小结 …………………………………………………………（18）

第 2 章　磁体型高静低动刚度隔振器设计 …………………………（19）
　2.1　引言 ………………………………………………………………（19）
　2.2　双环永磁体型高静低动刚度隔振器设计 ………………………（19）
　2.3　三磁体型高静低动刚度隔振器设计 ……………………………（38）
　2.4　电磁体型高静低动刚度隔振器设计 ……………………………（54）
　2.5　本章小结 …………………………………………………………（70）

第 3 章　高静低动刚度隔振系统力学特性 …………………………（71）
　3.1　引言 ………………………………………………………………（71）
　3.2　高静低动刚度隔振系统静力学特性 ……………………………（71）
　3.3　单自由度高静低动刚度隔振系统动力学特性 …………………（75）
　3.4　两自由度高静低动刚度隔振系统动力学特性 …………………（84）
　3.5　时滞对高静低动刚度隔振系统的影响分析 ……………………（92）
　3.6　本章小结 …………………………………………………………（112）

第 4 章　高静低动刚度隔振系统分岔特性 …………………………（113）
　4.1　引言 ………………………………………………………………（113）
　4.2　高静低动刚度隔振系统局部分岔分析 …………………………（113）
　4.3　高静低动刚度隔振系统全局性态分析 …………………………（125）
　4.4　本章小结 …………………………………………………………（134）

第 5 章　高静低动刚度隔振系统吸引子迁移控制 …………………（135）
　5.1　引言 ………………………………………………………………（135）
　5.2　迁移控制方法 ……………………………………………………（135）

1

5.3 高静低动刚度隔振系统共存吸引子迁移控制 …………………………… (140)
5.4 数值仿真分析 ………………………………………………………… (142)
5.5 本章小结 ……………………………………………………………… (148)

第6章 高静低动刚度隔振系统主动控制 ……………………………………… (149)
6.1 引言 …………………………………………………………………… (149)
6.2 时滞离线预估与补偿 ………………………………………………… (149)
6.3 单自由度高静低动刚度隔振系统主动控制 ………………………… (152)
6.4 两自由度高静低动刚度隔振系统主动控制 ………………………… (159)
6.5 本章小结 ……………………………………………………………… (175)

第7章 高静低动刚度隔振系统线谱混沌化控制 ……………………………… (176)
7.1 引言 …………………………………………………………………… (176)
7.2 单自由度高静低动刚度隔振系统双时延反馈混沌化 ……………… (176)
7.3 柔性基础高静低动刚度隔振系统广义混沌同步 …………………… (188)
7.4 本章小结 ……………………………………………………………… (197)

第8章 技术展望 ………………………………………………………………… (199)
8.1 引言 …………………………………………………………………… (199)
8.2 高静低动刚度仿生结构隔振 ………………………………………… (199)
8.3 高静低动刚度超结构隔振 …………………………………………… (203)
8.4 本章小结 ……………………………………………………………… (209)

参考文献 ………………………………………………………………………… (210)

附录A 谐波平衡法相关系数的表达式 ………………………………………… (222)

附录B 单变量分岔方程稳态解系数的表达式 ………………………………… (226)

附录C 分岔参数与开折参数的表达式 ………………………………………… (227)

第1章 概　述

1.1 引　言

振动是指物体经过其平衡位置所作的往复、起伏、具有重复性的微小或有限运动。从铁路到建筑,从汽车到船舶,从化工冶金到航空航天,振动现象广泛存在于日常生活中。随着科学技术突飞猛进地发展,各种重大基础设施[1](如高层建筑、路、桥结构、核反应堆,重载高速列车等)和高端设备[2](如精密加工仪器,激光探测仪,引力波探测装置等)对力学环境[3](如冲击、随机激励、地震波等含有危险源的低频振动信号环境)有着愈加严格的需求,使其对隔振器性能的要求也越来越高。隔振技术是一种振动防护中使用最为广泛而又有效的方法,通过隔振器将振源和被保护设备隔离开来,目前已广泛应用于机械与运载,化工、冶金与材料,能源与矿业,土木、水利与建筑,环境与轻纺等工程领域以及对振动控制要求较高的军事场合。

隔振器是一种用于减振和隔振的装置,其基本原理是利用特殊设计和材料来分离结构物与外界振动源之间的联系,从而减少振动的传递。通过合理地调节隔振器的刚度和阻尼等参数,实现对不同频率振动的隔离和消除,提高结构物的稳定性和安全性。当结构物受到外部振动作用时,隔振器主要通过以下三个方面的调节实现减振效果[4]。①可以通过刚度调节来实现。隔振器的刚度是指其对外界振动响应的刚性程度。一般来说,在静态负荷下,隔振器需要具有较高的刚度,以承担结构物的重量和静荷载;而在动态负荷下,为了减少振动的传递,隔振器的刚度需要降低,使得隔振器在外界振动频率较低时具有较低的刚度,从而吸收并减少振动能量的传递。②可以通过阻尼控制来实现。阻尼是指隔振器对振动能量衰减的能力。通过合理调节隔振器的阻尼特性,可以将振动能量转化为热能或其他形式的能量损耗,从而减小振动的幅值和周期。通常,合适的阻尼能够有效地消散和减缓结构的振动,提高隔振效果。③可以通过材料选择来实现。隔振器的材料选择对其性能有着重要影响。传统的隔振元件主要包括金属机械弹簧、橡胶元件以及空气弹簧等,其中金属机械弹簧根据结构形式的不同又可细分为螺旋弹簧、板簧、环形弹簧、金属丝网弹簧和贝式弹簧等不同样式。这些材料具有良好的弹性和耐久性,能够有效吸收和减少振动能量的传递,从而实现良好的减振和隔振效果。

隔振器通常采用多种调节手段的组合形式,例如调节刚度和阻尼的同时选择合适的材料,以获得最佳的隔振效果。通过这种方式,隔振器可以将外界振动与结构物分离开来,降低结构的振动响应,提高结构物的稳定性、耐久性和安全性。需要注意的是,在实际应用中,隔振器的设计和调节需要根据具体的应用场景和需求进行,不同的结构和振动环境可能需要不同类型和参数的隔振器,需要进行合理的工程设计和参数优化,以实现最佳的减振效果。

传统被动式隔振系统若要提高低频隔振性能,其刚度需设计得很小,以使隔振系统的固有频率足够低,但此时会造成弹簧过软,进而导致静态支撑稳定性变差,限制了其在大承载力低频隔振领域的工程应用。因此,迫切需要一种既具有较低动态刚度,又不会削弱原有静态支撑能力的低频隔振技术,而作为一种新兴的具有代表性的低频隔离装置,高静低动刚度隔振器正逐渐成为解决这一问题的理想选择。

准零刚度隔振器是一种能够隔离低频振动的被动非线性隔振器,具有许多独特的优势和特点[5]。高静刚度意味着在静态负载下,隔振器具有较高的刚度,能够承担结构物的静荷载,这使得结构物在正常工作状态下能够保持稳定,不会出现明显的变形或变位。低动刚度意味着在动态负载下,隔振器的刚度可以显著降低,这使得隔振器对外界振动的响应更敏感,能够有效地吸收和减少振动能量的传递。通过降低刚度,隔振器能够将结构物与外界振动源之间的连接断开,从而实现减振和隔振的效果。首先,高静低动刚度隔振器能够显著减少结构物受到的外界振动引起的振动响应,它可以将振动能量转化为热能或其他形式的能量损耗,并阻断振动的传递;其次,高静低动刚度隔振器具有较宽的频率响应范围,能够对多种频率的振动进行有效控制,这使得它在不同振动频率的环境中都能发挥较好的隔振效果,具有更广泛的应用领域;再次,高静低动刚度隔振器通常采用耐久性好的材料和结构设计,所以其使用寿命较长,能够承受较大的静荷载和动荷载;最后,高静低动刚度隔振器工作过程中不需要消耗额外能量,没有运动部件,因此可靠性也较高。综上所述,高静低动刚度隔振器通过高刚度的静态支撑和低刚度的动态响应,有效地减少了结构物受到的外界振动影响,具有显著的减振和隔振效果,在减小结构物振动响应、提高结构稳定性和安全性的应用中具有突出的优势和特点[6]。

高静低动刚度隔振器是一种重要的隔振控制技术,其应用前景广阔、发展潜力巨大。在军事装备上,高静低动刚度隔振器可以通过减少机械振动和避免将振动传递到敏感的仪器和设备中,提高装备的精度和可靠性,并保护它们免受恶劣环境的影响。这对于军事设备和武器系统的正常运行、精度和性能的稳定性都有着积极的影响。对于精确制导而言,高静低动刚度隔振器可以提供高精度的惯性测量和控制,从而实现武器系统的精准制导和打击目标的高精准度,特别是对于需要在恶劣环境下进行作战的战斗机和舰艇等载具具有重要意义[7]。在航空航天上,高静低动刚度隔振器可大幅度减轻航空航天器飞行过程中的机体振动[8]。在建筑工程上,高静低动刚度隔振器可以有效地降低建筑物受地震、风载和其他外力影响而产生的振动,提高建筑物的稳定性和抗震能力。同时,在桥梁、机械设备和交通工具等领域,高静低动刚度隔振器也有广泛的应用,它可以隔离机械设备和车辆行驶过程中产生的外力振动对设备或车辆的影响,提高设备或车辆的使用效能和舒适性。由于高静低动刚度隔振器的优势,如减振、隔振、防晃和保护贵重设备等,其应用前景正在不断扩展[9]。

1.2 机械振动基础

机械振动的研究可以追溯到古代。早在公元前5世纪,古希腊哲学家毕达哥拉斯就观察到弦乐器的振动现象,并开始研究它们的特性。他认识到弦乐器的音高与弦长、张力和质量有关,这些观察为振动理论奠定了基础。进一步的振动研究可以追溯到17世纪的牛顿时期。牛顿在其经典力学的研究中,提出了质点的运动方程和力学原理,这一运动定律也适用于描述振动系统,并且为后来的振动理论奠定了基础。18世纪末到19世纪初,法国数学家拉格朗日、瑞士数学家欧拉及法国物理学家达朗贝尔对振动理论作出了重要的贡献:拉格朗日提出了能量最小原理(拉格朗日方程),用于描述振动系统的运动;欧拉则发展了线性弹性振动的理论,提出了欧拉-伯努利梁方程,用于描述梁的振动;达朗贝尔提出了动力学理论,涉及物体运动过程中所有力的相互作用,解决了机械运动控制和力学设计中的许多问题。19世纪末和20世纪初,振动理论逐渐成为一个独立的研究领域,并在工程实践中得到了广泛应用。例如,建筑结构的振动问题引起了人们的关注,尤其是在桥梁和大型建筑物的设计中。随着科学技术的不断发展,特别是计算机和数值方法的出现,振动理论得以进一步深入研究和应用。现代振动理论包括了复杂结构的振动特性、非线性振动、阻尼振动等方面,并广泛应用于机械工程、土木工程、航空航天、声学等不同领域。总而言之,机械振动研究的起源可以追溯到古代,经过多个世纪的发展和完善,如今已经成为一个独立且应用广泛的研究领域[10]。

机械振动是指物体在受到外部力作用或系统内部失稳时,围绕平衡位置发生周期性的来回振动。机械振动是一种十分普遍的现象,凡是运行中的机械(不管它有多么精密)都存在不同程度的振动。在许多情况下,振动参数是反映机器状态最敏感的参数,即使机器状态发生微小的变化也往往能从振动参数的变化中反映出来。机械振动广泛应用于各个领域,如工程结构设计、机器运动控制、声学和仪器测量等。

(1)振动的分类及其特点

各种机器设备在运行中,都不同程度地存在振动,这是运行机械的共性。然而,不同的机器,或同一台机器的不同部位,以及机器在不同的时刻或不同的状态,其产生的振动形式又往往是有差别的,这又体现了设备振动的特殊性。因此,可以从不同的角度来考察振动问题。通常机械振动可按振动规律、振动产生的原因及振动产生的频率分类。

①按振动规律分类。

按振动规律,一般将机械振动分为图 1.1 所示几种类型。这种分类的主要依据是振动在时间历程内的变化特征。大多数机械设备的振动是周期振动、准周期振动、窄频带随机振动和宽频带随机振动,以及某几种振动类型的组合。一般在启动或停车过程中的振动信号是非平稳的。设备在实际运行中,其表现的周期信号往往淹没在随机振动信号之中。若设备故障程度加剧,则随机振动中的周期成分加强,从而导致整台设备振动增大。因此,从某种意义上讲,设备振动监测的过程,就是从随机信号中提取周期成分的过程。

②按振动产生的原因分类。

机器产生振动的根本原因,在于存在一个或几个力的激励。不同性质的力激起不同的振动类型。据此,可将机械振动分为三类。

a. 自由振动:给系统一定的能量后,系统所产生的振动。若系统无阻尼,则系统维持等幅振动;若系统有阻尼,则系统为衰减振动。一个典型的例子是将一根弹簧悬挂在固定支架上,拉伸或压缩后释放,弹簧将进行自由振动。自由振动的频率和幅度由物体的质量、刚度和阻尼等因素决定。

b. 强迫振动:元件或系统的振动是由周期变化的外力作用所引起的,如不平衡、不对中所引起的振动。一个典型的例子是录音机耳机中膜片的振动就是受到外来驱动力的持续作用引起的。强迫振动的频率取决于外部驱动力的频率,并且外部驱动力可能会导致共振现象,即使振幅不断增大。

c. 自激振动:由于系统具有非振荡性能源和反馈特性,并有能源补充,从而产生的一种稳定的周期性振动。线性系统不可能产生自激振动,能产生自激振动的系统必为非线性系统。普通的机械钟的运动是典型的自激振动。

因机械故障而产生的振动,多属于强迫振动和自激振动。

③按振动产生的频率分类。

机械振动频率是设备振动监测中的一个重要概念。在各种振动监测中常常要分析频率与故障的关系,要分析不同频段振动的特点,因此了解振动频段的划分与振动监测的关系很有实用意义。按振动频率的高低,通常将振动分为三种类型:低频振动,$f<10$ Hz;中频振动,$10 \text{ Hz} \leqslant f \leqslant 1000 \text{ Hz}$;高频振动,$f>1000$ Hz。

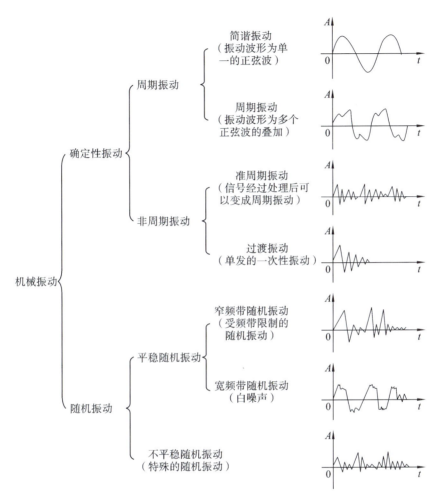

图 1.1 机械振动按振动规律分类

(2) 自激振动与共振

① 自激振动。

自由振动是由一定的初始条件激起的,而强迫振动则是由某种持续的过程激励激起的。自激振动的发生需要两个条件:第一,系统在平衡点附近的不稳定性;第二,迫使系统的工作点略微偏移平衡点的外界扰动。自激振动需要外界的激励,但自激振动的维持与扩大并不需要持续地外加交变激励,这使它与强迫振动区别开来,它是靠系统内部各部分之间的相互作用而得以维持与扩大的。自激振动在被激发之后,其振幅的上升不是无限的,当振幅上升到一定的程度后,会自行稳定下来,形成一种稳定的周期振动。但这种周期运动的形式与周期是由系统本身的特点决定的,与振动被激发的初始值无关。

稳态自激振动的轨线与周期,与其运动的初始条件无关,这是它与无阻尼自由振动的重要差别。自激振动的这种振幅自稳定性是由系统中的某些非线性因素的作用产生的。一个自激振动系统一般应该由振动体、能源、调节能源供给"阀",以及按照振动体的振动反过来控制"阀"的能量供给的反馈机构组成。

工程中的自激振动更多的是由系统内部自然形成的"内在反馈"引起的,这种自激振动又称为"颤振"。与强迫振动相比,自激振动出现得比较突然,振动强度比较大,短时间内就会对设备造成严重破坏。旋转机械常见的自激振动有涡动、振荡(油膜振荡、密封振荡、摩擦振荡等)、韵振、参数失稳[11]。

② 共振。

共振是强迫振动中激励频率等于共振频率时发生的振动。由于系统一般都有阻尼,共振频率并不等于系统的固有频率,而是略低于系统的固有频率。当系统阻尼为零时,共振频率等于系统固有频率,此时共振振幅将随时间按线性关系增长。由于阻尼越小,共振峰越尖,因此可由共振峰的形状估算阻尼值。

(3) 振动三要素及其在振动监测中的应用

构成一个确定性振动的基本要素有三个:振幅、频率和相位。即使在非确定性振动(即随机振动)中,有时也包含确定性振动。这三个基本要素也是振动监测中经常用到的最基本的概念。振幅能描述被测物体本身的总体振动特性,但无法反映被测物体的振动频率,以及对它周围的结构可能产生什么样的影响。

频率是振动监测中最重要的一个参数,确定监测方案、实施状态识别、选用监测标准等各个环节都与振动频率有关。对振动信号作频率分析是振动监测最重要的内容,也是振动监测最大的优势。对同一振动信号,加速度高频分量最强,位移低频分量最强。在实际测量中,高频用加速度传感器测量,低频用位移或速度传感器测量[12]。

相位在测量分析及故障监测中也有相当重要的地位,一般用于谐波分析、动平衡测量、识别振动类型和共振点等。

机械振动研究的具体内容包括以下几个方面。

① 振动现象和特性:机械系统的振动现象很复杂,涉及自由振动、强迫振动、自激振动和参激振动等多种振动形式。机械振动研究需要掌握振动理论和方法,分析机械系统的振动特性,包括振动模态、自然频率、阻尼比、振型等。

② 振动控制和减振:机械系统的振动往往会影响机械系统的性能和稳定性,甚至对周围环境造成干扰和损害。因此,机械振动研究中关注如何通过设计和控制来降低机械系统的振动幅值和频率,提高系统的稳定性和性能。其中被动减振技术包括质量平衡、阻尼器和隔振器等;主动减振技术包括电磁减振、压电减振和液压减振等;半主动减振则是将被动与主动两者结合,通过改变减振器参数来实现减振。

③振动测试和诊断：机械系统的振动测试是获取机械系统振动特性和运行状态的重要手段。机械振动研究需要了解振动传感器、信号处理和分析技术等，利用传感器获取振动信号，并通过信号处理和分析技术获得机械系统的振动幅值、频率和相位等信息。此外，在机械系统的运行状态发生异常时，通过诊断技术对其故障进行识别和定位，以便采取相应措施对故障进行修复。

④振动模拟和仿真：机械系统的振动模拟和仿真是机械振动研究中重要的工具之一。通过使用计算机软件，可以进行机械系统的振动模拟和仿真，预测机械系统的振动行为。在设计和优化机械系统时，通过振动模拟和仿真可以快速评估不同方案的振动性能，减少试验和设计成本，提高机械系统的设计精度和优化效率。

⑤新型振动系统的设计和应用：随着科技的不断进步，机械系统的振动特性和应用场景也在不断发生变化。例如，微振动系统是一种新型的振动系统，体积小、重量轻、耗能低，可以广泛应用于航空航天、医疗设备、计算机等领域；智能振动控制系统则可以实现振动控制的自适应和智能化；非线性振动则是一种复杂的振动形式，需要使用深入的数学和物理理论解决。因此，新型振动系统的设计和应用也成了机械振动研究的热点之一。

总之，机械振动研究涵盖了多个方面，包括振动现象、控制和减振、测试和诊断、模拟和仿真、新型振动系统的设计和应用等。这些研究有助于提高机械系统的性能、可靠性，扩大机械系统的应用范围，满足不同领域对机械系统的需求。了解和掌握机械振动的基本原理和特性对于工程设计和相关领域的研究具有重要意义。

1.3 高静低动刚度理论基础

降低系统的刚度可有效拓宽隔振频带，其主要技术思路有两种：一种是进行结构优化设计，使得隔振元件的刚度降低，但此方法将降低隔振系统的承载能力，导致被隔振设备在运行中出现"失稳"状态；另外一种是引入负刚度机构，降低系统的动态刚度，同时不影响系统的承载能力。高静低动刚度隔振器是一种将正负刚度弹性元件并联在静平衡位置附近以获得高静低动刚度特性的被动非线性隔振装置。高静刚度能够维持系统的承载能力，增加系统的稳定性；而低动刚度能够降低系统的固有频率，拓宽系统的隔振频带。高静低动刚度隔振器可以实现小的动态位移支撑大的静荷载，同时保持静平衡位置附近低刚度特征，能够满足船舶动力机械环境振动复杂且低频突出的隔振需求[13]。图1.2是高静低动刚度隔振系统的基本原理，高静低动刚度弹簧的变化率(动刚度)由正、负刚度弹簧综合作用决定，其值趋近于零但仍大于零，而静刚度仍仅由正刚度弹簧决定，所以系统承载能力并未降低，有效解决了低隔振起始频率与侧向稳定性无法兼顾的矛盾。

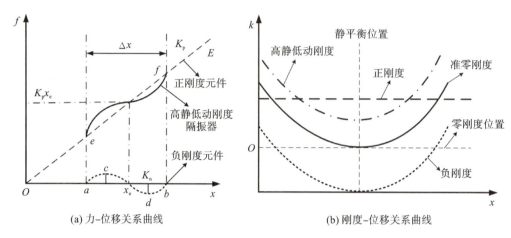

(a) 力-位移关系曲线　　(b) 刚度-位移关系曲线

图 1.2　高静低动刚度隔振系统的基本原理

正负刚度弹性元件并联的目标是获得准零刚度,即实现对一切频率的振动隔离,但工程实际中很难实现,因为存在加工精度及安装时承载质量的匹配问题,工程中难免会出现荷载不完美或刚度不完美的情形:荷载不完美是指荷载与设计值不匹配,导致静平衡点并非刚度最低,此时系统未工作在理想静平衡位置;而刚度不完美是指负刚度只部分抵消正刚度,导致系统最低动刚度并未降至零但仍小于线性弹簧刚度,此时系统处于高静低动刚度状态。

高静低动刚度隔振器研究最关键的环节是高效而又紧凑的负刚度机构设计,负刚度特性可以通过单独的结构本身特性实现,也可以由特定的结构或弹性元件并联组合实现。许多学者提出并研究了各种新型的高静低动刚度隔振器,其区别主要在于负刚度弹簧元件的材料、结构和组合形式不同,具体可分为以下几类。

(1) 储备了一定能量或者发生了一定形变的机构

此类机构预先储备了一定的能量或已发生一定的形变,在静平衡位置具有最大的弹性势能,主要典型机构包括斜置的机械弹簧、碟形弹簧、片弹簧、后屈曲梁(板或壳)、橡胶韧带和对称的预压杠杆-连杆机构等,如图 1.3 所示。韩俊淑等[14]研究了具有等厚和变厚碟形弹簧的准零刚度隔振器,但由于碟形弹簧的平衡位置被行程限制、碟形弹簧与接触面之间的滑动摩擦力难以计算且不能保证碟形弹簧始终处于压缩状态,该隔振器难以实现工程应用。黄修长等[15]通过将欧拉屈曲梁型负刚度结构与正刚度弹簧并联设计了高静低动刚度隔振器,并将其用于冲击隔离。彭超等[16]在 Cella 等提出的几何反弹簧机构基础上,研制了由三根片弹簧对称分布构成的高静低动刚度隔振器,但弹簧片的分布质量会影响振动衰减率。

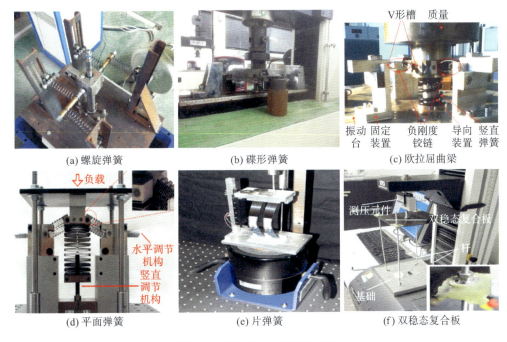

图 1.3 储备了一定能量的机构

（2）几何非线性机构

此类机构通过单一元件的几何结构配置来实现系统的负刚度特性，主要典型机构包括球面结构、凸轮机构和剪刀型机构，如图1.4所示。周加喜等[17]设计了一种含凸轮-滚子-弹簧负刚度机构的准零刚度隔振器，负刚度机构能有效拓宽隔振频带，抑制共振和提高隔振效果。妥吉英等[18]研究了一种带有凸轮-滚珠装置的高静低动刚度振动角度传感系统，低动刚度可实现宽频带范围内准确实时地测量不同激励下的绝对振动角度，而高静刚度可减少大振幅扭转的产生。Wu等[19]利用剪刀型元件构造了不同用途的高静低动刚度隔振器，并证明了该结构具有较低动刚度、超阻尼非线性、大承载力和优越的平衡稳定性。

（3）微小扰动后能减小系统回复力的机构

此类机构受到微小扰动离开平衡位置后能产生与位移荷载相同的力，来减小系统的回复力，从而降低系统的综合刚度，主要典型结构包括磁负刚度机构和气负刚度机构，如图1.5所示。Zheng等[20]基于同轴配置的两块环形磁负刚度机构设计了一种高静低动刚度隔振器，并分析了基础位移激励下系统的动力学特性。Zhou等[21]利用电磁体代替永磁体设计了刚度可调的磁性隔振器，通过调节电流来改变电磁体磁性强度和极性方式，从而调节系统的特征参数，利用半主动控制获得了所期望的低频隔振性能。徐道临等[22]研制了一种承载可调的气动弹簧式准零刚度隔振器，通过调节气压，

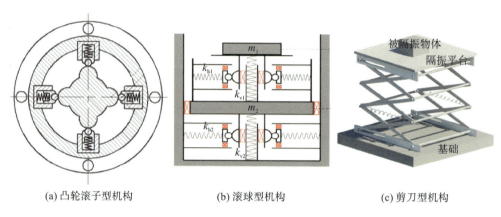

(a) 凸轮滚子型机构　　(b) 滚球型机构　　(c) 剪刀型机构

图 1.4　几何非线性机构

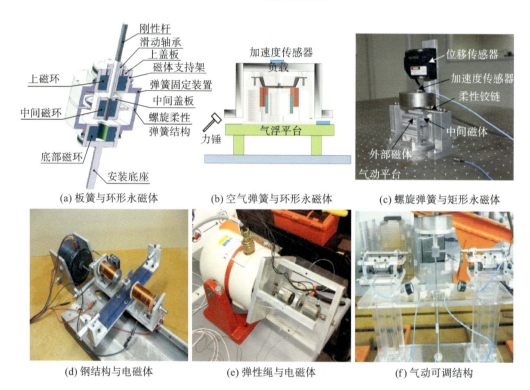

(a) 板簧与环形永磁体　　(b) 空气弹簧与环形永磁体　　(c) 螺旋弹簧与矩形永磁体

(d) 钢结构与电磁体　　(e) 弹性绳与电磁体　　(f) 气动可调结构

图 1.5　微小扰动后能减小系统回复力的机构

系统在承载质量变化时仍可处于最优隔振状态。

(4) 其他类型机构

除了利用机构或单元本身的负刚度特性，一些学者还利用临界失稳状态的机构、新型智能材料和主动控制方法来生成负刚度和非线性阻尼，提高隔振系统的性能，如

图 1.6 所示。Wang 等[23]将八根线性弹簧布置成两个对称的平行四边形,设计了一种新型的被动式摇摆振动隔振器,并通过试验证明该隔振器具有高静低动刚度特性、大承载能力和优越的低频隔振性能。Araki 等[24]利用螺旋千斤顶与超弹性的 Cu-Al-Mn 记忆合金杆并联设计了一种紧凑型准零刚度隔振器,它能快速而又便捷地调节回复力。余慕春等[25]采用水和疏水沸石颗粒为工作介质设计了分子弹簧型隔振器,具有"高-低-高"的分段高静低动刚度特性。

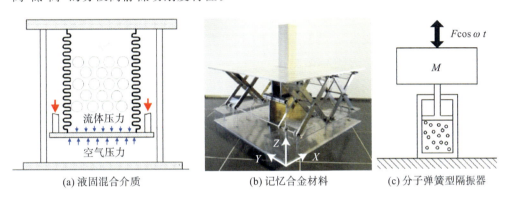

图 1.6 其他类型机构

1.4 高静低动刚度隔振系统理论研究现状

国内外学术界针对高静低动刚度隔振器力学分析、主动控制和工程应用开展了深入研究,许多主动式和被动式高静低动刚度隔振器陆续被提出并应用于精密仪器隔振、房屋桥梁抗震、空间微重力模拟、高速车辆减振、航空航天器振动控制和船舶动力机械降噪等工程领域。《全球工程前沿 2021》将准零刚度隔振方法作为机械与运载工程领域十大研究前沿之一,准零刚度研究已成为具有前瞻性、先导性和探索性的学术热点和新兴方向。

1.4.1 理论计算方面

早在 1989 年,Alabuzhev 等学者就对准零刚度隔振系统的原理进行了系统的阐述[26]。同年,国内学者彭献等讨论了含负刚度弹簧系统的隔振原理,并进行了能量分析,结果表明含负刚度弹簧的隔振系统具有固有频率低、承载能力大、隔振效果好的优点,并设计了适用于汽车座椅的准零刚度隔振系统[27-29]。基于准零刚度系统的原理,赵鹏飞等利用两个对称的扭杆弹簧系统设计了超低频被动垂直隔振系统。[30]路纯红等设计了一种在水平方向作用有预压力、由等刚度弹簧铰接而成的负刚度机构,通过与正刚度弹簧的并联,组合成了超低频非线性隔振系统,并讨论了在平衡位置零刚度实现的条件,为新型超低频非线性隔振系统的设计提供了理论指导[31]。后来,该学者还利用杠杆和连杆铰接形成的负刚度机构,通过将正刚度弹簧与负刚度机构并联提出了一种新型超低频非线性被动隔振系统[32]。张建卓等对利用倒摆、折叠摆、X 摆、锥摆和正倒摆等组成的超低频水平隔振系统和对称扭杆超低频垂直隔振系统的原理进行了综合阐述。基于正负刚度原理,张建卓等还设计了由细长压杆与支撑弹簧并联形成的新型隔振系统,以及负刚度弹簧与欧拉压杆并联组成的超低频垂直隔振系统,并进行了实验研究,研究结果表明,这些隔振系统不仅具有高的承载能力,又具有极低的动刚度,可实现超低频隔振,这些隔振系统还具有易于实现、经济可靠、可调性强的特点[33-36]。Robertson 等以磁力弹簧为负刚度机构,设计了准零刚度系统,并讨论了磁力座大小及间隙对系统刚度的影响,为磁性准零刚度系统的设计提供了理论指导[37-40]。白晓辉等以碟形弹簧为负刚度机构,通过与线性弹簧并联设计了准零刚度隔振系统,并讨论了碟形弹簧的外径和高厚比对系统刚度特性的影响[41]。胡光军通过两只斜向布置的薄壁梁与竖直方向弹簧结构的并联,设计了准零刚度隔振系统[42]。Mizuno 等设计了可调式负刚度机构,并设计了相应的准零刚度隔振系统,从而增大了准零刚度隔振器的使用范围[43-47]。

1.4.2 动力学特性分析方面

Carrella 等对两个对称的斜拉弹簧与一个线性弹簧并联组成的准零刚度系统进行了讨论,详细地分析了斜拉弹簧线性刚度、非线性刚度、预压量对系统动力学特性的影响[48,49]。Kovacic 等运用谐波叠加法对周期力激励下的单自由度准零刚度系统的动力学特性进了研究,结果表明随着静态力的增加,系统的刚度特性由单纯的硬刚度特性变为软刚度和硬刚度混合特性,最后变为纯软刚度特性,并分析了准零刚度系统的谐振响应、幅频特性、跳跃现象等动力学特性[50-53]。Gatti 等运用平均法求得了由线性刚度振子和准零刚度振子组成的两自由度系统在正弦激励下的主共振响应解析式,并讨论了线性刚度、非线性刚度及阻尼对其的影响[54-56]。杨必胜等运用虚拟样机技术对准零刚度隔振系统和普通线性隔振系统的隔振特性进行了仿真分析,仿真结果表明,与普通线性隔振系统相比,准零刚度隔振系统在较低频带上具有较好的隔振能力[57]。彭献等应用 L-P 法分析了一种连杆负刚度机构和线性弹簧并联后组成的准零刚度隔振系统的主谐波共振、亚谐波共振和超谐波共振的幅频特性,结果表明,系统线性弹簧刚度与负刚度结构中弹簧总刚度的比值和杆长的比值越大,系统的准零刚度区域越宽,为该型隔振系统的优化设计提供了参考[58]。彭解华等从能量的观点出发,推导了准零刚度系统稳定时需要满足的刚度准则,为实际工程中有效解决准零刚度系统的稳定性问题提供了理论指导[59]。胡光军运用谐波叠加法分析了由斜壁梁和弹簧组成的准零刚度隔振系统的分岔及跳跃现象;Yang 等讨论了线性系统与准零刚度系统功率流传递率、力传递率的不同点,以及准零刚度系统参数对传递率的影响,为连杆型准零刚度系统的优化设计提供了参考[60-63]。李爽等讨论了积分参数选择对应用 Newmark 积分法分析正刚度机构和负刚度机构时稳定性和准确性的影响,为 Newmark 积分法在负刚度机构中的正确应用提供了指导[64]。许茂等提出了通过并联一正刚度弹簧将负刚度机构转化为正刚度机构,从而可以采用通用的有限元分析工具对负刚度特性进行迭代分析的方法,并通过理论分析验证了该方法的合理性,使得形状复杂的负刚度结构的有限元分析计算简单化[65]。李辉光等讨论了时滞对负刚度 Duffing 系统动力学特性的影响,提出在系统控制环节设计时应充分考虑时滞的影响[66]。

1.4.3 工程应用方面

谭久彬等提出,利用固定在地面和基体上的电磁铁与衔铁之间的相互作用,通过控制电流大小,提供与空气弹簧隔振系统固有刚度相当的负刚度,可使隔振系统获得优良的超低频隔振性能。这几位学者还将磁悬浮单元与空气弹簧结合起来,设计了结构紧凑的超低频性能隔振器[67,68]。吴文江等将由片弹簧、铰链和刚性杆等组成的负刚度机构嵌入空气弹簧的腔室内,使得减振器具有大的承载力的同时具有极低的刚度,由洛伦兹直线作动器提供主动阻尼实现主动控制,使得该隔振装置不仅对高频振动干扰具有良好的隔振效果,还能有效地隔离超低频振动[69]。朱煜等联合使用一对永磁体在斥力作用下形成的正刚度系统与橡胶片在永磁体斥力的作用下被拉伸构成的负刚度系统,构成了一个低频隔振机构[70]。徐道临等设计了一种承载重量可调的准零刚度电磁隔振器,隔振器垂直方向电磁弹簧由三块永磁体和两组可控直流电磁铁构成,两块磁铁之间极性相对产生排斥力,通过改变控制电流可以调节电磁弹簧的刚度;水平方向由两组左右对称分布的电磁弹簧构成,改变控制电流可以调节电磁弹簧的刚度,通过控制电流大小,使垂直和水平电磁弹簧的刚度满足一定的比例,使系统在平衡位置处的刚度近似为零,从而具有良好的低频隔振效果[71]。该团队还设计了一种具有准零刚度的非线性磁力隔振器,在一根垂直的线性弹簧两侧设置两条导轨,在每一直线导轨上固定两个定磁铁,两个定磁铁间有一个可以滑动的磁铁,滑动磁铁的两磁极与相邻定磁铁的相邻磁极的磁性相同,滑动磁铁与垂直的线性弹簧通过连杆在顶端铰接,其中线性弹簧与滑动磁铁在垂直方向的受力相反,从而使系统刚度在平衡位置接近于零[72]。Winterflood 等将准零刚度隔振器应用到激光引力波探测器等精密仪器的隔振上,有效地改善了精密仪器的工作环境[73-78]。Le 等设计了适合汽车座椅和其他高速列车的准零刚度隔振系统,讨论了结构参数对系统动力学特性的影响,并在随机激励下进行了实验研究,通过与非准零刚度隔振系统对比,发现了准零刚度隔振系统在低频隔振方面的优越性[79-81]。王维锐等将负刚度机构运用到车辆悬架系统中,提出了悬架系统负刚度控制方法,并与天棚阻尼控制策略进行了对比分析,结果表明,负刚度控制方法能够在不影响悬架动行程的情况下,有效地抑制车身的低频振动[82]。李满红等将负刚度机构安装到内燃机动力输出端,使得在传递大扭矩的同时,有效地解决了内燃机高速旋转时产生的巨大扭振的控制问题[83]。朱银龙等将具有负刚度特性的双滑块预载荷机构应用到锥形介电型 EAP 驱动器中,该机构显著增加了驱动器的输出位移[84]。Høgsberg 等讨论了变阻尼装置在控制力作用下体现的负刚度特性,为阻尼装置在工程上的应用奠定了基础[85-90]。Attary 比较了地震作用下黏滞阻尼减振结构及拟负刚度与黏滞阻尼混合减振结构的反应谱,结果表明具有拟负刚度机构的混合减振结构具有更优越的减振性能,可有效增强房屋和桥梁的抗震性能[91-100]。Acar 等学者设计了可调节式准零刚度机构,并将其应用到被动式吸振器上,有效地拓宽了吸振器的吸振频率范围且提高了吸振效果[101]。虽然准零刚度隔振系统在精密仪器减振、桥梁和房屋减震、汽车座椅、悬架减振等方面均得到了广泛应用,但对于小振幅运动的船舶机械设备还没有相关应用的报道。

从高静低动刚度隔振器的研究现状可看出,目前大部分研究主要集中在理论探索以及实现负刚度机构的设计方面,尚存在以下问题有待解决:

①现有高静低动刚度隔振器的设计参数大都固定,负刚度机构不具备在线调整的能力,而工程中隔振系统工况的变化、外部激励的变化及弹性元件的老化,都将使系统的隔振性能急剧下降,必须从结构设计上解决参数的在线调整问题;

②负刚度机构的实现往往采用类似于斜螺旋弹簧、斜连杆或屈曲梁等结构,占用空间较大,而船舶内部空间有限,高静低动刚度隔振器要想实现工程化,必须往小型化、结构紧凑方向发展;

③采用电磁弹簧作为负刚度机构实现负刚度在线调整时,由于电磁力具有明显的非线性特征,存在因电流变化所引起的时滞问题,电-磁-固耦合场对负刚度的影响机理也尚不明确,必须在研究得出时滞对高静低动刚性隔振系统动态特性影响规律的基础上,探索出可解决时滞影响问题的振动主动控制优化算法。

1.5　高静低动刚度隔振系统控制研究现状

主动隔振是有外加能源输入的隔振技术,其采用"以动治动"的思想,根据传感器采集的振动信号,通过控制器对信号进行综合分析和执行主动控制算法,由作动器产生额外的振动,使该振动与主振源引起的振动相互抵消,从而实现隔振目的。主动控制系统可以实现振动的干扰和补偿,通过调节控制参数,还可以对结构实现不同形式的控制。主动隔振技术采用系统或结构的振动信号作为反馈,因此能够跟踪到外界激扰频率的变化,对宽频带和低频的振动都具有抑制作用;同时主动隔振对原系统的结构改变不大、调整方便。这些优点恰好弥补了传统被动隔振器的不足,因此主动隔振成为振动控制领域的研究热点和新兴方向。

1.5.1 主动控制方面

主动控制由学者Yao[102]首先提出,在理论、方法、实验和应用等各个方面都取得了大量的研究成果,是现代控制理论与技术在振动控制领域的延伸与拓展。由于主动控制算法在处理振动问题时更加精准智能,并且可以通过调节系统参数对系统可能出现的复杂动力学行为加以规避,因此主动控制技术在舰船、航天、车辆、土木与精密机械等振动控制领域得到了广泛的应用。

半主动准零刚度隔振系统技术的核心在于负刚度的在线调节,其中可调负刚度的实现尤为关键。Ahn等设计了一款基于准零刚度技术与主动控制技术的气动座椅,用以隔离机车在行驶时的超低频振动,研究给出了一种新型的自适应智能逆推控制器用以控制隔振系统,实验结果亦证明了隔振性能得到了一定程度的提高[103]。Mizuno等利用电磁铁与永磁铁之间吸引力的作用,通过控制负载的受力最终实现了电磁式负刚度,电磁铁的引入亦使得该电磁负刚度大小可以在很大范围内变化[104]。闻荣伟提出了一种基于洛伦兹力作用的主动刚度技术,其核心技术在于依据负载关于平衡位置处的位移情况实时调节洛伦兹力方向及大小,可认为是一种主动负刚度技术;该种主动负刚度机构结构简单且能很好地拓宽隔振频带,但对辅助的位移监测及电流调节系统要求很高[105]。Yang等利用磁弹簧及电磁马达设计了一款半主动准零刚度隔振器,所提出的系统综合了被动式准零刚度隔振器与主动阻尼控制技术的优势,在提高隔振效果的同时成本更低,耗能更少[106]。王勇等将立方速度反馈控制引入准零刚度隔振系统中,运用多尺度法分析了系统的稳态响应[107]。Chen等将时滞反馈控制引入高静低动刚度隔振系统,利用多尺度法得到了系统的主共振稳态响应,研究结果表明选择合适的时滞控制参数能够提高系统的隔振性能[108]。李华针对正负刚度机构相并联的扭转减振系统,提出了利用滑模控制和开关控制算法[109]。Le等设计了模糊滑模自适应控制器,增强了负刚度隔振系统的隔振性能[110]。Trung等研究了基于准零刚度隔振系统的Lyapunov主动控制算法[111]。袁炜将垂直弹簧与磁力弹簧并联构成了准零刚度隔振器,并设计了神经网络PID滑模控制器,实现了对准零刚度系统的主动控制[112]。

1.5.2 吸引子迁移控制方面

非线性动力学系统属于多重吸引子系统,即由于外部参数的变化和扰动的影响,系统可能具有多个不同拓扑特性的吸引子（如不动点、极限环、周期吸引子、准周期吸引子或混沌吸引子），而且在某些参数下，系统可能存在多个吸引子共存的现象。实现不同吸引子之间转换的传输方法称为迁移控制方法，利用该方法可实现使多重吸引子系统从一个吸引子变换到另一个"更有益"的吸引子，或者在不同吸引子之间来回跳动[113]。迁移控制算法由最初的开环控制、闭环控制，发展到开环加闭环（open-plus-close-loop，OPCL）控制，以及开环加非线性闭环（open-plus-nonlinear-close-loop，OPNCL）控制。

OPCL方法最先由Jackson等[114-116]提出，并通过Chua电路迁移控制试验验证了该方法的有效性。OPCL方法的控制规律由开环控制部分和闭环控制部分组成，开环控制部分全部由目标轨道的变量构成，其形式为Hübler和Lüscher项，闭环控制部分由一个控制矩阵乘上目标轨道变量与受控系统的差构成，开环控制部分构造出所需的目标轨道，闭环控制部分使其稳定。该方法具有很强的鲁棒性和抗噪声能力，已成功应用于许多复杂非线性系统的迁移控制和混沌同步。Chen等[117-119]研究了OPCL方法在连续动力学系统多重吸引子迁移控制和一维Logistic映射、Gaussian相关映射、二维Hénon映射、Ikeda映射等离散动力学系统输运控制中的应用，并提出了改进的OPCL方法和参数OPCL方法，分析了其鲁棒性，但该方法仅适用于控制目标内嵌于混沌吸引子的不稳定轨道，当控制目标远离混沌相轨迹时，OPCL方法可能失效。韩清凯等[120]通过增加放大器和限幅器来改进OPCL方法，完成了二连杆机构的小振幅和大回环两种运动模式之间的迁移控制。在应用OPCL方法实现吸引子输运和迁移的同时，许多学者将该方法推广至混沌同步领域。徐培[121]利用OPCL方法实现了含失配参数的两个混沌系统双向同步、单个混沌系统和多个混沌系统完全同步及复杂网络系统同步。Roy等[122]通过OPCL耦合方法实现了驱动系统和响应系统之间的广义混沌同步，且刚度控制矩阵可以是常数、与时间相关的函数、驱动系统状态变量的组合。

OPCL方法仅对微分方程右端为m（$m \leqslant 2$）阶多项式的系统具有较高的控制效果，当$m \geqslant 2$时传输域的复杂程度随着m的增加而变得难以确定，而且OPCL方法受到收敛域和输送盆的限制。为了克服OPCL方法的不足，Wang等[123,124]提出了OPNCL控制算法，将OPCL方法中闭环控制部分的"控制矩阵乘上目标轨道变量与受控系统之差"这一线性反馈变为"控制矩阵乘上目标轨道变量与受控系统之差的非线性函数"这一非线性反馈，并证明了OPNCL传输能力优于其他三种迁移算法，对于任意给定目标函数，系统的传输域非空并且是全局的，避免了有关确定传输域范围的烦琐计算。Zhang等[125]比较了开环、闭环、OPCL和OPNCL四种方法的传输能力，证明了OPNC控制的优越性。Chen[126]应用OPNCL方法对Duffing系统和Van der Pol系统等2阶非自治常微分方程进行了研究，证明了当常微分方程右边为任意多项式时,输运域是全局的。

但上述文献大多集中在理论研究领域,工程上的应用研究并未引起足够的重视,且OPCL方法和OPNCL方法还存在控制能量大和迁移轨道稳定性要求高等问题。非线性动力学系统的多值性使得系统并不一定运行在期望的小振幅吸引子上,此时需要采取迁移控制方法使得运行在其他吸引子上的运动迅速变换到基础振动和线谱强度最小的运动状态。因此,若想通过较小的控制能量、较少的控制次数实现大振幅吸引子至小振幅吸引子准确而又快速地迁移,还需要开展大量探索性的工作。

1.5.3 线谱混沌化控制方面

朱石坚等[127-133]持续开展了混沌理论在隔振系统中的机理、控制方法及技术应用等方面的研究,提出了线谱混沌化控制技术,利用混沌运动功率谱呈连续谱并下降的特性将能量相对集中的线谱输入转换为能量相对分散的宽频混沌输出,因此,在频谱输出上降低了线谱能量强度,从根本上改变了线谱特征,有效抑制和弱化了线谱激励,通过混沌隔振提高了潜艇水下航行的隐蔽性。线谱混沌化控制技术一方面能改变潜艇辐射水声的频谱结构,将低频线谱转移至相对高频输出,从而更容易被水介质吸收,线谱特征的改变会使敌方难以识别艇型和航行速度,而且能够避免机械系统发生共振;另一方面能将稳定的振动能量由集中于某几根线谱附近分散至较宽的频带上,削弱线谱对艇体的激励,从而抑制辐射水噪声中线谱能量的输出强度,使输出频宽接近海洋背景噪声,更容易通过自适应频谱调控实现隐身和伪装,大大缩短了敌方被动声呐的作用距离,提高了潜艇的生存能力、突防能力和作战效能。

楼京俊等[134,135]对非线性隔振系统在简谐与多频激励下的混沌机理进行分析,对线谱混沌化控制技术进行了深入研究,通过倍周期分岔道路中功率谱的标度律定量说明了线谱混沌化方法的有效性;但倍周期分岔走向混沌的道路受限于某些特定的参数范围,且该区间非光滑、不连续,当激励幅值或频率等工况改变时系统可能逃离混沌状态,从而降低了系统保持混沌的鲁棒性。Yu等[136]利用一个外加混沌系统通过某种相互作用来驱动一个非线性隔振系统,提出了基于广义混沌同步的线谱混沌化方法,它涉及参数驱动和状态变量驱动两种模式;参数驱动只限于很窄的参数域,只能对系统刚度做有限幅度的控制,在覆盖线谱峰值上受到一定限制,而状态变量驱动会影响系统隔振性能,且需要较多的能量。刘树勇等[137,138]研究了基于相空间重构的混沌信号识别方法,可以精确地判断混沌化后系统是否处于混沌状态,但在重构嵌入维数较大时会产生虚假Lyapnunov指数,而且混沌吸引子的关联维数计算时效性不高。张振海等[139]基于Lyapnunov参数配置提出了离散脉冲混沌化方法,但该方法控制力的实施受限于外激励周期,使得低频带混沌化效果较为明显,中高频带效果并不理想,而且该方法是基于线性系统设计的混沌化方法,无法实现小能量控制,同时实际系统的Lyapnunov指数计算非常困难,限制了上述方法的推广和应用。Wen等[140,141]提出了基于广义投影同步的线谱混沌化控制策略,利用比例因子可以任意缩放响应系统的响应幅值这一特性来实现机械系统持续的小振幅混沌运动,达到线谱抑制和隔振的双重目标,但该方法需要与原系统等量地控制输入能量,且大部分研究集中在低维系统。周加喜等[142]提出了基于非线性时延控制的最优时延反馈混沌化方法,它不依赖于混沌定义和分岔分析,在任何激励下,最优时延反馈控制方法均能使隔振系统进入品质较高的混沌状态,但由于优化算法需做全局极值搜索,耗时较长且收敛较慢,因而对混沌化反应存在滞后。

综上所述,国内外学者针对准零刚度隔振系统主动控制、线谱混沌化控制技术,在可调负刚度设计、舰艇辐射噪声线谱混沌化原理、混沌特征识别和混沌同步控制等方面开展了大量卓有成效的工作,为本书的研究提供了有益的参考和借鉴。但也应该看到,准零刚度技术涉及振动力学、电磁学以及自动化控制等多个学科,还需对下列关键问题进行深入的研究:

①高静低动刚度隔振系统属于典型的非线性动力学系统,存在内共振及混沌等复杂的动力学行为,且在小阻尼和大激励作用下,容易产生跳跃和多解共存现象,不利于主动控制的施加;

②因潜艇等特殊船舶上能源宝贵,主动负刚度虽有性能灵活、不受负载变化影响等优势,但主动控制的性能受限于传感器和执行器的动态特性,经济性不佳,操作复杂且难以实现;

③线谱强度与系统隔振性能相关,而连续谱宽度则与混沌化控制方法有关,隔振系统混沌吸引子的振幅不一定比特定周期解的振幅小。因此,拓频、降谱和隔振多目标设计是目前线谱混沌化控制技术研究的难点。

1.6 本章小结

本章从机械振动理论和高静低动刚度原理出发,全面综述高静低动刚度隔振器设计及其控制的研究发展概况和存在的问题。综其所述,尽管高静低动刚度隔振器设计及其控制技术取得了丰硕的研究成果,在减振降噪领域也具有广阔的应用前景,但减振降噪技术涉及多科学、宽领域,是一项系统工程和综合技术,在超低频隔振、混沌动力学和微幅振动控制的理论框架完善和工程应用实现等方面尚存在一些瓶颈性的理论问题和技术难点,迫切需要对高静低动刚度隔振系统的动力学特性和主动控制进行深入研究,助力高静低动刚度隔振技术从理论研究走向工程应用。

第 2 章 磁体型高静低动刚度隔振器设计

2.1 引 言

高静低动刚度隔振器设计的关键在于负刚度元件的选择和构建,除了利用机构式负刚度原理,还可以通过永磁材料的特殊配置实现负刚度。经典的三弹簧型高静低动刚度隔振器存在结构不够紧凑、空间利用率低和可靠性较差的缺陷,且斜弹簧在微幅振动时很难体现出负刚度特性,而船舶机械设备的振动幅值不到毫米级,因此,有必要研制其他紧凑可调式高静低动刚度隔振器,以满足船舶等紧凑型环境对低频隔振的工程需求。磁体型负刚度机构具有无机械磨损、结构紧凑、刚度可调、安装便捷和负刚度均匀性好等优点,适用于比较狭小的空间内对振源进行隔振,而且磁性弹簧对微位移敏感,在微幅振动时能充分发挥负刚度的作用。本章通过建立双环永磁体、三磁体和电磁体的磁力及刚度解析模型,分析其负刚度特性,利用 Maxwell 有限元软件对模型准确性进行验证,通过数值仿真对磁体结构和尺寸参数进行优化设计,并对磁体型高静低动刚度隔振系统的动力学特性进行分析,以满足后续章节所涉及的高品质线谱混沌化理论的工程化应用对隔振器的需求,同时为磁体型高静低动刚度隔振器的原理样机研制及其试验提供理论支撑。

2.2 双环永磁体型高静低动刚度隔振器设计

双环永磁体型磁负刚度机构设计的关键在于磁力的计算,目前主要有两种方法:磁场计算和磁路分析。磁场计算的准确性较高,但计算工作量大,难以获得反映各参数之间相互关系的解析模型;磁路分析能给出具体的解析表达式,便于对结构进行工程设计与优化,以"路"代"场"不仅计算简单且精度足以满足工程需求。为了解决双环永磁体磁力数值计算复杂及缺乏解析数学模型的问题,本节在分析双环永磁体磁路和各部分磁导的基础上,结合磁通连续性原理和钕铁硼工作特性,通过虚功原理法建立径向磁化双环永磁体轴向磁力和刚度的解析模型,并通过 Maxwell 有限元软件验证其准确性。

2.2.1 磁路模型及磁导计算

磁力线(磁通)通过的闭合路径称为磁路,磁路中存在磁阻,它正比于磁路的长度,反比于截面积和材料的磁导率,磁导是磁阻的倒数[143]。将磁路中的磁体分成若干段,假设每一段磁体磁通密度 B_m 和退磁场强度 H_m 保持不变,则某一段磁体的磁导为

$$\Lambda = \Phi/F = B_m S_\delta/(H_m \delta) = \mu S_\delta/\delta \tag{2.2.1}$$

式中:Λ 为磁导;S_δ 为平均截面积;Φ 为穿过 S_δ 的磁通量;F 为磁路两端的磁势差;μ 为磁体磁导率;δ 为两端面的磁体长度。当平均截面积不易确定而体积容易确定时,可采用 $\Lambda = \mu V/\delta^2$,其中 V 为磁通体积。空间磁导计算主要分为工作间隙磁导的计算和漏磁空间磁导的计算,而空间磁导的计算问题可转化为单个自由磁体的磁导计算和两个相关磁体之间的磁导计算,下面将分别讨论这两个问题。

自由磁体的磁导计算:将自由磁体的一个辐射端考虑成半径为 r 的"等效球形极",它具有等效的辐射面积 $S = 4\pi r^2$。通过距离球心为 x,厚度为 $\mathrm{d}x$ 的同心球壳的磁阻为 $\mathrm{d}R_m = \mathrm{d}x/(4\pi\mu_0 x^2)$,其中 $\mu_0 = 4\pi \times 10^{-7}\,\mathrm{H/m}$,为真空磁导率,此球形极辐射的空间总磁阻应为球形极表面 $x = r$ 至无穷远(磁势为零的边界面)$x = nr$($n \to +\infty$)的磁阻,即

$$R_m = \lim_{n \to +\infty} \int_r^{nr} \frac{\mathrm{d}x}{4\pi\mu_0 x^2} = \lim_{n \to +\infty} \frac{1}{4\pi\mu_0 r}\left(1 - \frac{1}{n}\right) = \frac{1}{4\pi\mu_0 r} \tag{2.2.2}$$

一个磁体两极间的总磁阻应为由正极到零边界、再由零边界到负极的磁阻,总磁阻为 $2R_m = 1/(2\pi\mu_0 r)$,故磁导为

$$\Lambda = \frac{1}{2R_m} = 2\pi\mu_0 r = 2\pi\mu_0\sqrt{\frac{S}{4\pi}} = \mu_0\sqrt{\pi S} \tag{2.2.3}$$

对于不同形状的磁体,S 对应磁体表面中性线一边的总表面积;对于一个均匀截面的磁体来说,S 则对应磁体总表面积的一半。

例如,对于半径为 R,高度为 l 的轴向磁化或径向磁化的圆柱形磁体,中性线任一边的表面积均为 $S = (2\pi R^2 + 2\pi R l)/2 = \pi R(R+l)$,故圆柱形磁体的磁导为

$$\Lambda = \mu_0 \pi \sqrt{R(R+l)} \tag{2.2.4}$$

对于轴向磁化的圆筒,设其内径为 r_1,外径为 r_2,中性线位于高度 l 的 $1/2$ 处,中性线任一边的表面积 $S = \pi[(r_2^2 - r_1^2) + (r_2 + r_1)l]$,故轴向磁化圆筒的磁导为

$$\Lambda = \mu_0 \pi \sqrt{(r_2^2 - r_1^2) + (r_2 + r_1)l} \tag{2.2.5}$$

两个不同磁势的等势面磁导计算:若磁通密度与两平行等势面垂直,则可利用 $\Lambda = \mu S_\delta/\delta$ 求得磁导。然而,工程实际中多数情况下两等势面不平行,需要利用保角变换法将两等势面的磁通分布区域转换成两平行平面之间的区域[144]。下面以圆筒内表

面及其内圆柱外表面为例,阐述保角变换法计算两个不同磁势的等势面磁导的基本原理。

如图 2.1 所示,设磁荷全集中在与 z 平面相交于 A_1、A_2 两点的磁轴上,两柱体的轴线距离为 $L=L_2-L_1$,可得 $L_1=-\dfrac{L}{2}+\dfrac{d_2^2-d_1^2}{8L}$,$L_2=\dfrac{L}{2}+\dfrac{d_2^2-d_1^2}{8L}$。从对数势函数 $p_m\ln(1/r)$ 出发,z 平面上任一点的磁势为

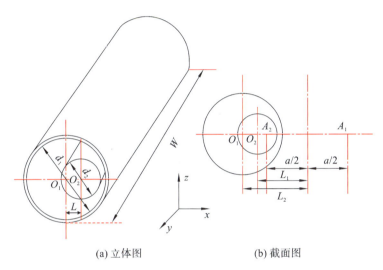

(a) 立体图　　　　(b) 截面图

图 2.1　轴平行的圆筒与圆柱体

$$\varphi_m = \Phi_m \ln\left|\frac{2z+a}{2z-a}\right| \tag{2.2.6}$$

式中:φ_m 为磁标量势;Φ_m 为磁通量。由于圆筒内表面与圆柱外表面均设为等势面(但互不等势),因此,$|(2z+a)/(2z-a)|$ 为常数,如果内径为 d_1 的圆筒和直径为 d_2 的圆柱体分别为等势面,应该满足

$$\left|\frac{L_i+\dfrac{d_i}{2}+\dfrac{a}{2}}{L_i+\dfrac{d_i}{2}-\dfrac{a}{2}}\right| = \left|\frac{L_i-\dfrac{d_i}{2}+\dfrac{a}{2}}{L_i-\dfrac{d_i}{2}-\dfrac{a}{2}}\right|, \quad i=1 \text{ 或 } 2 \tag{2.2.7}$$

因此,$a=\sqrt{4L_1^2-d_1^2}=\sqrt{4L_2^2-d_2^2}$,即确定了磁轴 A_1、A_2 的位置。应用复变函数的保角变换法,将封闭的环形区域转化成容易求解的两平行平面之间的区域,设

$$\left|\frac{2z+a}{2z-a}\right| = \left[\frac{4x^2+4xa+a^2+4y^2}{4x^2-4xa+a^2+4y^2}\right]^{\frac{1}{2}} = |U| = \mathrm{e}^u = \mathrm{const} \tag{2.2.8}$$

由 z 平面映射到 U 平面,得到 $U=\mathrm{e}^u(\cos v+\mathrm{j}\sin v)$,再令 $\ln U=w=l+\mathrm{j}t$,由 U 平面映射到 w 平面,得到 $l=\ln \mathrm{e}^u=u=\mathrm{const}$,$t=v$,它与 t 轴的距离为 $l=u=\mathrm{const}$,长度 $T=2\pi$。因此,如图 2.2 所示,在 w 平面上得到两平行直线段 $l_1+\mathrm{j}t$ 及 $l_2+\mathrm{j}t$,其中

$$l_1 = \frac{1}{2}\ln\frac{L_2 - \sqrt{L_2^2 - (d_2/2)^2}}{L_2 + \sqrt{L_2^2 - (d_2/2)^2}}, l_2 = \frac{1}{2}\ln\frac{L_1 - \sqrt{L_1^2 - (d_1/2)^2}}{L_1 + \sqrt{L_1^2 - (d_1/2)^2}}$$，两平行线之间的距离为

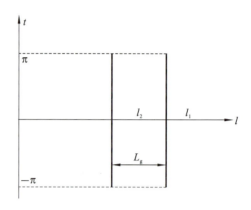

图 2.2　w 平面上两平行线段

$$L_g = l_1 - l_2 = \ln\frac{(2L_2 - \sqrt{4L_2^2 - d_2^2})(2L_1 + \sqrt{4L_1^2 - d_1^2})}{d_1 d_2} \qquad (2.2.9)$$

令 $n_1 = \dfrac{2L_1}{d_1} = \dfrac{(d_2^2 - d_1^2) - (2L)^2}{4L d_1}, n_2 = \dfrac{2L_2}{d_2} = \dfrac{(d_2^2 - d_1^2) - (2L)^2}{4L d_2}$，可得

$$L_g = \ln\left[(n_2 - \sqrt{n_2^2 - 1})(n_1 + \sqrt{n_1^2 - 1})\right] \qquad (2.2.10)$$

因此，圆筒内表面及其内圆柱外表面之间的磁导为

$$\Lambda = \mu_0 \frac{TW}{L_g} = \frac{2\pi\mu_0 W}{\ln\left[(n_2 - \sqrt{n_2^2 - 1})(n_1 + \sqrt{n_1^2 - 1})\right]} \qquad (2.2.11)$$

在同轴的情况下，$L = 0$，于是当 $n_1 \to +\infty, n_2 \to +\infty$ 时，有

$$\lim_{\substack{n_1 \to +\infty \\ n_2 \to +\infty}} \left[(n_2 - \sqrt{n_2^2 - 1})(n_1 + \sqrt{n_1^2 - 1})\right] = \frac{n_1}{n_2} = \frac{d_1}{d_2} \qquad (2.2.12)$$

从而得到

$$\Lambda = \frac{2\pi\mu_0 W}{\ln d_2 - \ln d_1} \qquad (2.2.13)$$

图 2.3 所示是径向磁化的斥力型双环永磁体结构，内外磁环同轴配置且磁化方向相反，它在径向稳定而轴向不稳定。内磁环的内径、外径和高度分别为 R_1、R_2 和 H_1，外磁环的内径、外径和高度分别为 R_3、R_4 和 H_2，内外磁环的轴向相对位移 z，内外磁环的气隙 $G = R_3 - R_2$，内磁环厚度 $T_1 = R_2 - R_1$，外磁环厚度 $T_2 = R_4 - R_3$。当轴向位移较小时，磁动势主要降在永磁体和气隙上，依据各磁阻串联关系可得磁路中总磁阻应满足

$$\Lambda_s^{-1} \approx \Lambda_{12}^{-1} + \Lambda_{23}^{-1} + \Lambda_{34}^{-1} + \Lambda_{45}^{-1} + \Lambda_{51}^{-1} \tag{2.2.14}$$

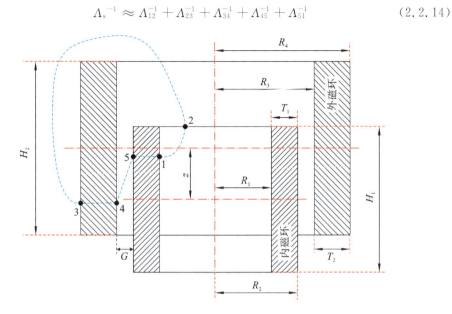

图 2.3 径向磁化的双环永磁体尺寸和磁路示意图

对于磁路 1—2 段,取 $V = \pi R_1^2 H_1$,$\delta^2 \approx (H_1/4)^2 + (R_1/2)^2$,根据 $\Lambda = \mu V/\delta^2$ 可得内磁环内部气隙磁导

$$\Lambda_{12} = \frac{\mu_0 \pi R_1^2 H_1}{(H_1/4)^2 + (R_1/2)^2} \tag{2.2.15}$$

对于磁路 2—3 段,可视为半径为 R_4 的径向磁化理想永磁圆柱体,中性面为包含轴线的纵剖面,因此,$S = \pi R_4 (R_4 + H_2)$,根据 $\Lambda = \mu_0 \sqrt{\pi S}$ 可得永磁圆柱体磁导

$$\Lambda_{23} = \mu_0 \pi \sqrt{R_4(R_4 + H_2)} \tag{2.2.16}$$

对于磁路 3—4 段和 5—1 段,可视为圆筒内表面及其内圆柱外表面之间的磁导计算,根据 $\Lambda = 2\pi\mu W/\ln(d_2/d_1)$ 可得两个等齐同心环间隙磁导

$$\Lambda_{34} = \frac{2\pi\mu_0\mu_r H_2}{\ln(R_4/R_3)} \tag{2.2.17}$$

$$\Lambda_{51} = \frac{2\pi\mu_0\mu_r H_1}{\ln(R_2/R_1)} \tag{2.2.18}$$

对于磁路 4—5 段,内外磁环间隙的磁力线长度 $\delta = \sqrt{G^2 + z^2}$,磁通等效面积为 $S_\delta = \pi H_1 (2R_2 + G)G/\sqrt{G^2 + z^2}$,根据 $\Lambda = \mu S_\delta/\delta$ 可得内外磁环的气隙磁导

$$\Lambda_{45} = \frac{\pi\mu_0 H_1 (2R_2 + G)G}{G^2 + z^2} \tag{2.2.19}$$

根据磁通连续性原理,永磁体磁路有如下关系:

$$\begin{cases} B_\mathrm{m} S_\mathrm{m} = \sigma B_\mathrm{g} S_\mathrm{g} \\ H_\mathrm{m} L_\mathrm{m} = f H_\mathrm{g} L_\mathrm{g} \end{cases} \qquad (2.2.20)$$

式中：B_m 和 B_g 分别为永磁体工作点和气隙处的磁通密度；H_m 和 H_g 分别为永磁体工作点和气隙处的磁场强度；S_m 和 S_g 分别为永磁体磁路和气隙处的横截面积；L_m 为永磁体在充磁方向上的有效长度；L_g 为气隙处的磁路长度；σ 为磁路漏磁系数；f 为磁路磁阻系数。为减小双环永磁体的几何结构尺寸，提高其承载能力和支承刚度，永磁材料选用烧结 NdFeB，该材料的磁能积、矫顽力和能量密度较高，机械特性良好，有利于实现高静低动刚度隔振器的小型化和轻量化设计（图 2.4）。假设磁环间隙无漏磁，由式(2.2.20)可得气隙负载曲线的斜率和近似为直线的退磁曲线方程

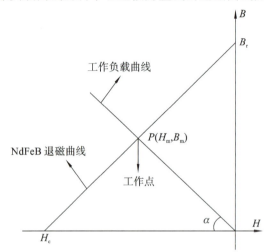

图 2.4　NdFeB 材料的退磁曲线和磁路工作负载曲线

$$\tan\alpha = \frac{B_\mathrm{m}}{H_\mathrm{m}} = \frac{\sigma L_\mathrm{m}}{f S_\mathrm{m}} \frac{\mu_0 S_\mathrm{g}}{L_\mathrm{g}} = \frac{\sigma L_\mathrm{m}}{f S_\mathrm{m}} \Lambda_\mathrm{g} = \frac{L_\mathrm{m}}{S_\mathrm{m}} \Lambda_\mathrm{s} \qquad (2.2.21)$$

$$B_\mathrm{m} = B_\mathrm{r} - \frac{H_\mathrm{m}}{H_\mathrm{c}} B_\mathrm{r} \qquad (2.2.22)$$

式中：α 为气隙负载线在第Ⅱ象限与 H 轴的夹角；Λ_g 为气隙磁导；$B_\mathrm{r} = \mu_\mathrm{r}\mu_0 H_\mathrm{c}$，为永磁体剩余磁感应强度；$H_\mathrm{c}$ 为永磁体矫顽力；μ_r 为相对磁导率。式(2.2.20)～式(2.2.22)联立可得

$$B_\mathrm{m} = \frac{B_\mathrm{r} H_\mathrm{c} \tan\alpha}{B_\mathrm{r} + H_\mathrm{c} \tan\alpha} = \frac{B_\mathrm{r} H_\mathrm{c} L_\mathrm{m} \Lambda_\mathrm{s}}{B_\mathrm{r} S_\mathrm{m} + H_\mathrm{c} L_\mathrm{m} \Lambda_\mathrm{s}} \qquad (2.2.23)$$

由于双环永磁体间隙无漏磁，因此由磁通连续性原理有

$$\Phi_\mathrm{g} = B_\mathrm{g} S_\mathrm{g} = B_\mathrm{m} S_\mathrm{m} = \frac{B_\mathrm{r} L_\mathrm{m}}{\mu_0 \mu_\mathrm{r}/\Lambda_\mathrm{s} + L_\mathrm{m}/S_\mathrm{m}} \qquad (2.2.24)$$

式中：$L_\mathrm{m} = T_1 + T_2$；$S_\mathrm{m} = \pi(R_2 + R_3) H_1$。

2.2.2 双环永磁体结构的磁力和刚度解析模型

双环永磁体型隔振器的力学建模是研究其力学性能和设计方法的基本前提,下面将建立隔振器的力学模型并推导其刚度特性。设外磁环固定不动,内磁坏只能沿轴向运动,两侧气隙处磁通与磁场的空间分布均为轴对称,因此,内外磁环之间只存在轴向力,径向力为零。根据电磁场理论[145],气隙处的磁场能为 $W_g = \Phi_g^2/(2\Lambda_{45})$,结合虚功原理法 $F_z = \partial W_g/\partial \delta$,假设沿 z 方向有一位移时,永磁体 z 方向的磁力

$$F_z = \frac{\partial W_g}{\partial z} = -\frac{1}{2}\frac{\Phi_g^2}{\Lambda_{45}^2}\frac{\partial \Lambda_{45}}{\partial z} = \left(\frac{B_r L_m}{\mu_0 \mu_r/\Lambda_s + L_m/S_m}\right)^2 \frac{z}{\pi\mu_0 H_1(2R_1+G)G} \quad (2.2.25)$$

上式能准确反映磁力和相关变量的关系。定义变量 $\Delta_1 = (R_4 - R_3 + R_2 - R_1)/(\mu_0\mu_r)$,$\Delta_2 = \mu_0\pi(R_3^2 - R_2^2)H_1$,$\Delta_3 = \Lambda_s^{-1} - \Lambda_{45}^{-1}$,将式(2.2.15)~式(2.2.19)代入式(2.2.25)可得

$$F_z = \frac{\alpha z}{(\beta + z^2)^2} \quad (2.2.26)$$

式中:$\alpha = B_r^2\Delta_1^2\Delta_2 = \frac{\pi B_r^2}{\mu_0\mu_r^2}(R_4 - R_3 + R_2 - R_1)^2(R_3^2 - R_2^2)H_1$;$\beta = G^2 + \mu_0 G\Delta_1 + \Delta_2\Delta_3 = (R_3 - R_2)^2 + \frac{(R_4 - R_3 + R_2 - R_1)(R_3 - R_2)}{\mu_r} + \mu_0\pi(R_3^2 - R_2^2)H_1$

$$\left[\frac{1}{\mu_0\pi\sqrt{R_4(R_4+H_2)}} + \frac{(H_1/4)^2 + (R_1/2)^2}{\mu_0\pi R_1^2 H_1} + \frac{\ln(R_4/R_3)}{2\pi\mu_0\mu_r H_2} + \frac{\ln(R_2/R_1)}{2\pi\mu_0\mu_r H_1}\right]$$

式(2.2.26)的显式解析模型有利于双环永磁体的结构设计和优化。负刚度可表示为力对位移的一阶负导数,对式(2.2.26)进行求导可得双环永磁体型磁负刚度的解析表达式

$$k_h = -\frac{\partial F_z}{\partial z} = \frac{\alpha(3z^2 - \beta)}{(z^2 + \beta)^3} \quad (2.2.27)$$

应用三阶泰勒级数展开将 k_h 在静平衡位置 $z = 0$ 处进行简化,可得

$$k_h = -\frac{\alpha}{\beta^2} + \frac{6\alpha}{\beta^3}z^2 \quad (2.2.28)$$

因此,双环永磁体型磁负刚度主要由两个部分组成:线性部分 $-\alpha/\beta^2$ 和非线性部分 $6\alpha z^2/\beta^3$。在静平衡位置附近的小振幅范围内,高静低动刚度隔振系统的动力学方程可以线性化。为了考虑非线性部分对系统动态特性的影响,定义磁负刚度的非线性度 η 如下

$$\eta = \left|\frac{6z^2}{\beta}\right| \quad (2.2.29)$$

2.2.3 有限元仿真验证

利用电磁场有限元软件 ANSYS Maxwell 对上述磁环结构的磁力进行分析,从而验证模型理论分析的正确性,双环永磁体的结构参数设置如表 2.1 所示。因为双环永磁体结构具有轴对称的性质,故可采用静磁场求解器 Magnetostatic 中的 Maxwell 2D Design 取代 Maxwell 3D Design 来减少建模和计算的工作量,具体模型如图 2.5 所示。

表 2.1 双环永磁体的结构参数

参数属性	参数符号	参数值	参数属性	参数符号	参数值
剩余磁感应强度	B_r	1.1 T	相对磁导率	μ_r	1.05
内磁环内径	R_1	10 mm	外磁环内径	R_3	20 mm
内磁环外径	R_2	15 mm	外磁环外径	R_4	25 mm
内磁环高度	H_1	30 mm	外磁环高度	H_2	30 mm

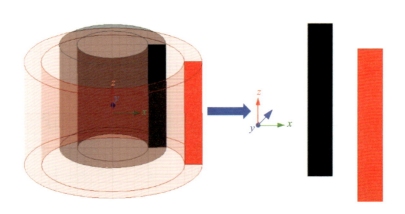

图 2.5 Maxwell 3D 模型和 Maxwell 2D 模型

首先,在 ANSYS Maxwell 中执行 Tools/Options/ Maxwell 2D Options 命令,求解器类型选用 Magnetostatic,坐标平面选择 Cylindrical about Z;其次,建立几何模型,定义其材料属性为钕铁硼,设置其 B_r 为 1.1 T,μ_r 为 1.05,内磁环磁化方向为 x 轴正方向,外磁环磁化方向为 x 轴负方向;然后,创建矩形求解域,定义其材料属性为 vacuum,边界条件为 Balloon;最后,设定求解选项参数、网格剖分参数和求解残差,通过改变内磁环的轴向偏移量,得到内磁环在不同轴向位移下的磁力。图 2.6 和图 2.7 分别为不同位置的双环永磁体磁力线分布和磁通密度的云图分布。

仿真值与解析值的对比曲线如图 2.8 所示。由图可知,两种方法计算结果趋势基

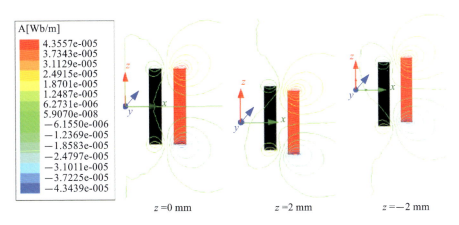

图 2.6　不同位置的双环永磁体磁力线分布

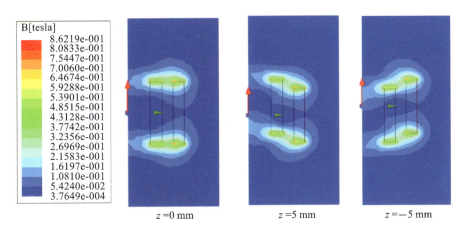

图 2.7　不同位置的双环永磁体磁通密度云图分布

本一致,平均误差仅为 3.66%,考虑到有限元分析中网格划分和求解域设置的局限性,有限元仿真可证明本书提出的双环永磁体轴向磁力解析模型的准确性。

2.2.4　双环永磁体型磁负刚度优化和设计

由式(2.2.28)的刚度显式解析模型可知,磁负刚度 k_h 是永磁体剩余磁感应强度 B_r 和永磁体尺寸参数 R_1、R_2、H_1、R_3、R_4、H_2 的函数,因此,通过合理选择上述几何参数可以实现磁负刚度 k_h 的设计和优化。为了使永磁体型高静低动刚度隔振系统在静平衡位置附近的小振幅范围内具有良好的隔振效果,理想的磁负刚度需要满足以下两个条件:①负刚度为凸型曲线,其绝对值略小于正刚度值,从而确保系统的稳定性;②负刚度的变化较缓慢,即具有较好的线性特征,以便与正刚度弹簧匹配[146]。

通过控制变量法探究不同参数对磁负刚度的影响,当探究某一参数对磁负刚度的

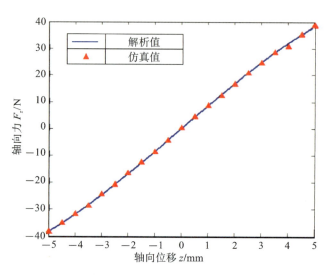

图 2.8 磁力-位移曲线解析模型和有限元方法的对比

影响时,若无特殊说明,其他永磁体尺寸参数采用表 2.1 中的有限元参数值。图 2.9 是永磁体的剩余磁感应强度 B_r 对磁负刚度和非线性度的影响曲线。由图可知,磁负刚度与 B_r 的平方成正比,随着 B_r 的增加,工作点位置附近的磁负刚度曲线凹凸性不变,磁负刚度数值增大,磁负刚度在竖直方向几乎上下平移,非线性度基本不变。

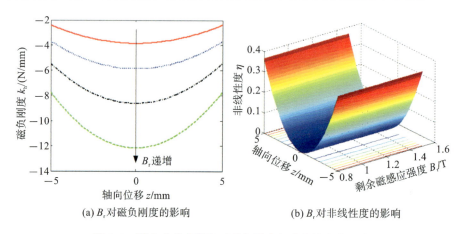

(a) B_r 对磁负刚度的影响   (b) B_r 对非线性度的影响

图 2.9 剩余磁感应强度对磁负刚度和非线性度的影响

图 2.10 和图 2.11 分别是磁环高度 H 对磁负刚度和非线性度的影响曲线,分两种情形进行讨论:①H_2 固定为 30 mm,H_1 递增;②H_1 固定为 30 mm,H_2 递增。由图 2.10(a) 和图 2.11(a) 可知,随着 H_1 的增大,工作点位置附近的磁负刚度曲线凹凸性不变,磁负刚度数值先增大后减小,而非线性度显著减小,当 H_1 增加到一定程度后,磁负刚度曲线在竖直方向几乎上下平移,非线性度改善并不明显;由图 2.10(b) 和图 2.11(b)

可知,随着 H_2 的增大,磁负刚度曲线凹凸性不变,磁负刚度数值增大,非线性度缓慢增大。

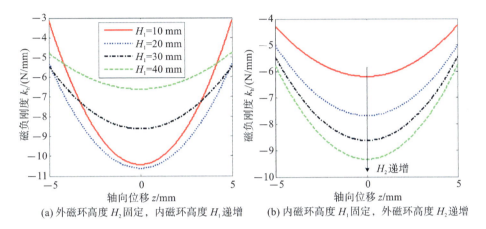

(a) 外磁环高度 H_2 固定,内磁环高度 H_1 递增　　(b) 内磁环高度 H_1 固定,外磁环高度 H_2 递增

图 2.10　磁环高度对磁负刚度的影响

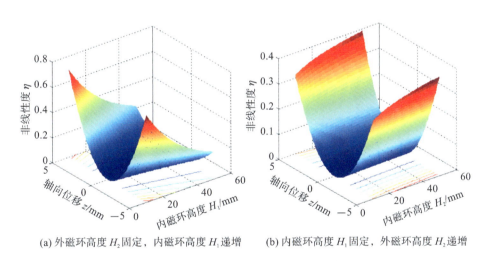

(a) 外磁环高度 H_2 固定,内磁环高度 H_1 递增　　(b) 内磁环高度 H_1 固定,外磁环高度 H_2 递增

图 2.11　磁环高度对非线性度的影响

图 2.12 和图 2.13 分别是磁环气隙 G 对磁负刚度和非线性度的影响曲线,固定 T_1 和 T_2 来消除永磁体厚度的改变对分析结果的影响,分两种情形进行讨论:① R_2 固定为 15 mm,R_4 和 R_3 以等间隔 $T_2=7$ mm 递增;② R_3 固定为 20 mm,R_2 和 R_1 以等间隔 $T_1=5$ mm 递增。由图 2.12(a) 和图 2.13(a) 可知,随着 R_3 的增大,磁环气隙 G 增大,工作点位置附近的磁负刚度曲线凹凸性不变,磁负刚度数值和非线性度显著减小,当 R_3 增加到一定程度后,磁负刚度曲线在竖直方向几乎上下平移,非线性度改善并不明显;由图 2.12(b) 和图 2.13(b) 可知,随着 R_2 的增大,磁环气隙 G 减小,工作点位置附近的磁负刚度曲线凹凸性不变,磁负刚度数值和非线性度显著增加。

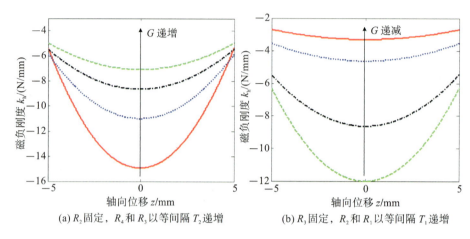

图 2.12 磁环气隙对磁负刚度的影响

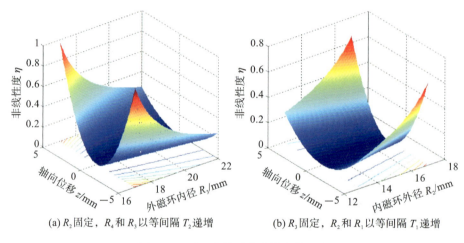

图 2.13 磁环气隙对非线性度的影响

图 2.14 和图 2.15 分别是磁环厚度 T 对磁负刚度和非线性度的影响曲线,为消除磁环气隙的改变对分析结果的影响,维持 $R_2=15$ mm 和 $R_3=20$ mm 恒定,分两种情形进行讨论:① R_1 固定为 10 mm,R_4 递增;② R_4 固定为 25 mm,R_1 递增。由图 2.14(a)和图 2.15(a)可知,随着 R_4 的增大,外磁环厚度 T_2 增加,工作点位置附近的磁负刚度曲线凹凸性不变,磁负刚度数值增大,磁负刚度曲线在竖直方向几乎上下平移,非线性度基本保持不变;由图 2.14(b)和图 2.15(b)可知,随着 R_1 的增大,内磁环厚度 T_1 减小,工作点位置附近的磁负刚度曲线凹凸性不变,磁负刚度数值先增大后减小,非线性度缓慢增大。

上述对磁负刚度的优化分析结果如表 2.2 所示。从表中可以看出,为了更好地将

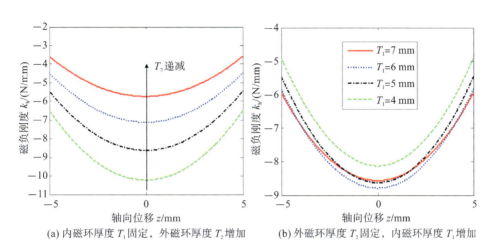

图 2.14 磁环厚度对磁负刚度的影响

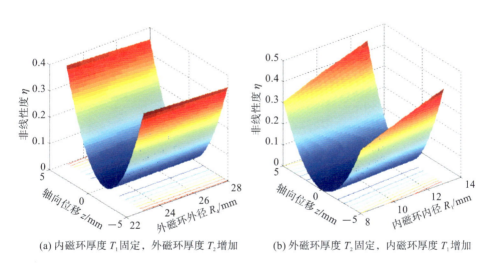

图 2.15 磁环厚度对非线性度的影响

双环永磁体型磁负刚度与正刚度匹配,可以适当地增大内磁环高度 H_1 和磁环气隙 G 来减小磁负刚度的非线性度,使得磁负刚度的线性特征变好,磁负刚度在工作位置附近近似为一常数;在较好线性特征的基础上,磁负刚度的数值大小可利用剩余磁感应强度 B_r、外磁环的高度 H_2、磁环的厚度 T_1 和 T_2 来调节,使其获得较大负刚度的同时具有较好的线性特征。表 2.2 为双环永磁体型高静低动刚度隔振器的优化和设计提供了具有规律性的指导意义和参考价值。

表 2.2 双环永磁体结构参数对磁负刚度的影响

双环永磁体结构参数		磁负刚度数值	磁负刚度非线性度
磁环高度 H	H_1 增大	先增大后减小	显著减小
	H_2 增大	增大	缓慢增大
磁环厚度 T	T_1 增大	先增大后减小	缓慢增大
	T_2 增大	增大	几乎不变
磁环气隙 G 增大		减小	显著减小
剩余磁感应强度 B_r 增大		增大	几乎不变

2.2.5 双环永磁体型高静低动刚度隔振系统动力学分析

图 2.16 是双环永磁体型高静低动刚度隔振系统的结构示意图。设系统受到基座的简谐位移激励 $x_0 = X_0 \cos(\Omega T + \theta)$,被隔振物体位移响应为 x_1,被隔振物体相对位移为 z,令 $x_1 = x_0 + z$,双环永磁体型高静低动刚度隔振系统的动力学方程可表示为

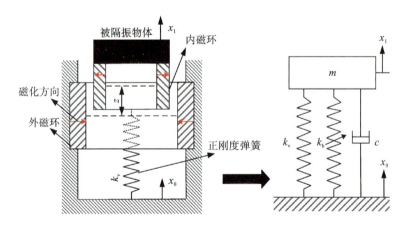

图 2.16 双环永磁体型高静低动刚度隔振系统的简图和等效动力学模型

$$m\ddot{x}_1 + c\dot{z} + (k_v + k_h)z = 0 \tag{2.2.30}$$

式中:m 为被隔振物体的质量;c 为系统黏性阻尼系数;k_v 为正刚度系数;k_h 为磁负刚度,由 2.2.2 节可知 $k_h = -\alpha/\beta^2 + 6\alpha z^2/\beta^3$。因此,系统的动力学方程可改写为

$$m\ddot{z} + c\dot{z} + (k_v - \alpha/\beta^2)z + 6\alpha z^3/\beta^3 = -m\ddot{x}_0 \tag{2.2.31}$$

引入如下参数:$u = \dfrac{z}{X_0}$,$\Omega_n = \sqrt{\dfrac{k_v - \alpha/\beta^2}{m}}$,$\xi = \dfrac{c}{2m\Omega_n}$,$\delta = -\dfrac{6\alpha X_0^2}{\beta^3(k_v - \alpha/\beta^2)}$,$\omega = \dfrac{\Omega}{\Omega_n}$,$t = \Omega_n T$。将式(2.2.31)无量纲化可得

第 2 章 磁体型高静低动刚度隔振器设计

$$\ddot{u} + 2\xi\dot{u} + u + \delta u^3 = \omega^2\cos(\omega t + \theta) \tag{2.2.32}$$

采用谐波平衡法求解系统的稳态响应解,系统稳态响应与激励之间因为有阻尼而存在相位差,若激励位移中的待定相位差 θ 恰能使响应的相位为 ωt,系统的稳态响应解可设为 $u = U\cos\omega t$,将其代入动力学方程(2.2.32),并忽略超过一次的高次谐波可得

$$\left(\omega^2 U + U + \frac{3}{4}\delta U^3\right)\cos\omega t - 2\xi U\omega\sin\omega t = \omega^2(\cos\omega t\cos\theta - \sin\omega t\sin\theta)$$

$$\tag{2.2.33}$$

令式(2.2.33)两边一次谐波的系数相等,可得

$$\begin{cases} \omega^2 U + U + \dfrac{3}{4}\delta U^3 = \omega^2\cos\theta \\ -2\xi\omega U = -\omega^2\sin\theta \end{cases} \tag{2.2.34}$$

求解式(2.2.34),可得双环永磁体型高静低动刚度隔振系统的幅频特性方程

$$\omega^2 = \frac{U^2(4+3\delta U^2) - 8\xi^2 U^2 \pm \sqrt{U^4(8\xi^2 - 4 - 3\delta U^2)^2 - (U^2-1)(4U+3\delta U^3)^2}}{4(U^2-1)}$$

$$\tag{2.2.35}$$

被隔振物体的绝对位移 x_1 为

$$x_1 = x_0 + z = (X_0 U + X_0\cos\theta)\cos\omega t - X_0\sin\theta\sin\omega t \tag{2.2.36}$$

则双环永磁体型高静低动刚度隔振系统的绝对位移传递率为

$$T = \left|\frac{X_1}{X_0}\right| = \sqrt{1 + U^2 + 2U\cos\theta} = \sqrt{1 + U^2 + \frac{2U}{\omega^2}\left(\omega^2 U + U + \frac{3}{4}\delta U^3\right)} \tag{2.2.37}$$

由图 2.17 可知,当被隔振物体的位移振幅不大于 2 mm 时,双环永磁体型高静低动刚度隔振系统的非线性度为 5%。因此,在振动位移±2 mm 的范围附近运动时,非线性刚度相对于线性刚度是小量,刚度可近似取其线性部分,忽略非线性部分的影响,则系统刚度可在其平衡位置局部线性近似处理,相应绝对位移传递率可写成

$$T_l = \sqrt{\frac{1 + (2\xi\omega)^2}{(1-\omega^2)^2 + (2\xi\omega)^2}} \tag{2.2.38}$$

由此可知,线性化后的双环永磁体型隔振系统的固有频率为 $\omega_{n1} = \sqrt{(k_v - \alpha/\beta^2)/m}$,相对阻尼比为 $\xi_1 = c/\sqrt{2m(k_v - \alpha/\beta^2)}$;而未并联磁负刚度的线性隔振系统(即将双环永磁体从系统中移除)的固有频率为 $\omega_{n2} = \sqrt{k_v/m}, \xi_2 = c/\sqrt{2mk_v}$。因此,引入磁负刚度使系统的隔振起始频率降低,对于给定的黏性阻尼系数 c,相对阻尼比 ξ 增大,从而进一步改善了系统的阻尼特性,有效降低了共振峰值,改善了系统的高频隔振性能。

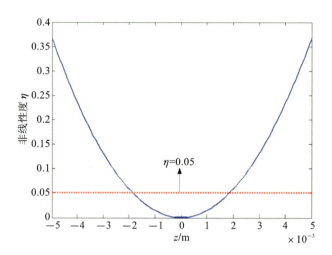

图 2.17 双环永磁体型隔振系统的非线性度曲线

采用表 2.3 中所列参数,对上述理论分析结果进行数值仿真。由图 2.18 可知,在不考虑隔振系统非线性特征影响时,并联磁负刚度的隔振系统(虚线)相比等效线性隔振系统(实线),固有频率由 10.07 Hz 降至 2.84 Hz,相应隔振起始频率由 14.24 Hz 降至 4.01 Hz,共振峰值由 51.97 dB 降至 27.23 dB,因此,双环永磁体型高静低动刚度隔振系统具有更低的位移传递率峰值和更宽的隔振频带。在静平衡位置附近微幅振动时,相比于其他类型高静低动刚度隔振器,双环永磁体型隔振器的优势在于,后者可近似为一个线性系统,避免了系统过度非线性导致多解共存和鞍结分岔产生,从而影响其隔振性能。

表 2.3 双环永磁体型隔振系统的结构参数

参数属性	参数符号	参数值	参数属性	参数符号	参数值
剩余磁感应强度	B_r	1.1 T	相对磁导率	μ_r	1.05
内磁环内径	R_1	10 mm	外磁环内径	R_3	20 mm
内磁环外径	R_2	15 mm	外磁环外径	R_4	25 mm
内磁环高度	H_1	40 mm	外磁环高度	H_2	30 mm
被隔振物体质量	m	2 kg	正刚度系数	k_v	8 N/mm
系统黏性阻尼系数	c	5 N·s/m	谐波位移激励幅值	X_0	0.5 mm

2.2.6 双环永磁体型高静低动刚度隔振器试验研究

双环永磁体型隔振器设计主要分为两部分:外部结构设计和正负刚度几何参数设计。双环永磁体型隔振器的装配体三维模型及物理样机如图 2.19 所示,主要由双环

第 2 章 磁体型高静低动刚度隔振器设计

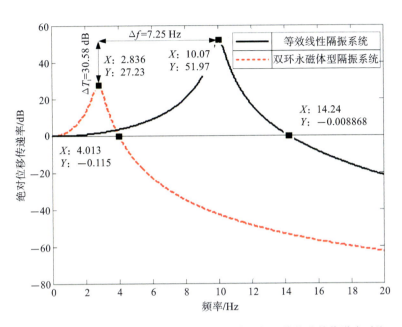

图 2.18 双环永磁体型隔振系统与等效线性隔振系统位移的传递率对比

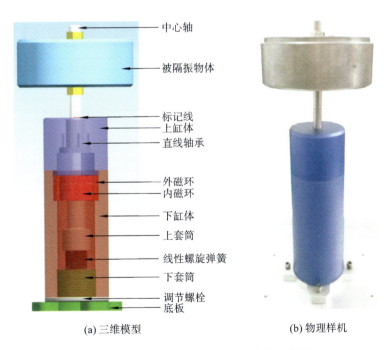

(a) 三维模型　　　　　　(b) 物理样机

图 2.19 双环永磁体型隔振器的结构示意图

永磁体型磁负刚度机构、线性螺旋弹簧、上缸体、下缸体、中心轴、上套筒、下套筒和直线轴承等组成。

为了获取双环永磁体型高静低动刚度隔振器的静刚度和承载力等静力学特性,使用 SANS 公司 CMT5504 电子式万能试验机分别对双环永磁体型隔振器和等效线性隔振器进行静力加载试验。通过静力加载试验对双环永磁体型隔振器原理样机的动力学特性进行了初步预测,为了更准确地测试出双环永磁体型隔振器的动力学特性和隔振性能,对双环永磁体型隔振系统和等效线性隔振系统进行谐波位移激励下的定幅值扫频试验。具体试验台架实物图如图 2.20 所示。

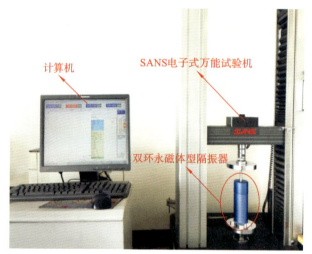

(a) 静力学试验的现场照片

(b) 动力学试验的现场照片

图 2.20 双环永磁体型隔振系统试验台架实物图

双环永磁体型隔振器与等效线性隔振器力-位移曲线对比如图 2.21 所示。由图可知,等效线性隔振器的力-位移曲线为一条直线;而双环永磁体型隔振器的力-位移曲线存在明显的非线性行为,两端曲线陡峭,刚度大,而在 25.19～31.43 mm 之间曲线变得非常平缓,刚度小,具有明显的高静低动刚度特性。因此,双环永磁体型磁负刚度能显著减小静平衡位置附近系统的正刚度,从而降低系统的固有频率,拓宽系统的隔振频带。

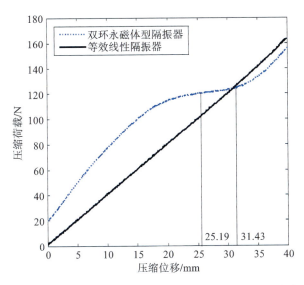

图 2.21　双环永磁体型隔振器与等效线性隔振器力-位移曲线对比

为了评价双环永磁体型隔振系统的动力学特性及其隔振性能,定义绝对加速度传递率为加速度响应幅值和加速度激励幅值之比,单位为 dB。双环永磁体型隔振系统和等效线性隔振系统绝对加速度传递率的比较如图 2.22 所示,从图中可以看出:

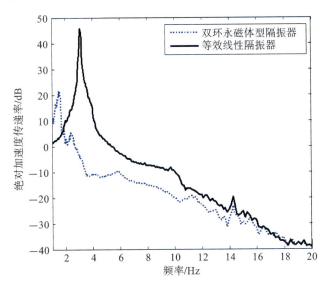

图 2.22　双环永磁体型隔振系统与等效线性隔振系统绝对加速度传递率曲线对比

① 双环永磁体型隔振系统的共振频率为 1.51 Hz,而等效线性隔振系统共振频率为 3.09 Hz,说明双环永磁体型磁负刚度的原理是正确的,它能有效降低系统的固有频率,拓宽系统的隔振频带,隔振效果更优越;

② 在共振频率处,双环永磁体型隔振系统和等效线性隔振系统的绝对加速度传递率峰值分别为 21.26 dB 和 45.57 dB,说明磁负刚度能有效降低共振频率处的绝对加速度传递率幅值,但随着频率的增加,两者的绝对加速度传递率趋于一致。

2.3 三磁体型高静低动刚度隔振器设计

由于环形磁体或磁瓦的间隙调节起来很困难,负刚度的变化范围有限,本节利用矩形磁体代替环形磁体设计三磁体型隔振器。首先,利用磁荷模型的磁极化强度与磁偶极子相互关系,计算两块矩形磁体之间的静磁能,通过对静磁能求导得到两磁体的磁力和刚度;其次,通过 Maxwell 软件验证解析模型的准确性;最后,采用三块矩形磁体作为负刚度元件,通过合理选择磁体布置方式和充磁方向,对三磁体的尺寸参数进行优化设计,使其负刚度区间范围扩大,且在区间内刚度变化平缓,并对其隔振系统进行动力学分析。

2.3.1 点磁荷磁场强度计算

三磁体型磁负刚度分析的基础在于磁力模型的建立和分析。如图 2.23 所示,面积为 $2a \times 2b$ 的矩形磁面,依据等效磁荷理论,空间任意场点 P 标量磁位的二维泊松方程如下

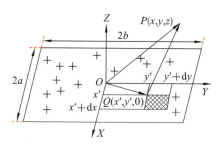

图 2.23 矩形磁面对 P 点的标量磁位

$$\varphi(x',y',z') = \frac{\sigma}{4\pi\mu_0} \int_{-b}^{b} dy' \int_{-a}^{a} \frac{1}{\sqrt{(x'-x)^2 + (y'-y)^2 + z^2}} dx' \quad (2.3.1)$$

式中:φ 为磁标量势;σ 为面磁荷密度;$\mu_0 = 4\pi \times 10^{-7}$ H/m,为真空磁导率。引入中间变量:$U_i = x - (-1)^i a, V_j = y - (-1)^j b, W = z, r = \sqrt{U_i^2 + V_j^2 + W^2}$。式(2.3.1)经二重积分可得

$$\varphi(x,y,z) = \frac{\sigma}{4\pi\mu_0} \sum_{i=0}^{1}\sum_{j=0}^{1} (-1)^{i+j}\phi(U_i,V_j,W) \tag{2.3.2}$$

式中：$\phi(U,V,W) = -U\ln(r-V) - V\ln(r-U) - W\arctan\left(\dfrac{UV}{Wr}\right)$。得到磁标量势后，依据磁场强度可表示为磁标量势的负梯度，即 $H = -\mathbf{grad}\varphi(x,y,z)$，可得场点 P 的磁场强度 H

$$H = \frac{\sigma}{4\pi\mu_0} \sum_{i=0}^{1}\sum_{j=0}^{1} (-1)^{i+j}\varepsilon(U_i,V_j,W) \tag{2.3.3}$$

式中：$\varepsilon_x = \ln(r-V)$；$\varepsilon_y = \ln(r-U)$；$\varepsilon_z = \arctan\left(\dfrac{UV}{Wr}\right)$。

如图 2.24 所示，对于体积为 $2a \times 2b \times 2c$ 的矩形磁体而言，被磁化后各磁偶极子在磁体内部均匀排列时，N 极和 S 极首尾相连，只会在两个端面出现单一的正磁荷或负磁荷。

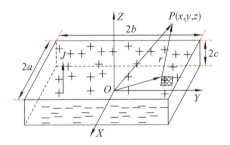

图 2.24　矩形磁体对点 P 的磁标量势

引入中间变量 $U_i = x - (-1)^i a$，$V_j = y - (-1)^j b$，$W_k = -(-1)^k c$，$r = \sqrt{U_i^2 + V_j^2 + W_k^2}$，得到 P 点的磁场强度 H 和磁感应强度 B 为

$$\begin{cases} H = \dfrac{\sigma}{4\pi\mu_0} \sum_{i=0}^{1}\sum_{j=0}^{1}\sum_{k=0}^{1} (-1)^{i+j+k}\varepsilon(U_i,V_j,W_k) \\ B = \mu_0 H = \dfrac{\sigma}{4\pi} \sum_{i=0}^{1}\sum_{j=0}^{1}\sum_{k=0}^{1} (-1)^{i+j+k}\varepsilon(U_i,V_j,W_k) \end{cases} \tag{2.3.4}$$

2.3.2　两块矩形磁体的磁力和刚度解析模型

1. 磁化方向平行的两块矩形磁体

如图 2.25 所示，假设两块矩形磁体均匀磁化且不存在退磁，下面矩形磁体尺寸为 $2a \times 2b \times 2c$，介质磁化强度为 J，磁化方向沿 Z 轴正向，在其几何中心建立全局坐标系 $O\text{-}XYZ$；上面矩形磁体尺寸为 $2a' \times 2b' \times 2c'$，介质磁化强度为 J'，磁化方向沿 Z' 轴正向，在其几何中心建立局部坐标系 $O'\text{-}X'Y'Z'$，O' 的坐标为 (x,y,z)；上、下面矩形磁体的长、宽和高对应平行。根据静磁学理论，磁介质的极化可用方程 $B = \mu_0 H + J$

表示,忽略外部磁场的影响(即 $H=0$),磁体介质磁化强度 J 和剩余磁感应强度 B_r 相等。

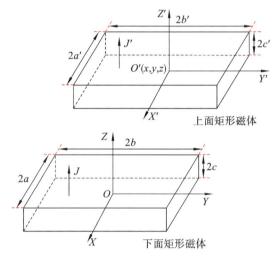

图 2.25 磁化方向平行的两块矩形磁体几何模型

根据等效磁荷理论,两块矩形磁体之间的磁力是由上、下磁体的上、下端面相互作用产生的,两块磁化方向平行的矩形永磁体之间的静磁能 V 为

$$V(x,y,z) = \frac{JJ'}{4\pi\mu_0} \sum_{p=0}^{1} \sum_{q=0}^{1} (-1)^{p+q} \int_{-b'}^{b'} \mathrm{d}Y' \int_{-a'}^{a'} \mathrm{d}X' \int_{-b}^{b} \mathrm{d}Y \int_{-a}^{a} \frac{1}{r} \mathrm{d}X \quad (2.3.5)$$

其中

$$r = \sqrt{(x+X'-X)^2 + (y+Y'-Y)^2 + [z+(-1)^q c' - (-1)^p c]^2}$$

式(2.3.5)经四重积分可得

$$V(x,y,z) = \frac{JJ'}{4\pi\mu_0} \sum_{i=0}^{1} \sum_{j=0}^{1} \sum_{k=0}^{1} \sum_{l=0}^{1} \sum_{p=0}^{1} \sum_{q=0}^{1} (-1)^{i+j+k+l+p+q} \Psi(U_{ij}, V_{kl}, W_{pq}, r)$$

(2.3.6)

其中

$$\Psi(U,V,W,r) = \frac{U(V^2-W^2)}{2}\ln(r-U) + \frac{V(U^2-W^2)}{2}\ln(r-V)$$
$$+ UVW\arctan\left(\frac{UV}{Wr}\right) + \frac{r}{6}(U^2+V^2-2W^2)$$

得到静磁能后,通过引入中间变量 $U_{ij} = x+(-1)^j a' - (-1)^i a$,$V_{kl} = y+(-1)^k b' - (-1)^l b$,$W_{pq} = z+(-1)^q c' - (-1)^p c$,$r = \sqrt{U_{ij}^2 + V_{kl}^2 + W_{pq}^2}$,根据虚位移法可知 $F = -\mathbf{grad}V(x,y,z)$,同时考虑上面矩形磁体的受力方向,可得磁化方向平行的两块矩形磁体间的磁力

$$F = \frac{JJ'}{4\pi\mu_0} \sum_{i=0}^{1}\sum_{j=0}^{1}\sum_{k=0}^{1}\sum_{l=0}^{1}\sum_{p=0}^{1}\sum_{q=0}^{1} (-1)^{i+j+k+l+p+q} \Psi(U_{ij}, V_{kl}, W_{pq}, r) \quad (2.3.7)$$

当上、下磁体充磁方向相同时 F 取正,反之则 F 取负,省略多重求和为零的项

$$\begin{cases} \Psi_x(U,V,W,r) = \dfrac{(V^2-W^2)}{2}\ln(r-U) + UV\ln(r-V) + VW\arctan\left(\dfrac{UV}{Wr}\right) + \dfrac{1}{2}Ur \\ \Psi_y(U,V,W,r) = \dfrac{(U^2-W^2)}{2}\ln(r-V) + UV\ln(r-U) + UW\arctan\left(\dfrac{UV}{Wr}\right) + \dfrac{1}{2}Vr \\ \Psi_z(U,V,W,r) = -UW\ln(r-U) - VW\ln(r-V) + UV\arctan\left(\dfrac{UV}{Wr}\right) - Wr \end{cases}$$
(2.3.8)

得到磁力后,依据 $K = -\mathbf{grad}(F)$,可得磁化方向平行的两块矩形磁体间的刚度

$$\begin{pmatrix} K_x \\ K_y \\ K_z \end{pmatrix} = \frac{JJ'}{4\pi\mu_0} \sum_{i=0}^{1}\sum_{j=0}^{1}\sum_{k=0}^{1}\sum_{l=0}^{1}\sum_{p=0}^{1}\sum_{q=0}^{1} (-1)^{i+j+k+l+p+q} \begin{pmatrix} r + V\ln(r-V) \\ r + U\ln(r-U) \\ -2r - U\ln(r-U) - V\ln(r-V) \end{pmatrix}$$
(2.3.9)

2. 磁化方向垂直的两块矩形磁体

如图 2.26 所示,假设矩形磁体均匀磁化且不存在退磁。下面矩形磁体尺寸为 $2a \times 2b \times 2c$,介质磁化强度为 J,磁化方向沿 Z 轴正向,所在全局坐标系为 O-XYZ;上面矩形磁体尺寸为 $2a' \times 2b' \times 2c'$,介质磁化强度为 J',磁化方向沿 Y' 轴正向,所在局部坐标系为 O'-$X'Y'Z'$,O' 的坐标为 (x,y,z);上、下面矩形磁体的长、宽和高对应平行。

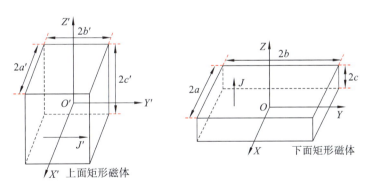

图 2.26 磁化方向垂直的两块矩形磁体几何模型

根据等效磁荷理论,两块磁化方向垂直的矩形磁体之间的静磁能 V 为

$$V = \frac{JJ'}{4\pi\mu_0} \sum_{i=0}^{1}\sum_{j=0}^{1}\sum_{k=0}^{1}\sum_{l=0}^{1}\sum_{p=0}^{1}\sum_{q=0}^{1} (-1)^{i+j+k+l+p+q} \Theta(U_{ij}, V_{kl}, W_{pq}, r) \quad (2.3.10)$$

其中

$$\Theta(U,V,W,r) = \frac{V(V^2-3U^2)}{6}\ln(r+W) + \frac{W(W^2-3U^2)}{6}\ln(r+V) + UVW\ln(r-U)$$
$$+ \frac{U}{6}\left[3V^2\arctan\left(\frac{UW}{Vr}\right) + 3W^2\arctan\left(\frac{UV}{Wr}\right) + U^2\arctan\left(\frac{VW}{Ur}\right)\right] + \frac{VWr}{3}$$

依据 $F = -\mathbf{grad}V(x,y,z)$,可得磁化方向垂直的两块矩形磁体间的磁力三维解析模型

$$F = \frac{JJ'}{4\pi\mu_0}\sum_{i=0}^{1}\sum_{j=0}^{1}\sum_{k=0}^{1}\sum_{l=0}^{1}\sum_{p=0}^{1}\sum_{q=0}^{1}(-1)^{i+j+k+l+p+q}\chi(U_{ij},V_{kl},W_{pq},r) \quad (2.3.11)$$

当介质极化强度矢量 $\vec{J'} \times \vec{J}$ 的方向垂直纸面向外 F 取正,反之则 F 取负,省略多重求和为零的项

$$\begin{cases}\chi_x(U,V,W,r) = -\frac{V^2}{2}\arctan\left(\frac{UW}{Vr}\right) - \frac{W^2}{2}\arctan\left(\frac{UV}{Wr}\right) - \frac{U^2}{2}\arctan\left(\frac{VW}{Ur}\right) + UV\ln(r+W) \\ \qquad + UW\ln(r+V) - VW\ln(r-U) \\ \chi_y(U,V,W,r) = \frac{(U^2-V^2)\ln(r+W)}{2} - UW(r-U) - UV\arctan\left(\frac{UW}{Vr}\right) - \frac{Wr}{2} \\ \chi_z(U,V,W,r) = \frac{(U^2-W^2)\ln(r+V)}{2} - UV(r-U) - UW\arctan\left(\frac{UV}{Wr}\right) - \frac{Vr}{2}\end{cases}$$
$$(2.3.12)$$

依据 $K = -\mathbf{grad}(F)$,可得磁化方向垂直的两块矩形磁体间刚度三维解析模型

$$K = \frac{JJ'}{4\pi\mu_0}\sum_{i=0}^{1}\sum_{j=0}^{1}\sum_{k=0}^{1}\sum_{l=0}^{1}\sum_{p=0}^{1}\sum_{q=0}^{1}(-1)^{i+j+k+l+p+q}\delta(U_{ij},V_{kl},W_{pq},r) \quad (2.3.13)$$

其中

$$\begin{cases}\delta_x(U,V,W,r) = V\ln(r+W) + W\ln(r+V) - U\arctan\left(\frac{VW}{Ur}\right) \\ \delta_y(U,V,W,r) = -V\ln(r+W) - U\arctan\left(\frac{UW}{Vr}\right) \\ \delta_z(U,V,W,r) = -W\ln(r+V) - U\arctan\left(\frac{UV}{Wr}\right)\end{cases}$$

2.3.3 有限元仿真验证

利用 ANSYS Maxwell 有限元软件计算两块矩形磁体间的磁力,从而验证上述解析表达式的准确性。设上下两块矩形磁体的尺寸参数均为 10 mm×20 mm×10 mm,距离为 10 mm,剩余磁感应强度 $B_r = 1.23$ T,相对磁导率 $\mu_r = 1.1$。在 ANSYS Maxwell 软件的 Maxwell 3D Design 模块中建立有限元模型,如图 2.27 所示;两块矩形磁体有限元计算结果与解析计算结果对比曲线如图 2.28 所示。由图可知,有限元仿真结果与上节磁力解析模型结果吻合得较好,验证了本书推导的矩形磁体磁力解析模型的准确性。

第 2 章 磁体型高静低动刚度隔振器设计

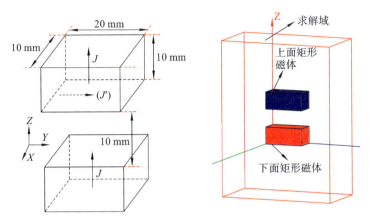

图 2.27 两块矩形磁体的仿真结构图

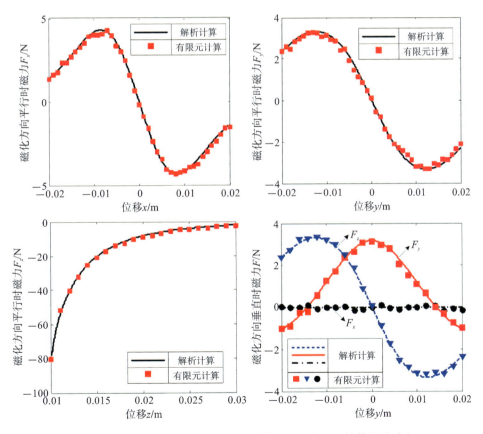

图 2.28 两块矩形磁体磁力的解析计算结果和有限元计算结果对比

2.3.4 三磁体型磁负刚度优化和设计

1. 三磁体磁力和刚度的计算

三磁体型磁负刚度与磁体参数和磁体布置位置及形式密切相关。如图 2.29 所示,三磁体沿 Y 轴间隔 h 同极相对,呈排斥布置,外部磁体尺寸为 $2a \times 2b \times 2c$,介质极化强度为 J,充磁方向沿 Y 轴正方向;中间磁体尺寸为 $2a' \times 2b' \times 2c'$,介质极化强度为 J',充磁方向沿 Y 轴负方向;中间磁体初始位置为三磁体的对称中心且只能沿 Z 轴方向平动,它在 Z 轴方向处于不稳定平衡状态。

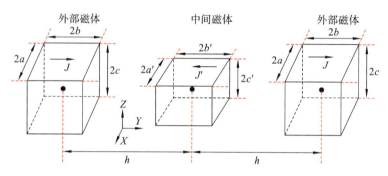

图 2.29 三磁体的布置示意图

中间磁体受到两块外部磁体沿 Z 轴方向的磁力合力为

$$F_z = \frac{JJ'}{2\pi\mu_0} \sum_{i=0}^{1}\sum_{j=0}^{1}\sum_{k=0}^{1}\sum_{l=0}^{1}\sum_{p=0}^{1}\sum_{q=0}^{1} (-1)^{i+j+k+l+p+q} \Psi(U_{ij}, V_{kl}, W_{pq}, r) \quad (2.3.14)$$

其中 $\Psi(U,V,W,r) = -UW\ln(r-U) - VW\ln(r-V) - Wr + UV\arctan\left(\dfrac{UV}{Wr}\right)$,中间变量为

$$\begin{cases} U_{ij} = (-1)^j a' - (-1)^i a \\ V_{kl} = h + (-1)^k b' - (-1)^l b \\ W_{pq} = z + (-1)^q c' - (-1)^p c \\ r = \sqrt{U_{ij}^2 + V_{kl}^2 + W_{pq}^2} \end{cases}$$

F_z 对 Z 向位移 z 求一阶负导数,可得三磁体型磁负刚度的解析表达式

$$K_z = -\frac{JJ'}{2\pi\mu_0} \sum_{i=0}^{1}\sum_{j=0}^{1}\sum_{k=0}^{1}\sum_{l=0}^{1}\sum_{p=0}^{1}\sum_{q=0}^{1} (-1)^{i+j+k+l+p+q} \Phi(U_{ij}, V_{kl}, W_{pq}, r)$$

$$(2.3.15)$$

式中:$\Phi(U,V,W,r) = -2r - U\ln(r-U) - V\ln(r-V)$。

2. 有限元验证

通过 ANSYS Maxwell 有限元软件来仿真计算三磁体的磁力,并与解析表达式计算结果进行比较验证。设两块外部磁体的尺寸参数为 40 mm×20 mm×30 mm,中间磁体的尺寸参数为 30 mm×20 mm×10 mm,间隔 $h=30$ mm,三块磁体的剩余磁感应强度均为 $B_r=1.23$ T,相对磁导率均为 $\mu_r=1.1$。图 2.30 是不同位置磁场强度分布图,由图 2.31 所示有限元计算与解析计算的对比曲线可知,两种方法的计算结果具有较高的吻合度,平均误差约为 5.81%,考虑到 Maxwell 有限元分析中网格划分和求解域设置的局限性,有限元方法可证明本书提出的三磁体轴向磁力解析模型的准确性,计算精度可满足工程要求。

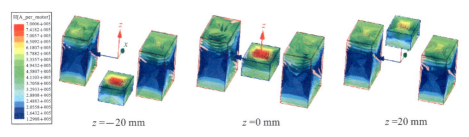

图 2.30 不同位置的磁场强度

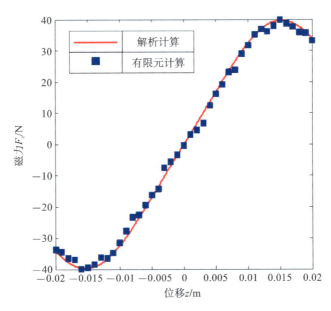

图 2.31 磁力-位移曲线解析计算和有限元计算的对比

3. 三磁体型磁负刚度的优化

由式(2.3.15)可知,磁负刚度 K_z 与磁体的几何参数 a、b、c、a'、b'、c' 和剩余磁感应强度 B_r 等密切相关。因此,对于给定材料(钕铁硼)的三磁体,可以通过合理的几何参数配置对三磁体的磁负刚度进行参数优化选取,为了使三磁体型隔振器具有高静低动刚度特性,在三磁体型磁负刚度设计过程中需考虑以下两点:①在静平衡位置附近,磁负刚度的数值略小于正刚度的数值,且磁负刚度曲线为凹型曲线,使得系统的总刚度为正,从而保证系统的稳定性;②在静平衡位置附近,为了使磁负刚度与正刚度相匹配,磁负刚度应具有较好的线性特征。

考虑到磁体布置方式和总体结构尺寸,中间磁体在 Y 轴和 Z 轴方向可以并联布置,以获得更大的负刚度,尺寸 b' 和 c' 应较小,故设中间磁体的尺寸为 30 mm×20 mm×10 mm,振动位移 z 在±20 mm 以内,磁体间距 h 过大会导致刚度较小,过小会导致非线性度过大,分析中 h 在 25~40 mm 之间变化。下面采用控制变量法分析外部磁体几何尺寸的变化对中间磁体 Z 向磁负刚度的影响,通过几何参数优化设计来降低刚度的非线性特征。

维持 b、c 不变,a 在 15~25 mm 内间隔 0.01 取值,由图 2.32(a)可知,随着 a 的增大,静平衡位置的负刚度数值缓慢增大,曲线的凹凸性不发生改变,工作位置附近的负刚度为常数的区间也不发生改变。维持 a、c 不变,b 在 5~15 mm 内间隔 0.01 取值,由图 2.32(b)可知,随着 b 的增大,静平衡位置的负刚度数值递增,负刚度曲线由凹型曲线变成凸型曲线,工作位置附近的负刚度为常数的区间先增加后减小,在 10 mm 附近达到峰值。维持 a、b 不变,c 在 10~20 mm 内间隔 0.01 取值,由图 2.32(c)可知,随着 c 的增大,静平衡位置的负刚度数值递减,负刚度曲线由凹型曲线变成凸型曲线,工作位置附近的负刚度为常数的区间先增加后减小,在 15 mm 附近达到峰值。因此,为了更好地匹配正刚度,三磁体型磁负刚度在静平衡位置处获得较大数值的同时,还应具有较好的线性特征,综合考虑磁负刚度的数值和线性特征之间的平衡关系,取中间磁体的尺寸为 30 mm×20 mm×10 mm,外部磁体的尺寸为 40 mm×20 mm×30 mm。

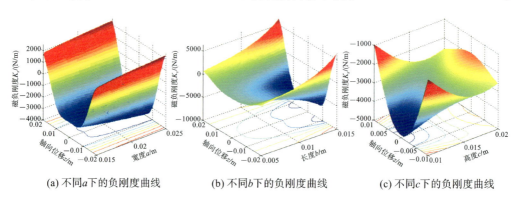

(a) 不同 a 下的负刚度曲线　　(b) 不同 b 下的负刚度曲线　　(c) 不同 c 下的负刚度曲线

图 2.32　尺寸参数对负刚度的影响

2.3.5　三磁体型高静低动刚度隔振系统动力学分析

1. 磁负刚度的简化

由于三磁体型磁负刚度式(2.3.15)为函数的六重积分求和,结构形式为复杂的级数形式,不利于系统动力学建模分析和工程推广应用,需在静平衡位置对式(2.3.15)进行近似拟合简化。由图 2.33 可知,h 过小会导致非线性度增加,而 h 过大则会导致刚度过小,实际应用中需均衡考虑;在三磁体几何尺寸确定的前提下,微幅振动时磁负刚度不仅是关于 z 的二阶多项式,而且刚度大小也与磁体间距 h 有关,故可设磁负刚度的近似表达式为

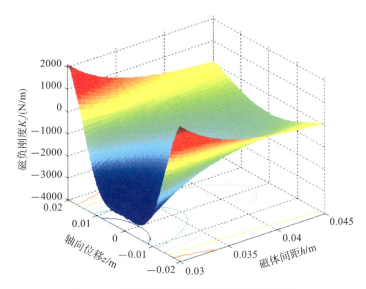

图 2.33 不同磁体间距 h 下的磁负刚度曲线

$$K_z = k_1(h) + k_2(h)z^2 \tag{2.3.16}$$

其中 $k_1(h)$ 和 $k_2(h)$ 均为 h 的函数,可通过曲线拟合方式得到。表 2.4 是不同磁体间距 h 下拟合得到的 $k_1(h)$ 和 $k_2(h)$ 值。

表 2.4 不同磁体间距 h 下拟合得到的 $k_1(h)$ 和 $k_2(h)$ 值

h/m	$k_1(h)$	$k_2(h)$	h/m	$k_1(h)$	$k_2(h)$
0.030	−3761	1.538×10^7	0.038	−1593	5.606×10^6
0.031	−3356	1.347×10^7	0.039	−1442	4.975×10^6
0.032	−3001	1.182×10^7	0.040	−1306	4.420×10^6
0.033	−2689	1.040×10^7	0.041	−1185	3.933×10^6
0.034	−2414	9.160×10^6	0.042	−1077	3.503×10^6
0.035	−2171	8.084×10^6	0.043	−980	3.123×10^6
0.036	−1955	7.146×10^6	0.044	−892	2.788×10^6
0.037	−1764	6.325×10^6	0.045	−814	2.492×10^6

因此,三磁体型磁负刚度的表达式(2.3.16)可改写为

$$K_z = (-0.0515 \times h^{-3.216} + 306.5) + (30.497 \times h^{-3.766} - 1.187 \times 10^6)z^2$$
(2.3.17)

不同磁体间距 h 下的理论刚度和拟合刚度对比如图 2.34 所示,由图可知,两者在平衡位置附近基本吻合,故本书所讨论的理论刚度可用拟合刚度代替。

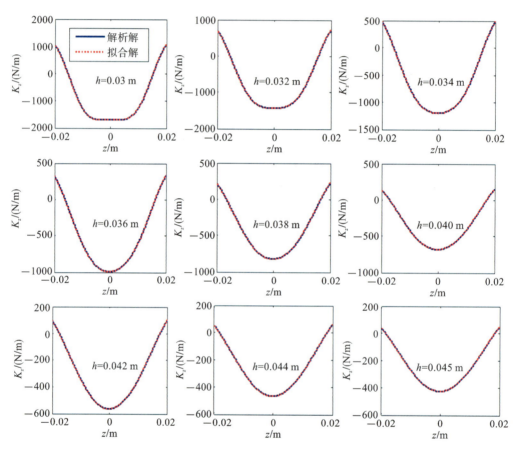

图 2.34 不同磁体间距 h 下的理论刚度和拟合刚度对比

由式(2.3.17)可知,三磁体型磁负刚度也包括线性刚度和非线性刚度两部分,参考双环永磁体型磁负刚度的非线性度定义,同样采用非线性刚度项和线性刚度项的比值来定义三磁体型磁负刚度的非线性度 η,以此来衡量非线性的强弱及其对系统动力学的影响

$$\eta = \left| \frac{(30.497 \times h^{-3.766} - 1.187 \times 10^6)z^2}{-0.0515 \times h^{-3.216} + 306.5} \right|$$
(2.3.18)

当振动幅值不超过 2 mm 时,非线性度 η 不大于 1.5%,因此,在振动位移±2 mm 范围附近运动时,三磁体型磁负刚度可近似取其线性部分。

2. 动力学分析

图 2.35 是三磁体型高静低动刚度隔振系统的结构示意图，$f_0 = F\cos(\Omega T + \theta)$ 是简谐力激励，z 是被隔振物体的位移。

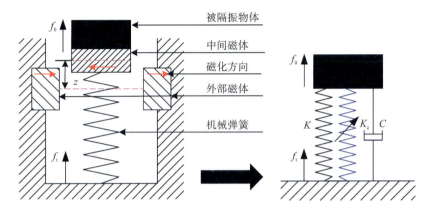

图 2.35　三磁体型高静低动刚度隔振系统的简图和等效动力学模型

三磁体型高静低动刚度隔振系统的动力学方程可表示为

$$M\ddot{z} + C\dot{z} + Kz + k_1(h)z + k_2(h)z^3 = F\cos(\Omega T + \theta) \tag{2.3.19}$$

式中：C 为系统的黏性阻尼系数；M 为被隔振物体的质量；K 为机械弹簧的刚度。将式(2.3.19)无量纲化

$$\ddot{u} + 2\xi\dot{u} + u + \alpha u^3 = \cos(\omega t + \theta) \tag{2.3.20}$$

其中 $z_0 = \dfrac{F}{K + k_1(l)}$，$u = \dfrac{z}{z_0}$，$\Omega_n = \sqrt{\dfrac{K + k_1(l)}{M}}$，$\omega = \dfrac{\Omega}{\Omega_n}$，$t = \Omega T$，$\xi = \dfrac{C}{2M\Omega_n}$，$\alpha = \dfrac{k_2(l)z_0^2}{K + k_1(l)}$。

系统稳态响应与激励之间因为有阻尼而存在相位差，若激励力中待定相位差 θ 恰能使响应的相位为 ωt，则可将派生解写为 $u = A\cos\omega t = A\cos\varphi$。将其代入式(2.3.20)

$$A\cos\varphi + \alpha A^3\cos^3\varphi - \omega^2 A\cos\varphi - 2\xi\omega A\sin\varphi = \cos\varphi\cos\theta - \sin\varphi\sin\theta \tag{2.3.21}$$

忽略超过一次的高次谐波，利用三角公式 $\cos^3\varphi = (3\cos\varphi + \cos3\varphi)/4$，令式(2.3.21)两边一次谐波系数相等，得到三磁体型高静低动刚度隔振系统的幅频特性方程

$$\frac{9}{16}\alpha^2 A^6 + \frac{3}{2}(1 - \omega^2)\alpha A^4 + [(1 - \omega^2)^2 + 4\xi^2\omega^2]A^2 = 1 \tag{2.3.22}$$

传递至基座上的无量纲力为

$$f_t = 2\xi u' + u + \alpha u^3 \tag{2.3.23}$$

则三磁体型高静低动刚度隔振系统的力传递率为

$$T = A\sqrt{\left(1 + \frac{3}{4}\alpha A^2\right)^2 + 4\xi^2\omega^2} \qquad (2.3.24)$$

当在平衡位置±2 mm之内运动时,刚度可近似取其线性部分,三磁体型隔振系统在其平衡位置可线性化。去掉外部磁体,可得三磁体型隔振系统的等效线性隔振系统。表2.5是两者相对阻尼比和力传递率的对比,由于$k_1(h) < 0$,因此,三磁体型隔振系统相比等效线性隔振系统,系统隔振频带得到了拓宽,阻尼特性得到了改善,这有利于抑制共振峰值。

表2.5 三磁体型隔振系统和等效线性隔振系统的对比

隔振系统的类型	固有频率 ω_n	相对阻尼比 ξ	力传递率 T
三磁体型隔振系统	$\sqrt{\dfrac{K+k_1(h)}{M}}$	$\dfrac{c}{2\sqrt{[K+k_1(h)]M}}$	$T = \sqrt{\dfrac{1+(2\xi\omega/\omega_n)^2}{[1-(\omega/\omega_n)^2]^2+(2\xi\omega/\omega_n)^2}}$
等效线性隔振系统	$\sqrt{\dfrac{K}{M}}$	$\dfrac{c}{2\sqrt{KM}}$	

采用表2.6中所给参数,对上述理论分析结果进行数值仿真。由图2.36可知,在不考虑隔振系统非线性影响时,三磁体型隔振系统(虚线)相比等效线性隔振系统(实线),固有频率由7.12 Hz降至1.68 Hz,相应的隔振起始频率由10.11 Hz降至2.49 Hz,共振峰值由43.95 dB降至17.89 dB。因此,在线性隔振系统中引入三磁体型磁负刚度弹簧,能减小系统的固有频率,拓宽有效隔振频带,改善系统的阻尼特性,从而有效地降低共振峰值,使系统产生高频内共振的频率增大。

表2.6 三磁体型隔振系统的结构参数

参数属性	参数符号	参数值	参数属性	参数符号	参数值
剩余磁感应强度	B_r	1.23 T	相对磁导率	μ_r	1.1
外部磁体宽度	$2a$	40 mm	中间磁体宽度	$2a'$	30 mm
外部磁体长度	$2b$	20 mm	中间磁体长度	$2b'$	20 mm
外部磁体高度	$2c$	30 mm	中间磁体高度	$2c'$	10 mm
被隔振物体质量	M	2 kg	机械弹簧刚度	K	4 N/mm
系统黏性阻尼系数	C	5 N·s/m	磁体间距	h	30 mm

2.3.6 三磁体型高静低动刚度隔振器试验研究

三磁体型隔振器设计主要分为两部分:外部结构设计和正负刚度几何参数设计。三磁体型隔振器的三维模型及物理样机如图2.37所示,主要由三磁体型磁负刚度机

第 2 章 磁体型高静低动刚度隔振器设计

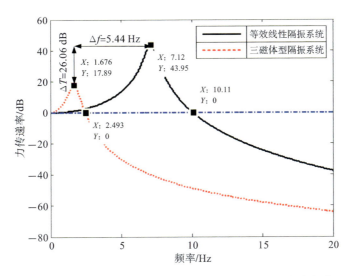

图 2.36 三磁体型隔振系统与等效线性隔振系统的力传递率对比

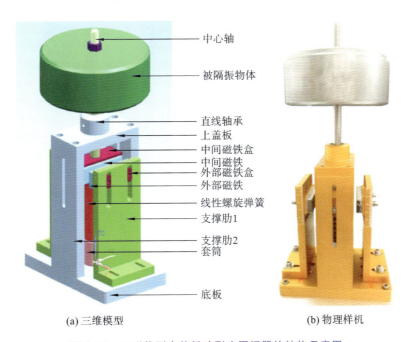

(a) 三维模型　　(b) 物理样机

图 2.37 三磁体型高静低动刚度隔振器的结构示意图

构、线性螺旋弹簧、支撑肋、中心轴、磁铁盒、套筒和直线轴承等组成。

为了获取三磁体型高静低动刚度隔振器的静刚度和承载力等静力学特性,使用华龙微机控制万能试验机对该物理样机进行静力加载试验。通过静力加载试验对三磁体型隔振器物理样机的动力学特性进行初步预测,为了更准确地测试出三磁体型隔振器的动力学特性和隔振性能,对三磁体型隔振系统和等效线性隔振系统进行谐波位移激励下的定幅值扫频试验。具体试验台架实物图如图 2.38 所示。

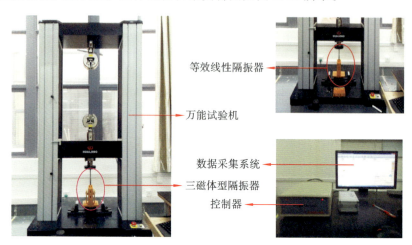

(a) 静力学试验的现场照片

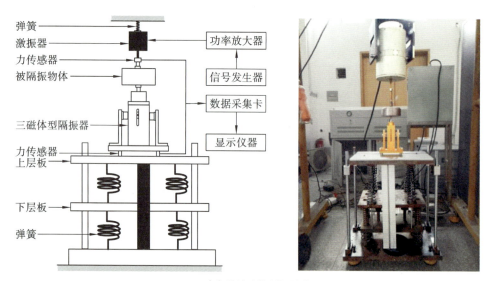

(b) 动力学试验的现场照片

图 2.38 三磁体型隔振系统试验台架实物图

图 2.39 是三磁体型隔振器与等效线性隔振器力-位移曲线对比,由图可知,两条曲线交点为静平衡位置,三磁体型隔振器在压缩位移为 16.6～21.2 mm 时表现为负刚度,为 21.2～43.6 mm 时表现为高静低动刚度;当压缩位移超过 43.6 mm 时,三磁体之间的磁力很小,系统刚度几乎全部由线性螺旋弹簧提供,此时两者的力-位移曲线大致平行。因此,三磁体型磁负刚度能减小静平衡位置附近系统的刚度,而不影响其承载能力。

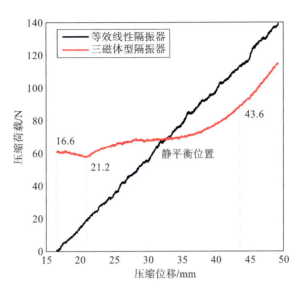

图 2.39　三磁体型隔振器与等效线性隔振器力-位移曲线对比

图 2.40 是三磁体型隔振系统和等效线性隔振系统力传递率的对比,由图可知:

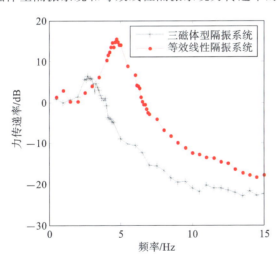

图 2.40　三磁体型隔振系统与等效线性隔振系统力传递率曲线对比

①三磁体型隔振系统的共振频率为 2.7 Hz,力传递率于 3.8 Hz 处开始出现负值,也就是隔振起始频率为 3.8 Hz,而等效线性隔振系统共振频率为 4.7 Hz,隔振起始频率为 6.6 Hz,说明三磁体型磁负刚度的原理是正确的,它能有效降低系统的固有频率,拓宽系统的隔振频带,隔振效果更优越;

②在共振频率处,三磁体型隔振系统和等效线性隔振系统的力传递率峰值分别为 6.35 dB 和 15.56 dB,且随着激励频率增加,三磁体型隔振系统的力传递率明显低于等

效线性隔振系统,比如激励频率为 15 Hz 时三磁体型隔振系统和等效线性隔振系统的力传递率分别为－22.41 dB 和－17.77 dB,说明三磁体型磁负刚度能有效降低力传递率峰值,增加系统高频带的振动衰减率,从而解决抑制共振峰值和改善高频传递特性之间的矛盾。

2.4 电磁体型高静低动刚度隔振器设计

目前高静低动刚度隔振器的设计通常只针对特定承载,若承载发生变化,将导致系统平衡位置偏移、动态刚度改变,并由此发生失稳现象。显然,设计和研制可调式高静低动刚度隔振器是解决该问题的有效途径。本节主要依据可调式高静低动刚度这一特殊需求进行隔振器总体设计和关键部件结构优化。首先,考虑到电磁弹簧可通过改变励磁线圈中的电流而实现刚度连续可调,因此将其应用于正刚度装置设计中以满足高静低动刚度可调的基本需求;其次,根据负刚度装置的工作原理和实际需要,将永磁体与螺旋线圈结合实现电磁负刚度装置的结构优化,最终满足可调式高静低动刚度隔振器的设计要求。此外,本节将针对所设计的电磁正刚度及负刚度装置具体结构,建立相应的数学模型,计算和分析各自电磁力的特性,利用 Maxwell 有限元软件对数学模型进行验证,为后续对可调式高静低动隔振刚度系统力学特性分析奠定基础。

2.4.1 总体结构设计

合理的结构设计是研制可调式高静低动刚度隔振器原理样机的基础。针对以往设计方案中负刚度装置多由机械弹簧或永磁体构成,其负刚度无法调节,本书设计了一种可调式高静低动刚度隔振器,其结构如图 2.41 所示。由图可知,该型结构隔振器的主要组成为:①电磁正刚度装置;②电磁负刚度装置;③承载平台;④连杆;⑤黄铜圆球;⑥限位装置;⑦凸轮导轨;⑧竖直导轨;⑨垂直弹簧。

凸轮中心与圆球中心位于同一水平面时,系统处于平衡位置,当承载受到外界激励时,圆球沿凸轮导轨滑动。为了确保高静低动刚度隔振器工作稳定,凸轮导轨上下两端安装限位装置。当垂直弹簧老化或者承载质量变化时,可调节电磁正刚度装置和电磁负刚度装置中的线圈电流,使得系统恢复满足低频隔振特性的条件。

2.4.2 电磁正刚度结构设计

电磁正刚度装置采用磁悬浮支撑技术,与一般隔振技术相比,磁悬浮支撑技术具有无润滑、无磨损、可在恶劣环境下工作、适应性强、在运动过程中刚度可调可控等优点,可弥补被动隔振器的不足,以及解决外部环境的变化(如工况变化、外部激励变化、弹性元件老化)所带来的隔振性能下降的问题。

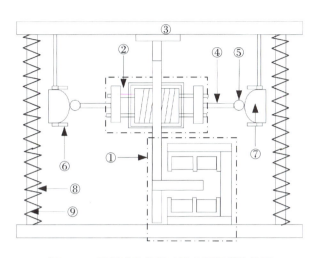

图 2.41 可调式高静低动刚度隔振器结构图

设计的电磁正刚度装置结构如图 2.42 所示,主要组成部分为:①衔铁连接件,用于固定支撑衔铁;②E 型磁铁,采用硅钢片叠加合成,硅钢片参数与衔铁一致;③衔铁,采用厚度为 0.5 mm 的硅钢片叠加合成,为了减少磁场耦合效应的影响,上下均装有隔磁层;④差动线圈,采用漆包线缠绕制成,匝数为 600 匝,工作电流范围为 0~5 A;⑤磁悬浮支架,采用不导磁的铝合金材料制成,起固定 E 型磁铁的作用。电磁正刚度装置可通过调节线圈电流大小,改变电磁铁产生的电磁力,达到正刚度可调的目的。

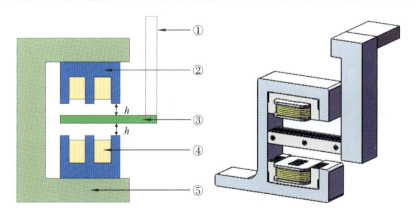

图 2.42 电磁正刚度装置结构图

电磁力是反映电磁正刚度装置性能的基本指标,可为后续高静低动刚度隔振系统的动力学特性分析提供可靠理论依据。因磁性材料本身存在非线性特性、漏磁及磁场耦合效应,电磁正刚度装置精确的数学模型无法建立。因此在对电磁力进行理论分析时,对系统需提出以下假设:①假定线圈、衔铁及气隙中磁场分布是均匀的;②假定无漏磁和磁滞的现象存在;③假定铁芯呈不饱和状态。

电磁正刚度装置的电磁力是与线圈电流及气隙相关的函数,正方向规定为向下,利用简化磁路方法可得电磁力的表达式为

$$F_{\mathrm{p}} = \frac{\mu_0 A N^2}{4}\left[\frac{i_1^2}{(h-x)^2} - \frac{i_2^2}{(h+x)^2}\right] \tag{2.4.1}$$

式中:μ_0 表示真空磁导率;A 表示磁极面积;N 表示线圈匝数;h 表示气隙初始值;x 表示气隙的变化量;i_1 表示下线圈电流;i_2 表示上线圈电流。

$$K_{\mathrm{p}} = \frac{\mathrm{d}F_{\mathrm{p}}(i_1,i_2,x)}{\mathrm{d}x} = \frac{\partial F_{\mathrm{p}}(i_1,i_2,x)}{\partial i_1}\frac{\mathrm{d}i_1}{\mathrm{d}x} + \frac{\partial F_{\mathrm{p}}(i_1,i_2,x)}{\partial i_2}\frac{\mathrm{d}i_2}{\mathrm{d}x} + \frac{\partial F_{\mathrm{p}}(i_1,i_2,x)}{\partial x} \tag{2.4.2}$$

将式(2.4.1)代入式(2.4.2)中,可得

$$K_{\mathrm{p}} = -\frac{\mu_0 A N^2}{4}\left[\frac{2i_1}{(h-x)^2}\frac{\mathrm{d}i_1}{\mathrm{d}x} - \frac{2i_2}{(h+x)^2}\frac{\mathrm{d}i_2}{\mathrm{d}x} + \frac{2i_1^2}{(h-x)^3} + \frac{2i_2^2}{(h+x)^3}\right] \tag{2.4.3}$$

以上各式均为位移与双电流的三元函数,将式(2.4.1)线性化,利用泰勒公式在点 (x_0, i_{10}, i_{20}) 邻域内展开,忽略高阶项,可得

$$\begin{aligned}F_{\mathrm{p}}(x,i_1,i_2) &\approx F_{\mathrm{p}}(x_0,i_{10},i_{20}) + \frac{\partial F_{\mathrm{p}}(x_0,i_{10},i_{20})}{\partial x}(x-x_0) \\ &\quad + \frac{\partial F_{\mathrm{p}}(x_0,i_{10},i_{20})}{\partial i_1}(i_1-i_{10}) + \frac{\partial F_{\mathrm{p}}(x_0,i_{10},i_{20})}{\partial i_2}(i_2-i_{20}) \\ &= \frac{\mu_0 A N^2}{4}\left[\frac{i_{10}^2}{(h-x_0)^2} - \frac{i_{20}^2}{(h+x_0)^2} + \frac{2i_{10}(i_1-i_{10})}{(h-x_0)^2}\right. \\ &\quad \left. - \frac{2i_{20}(i_2-i_{20})}{(h+x_0)^2} + \frac{2i_{10}^2(x-x_0)}{(h-x_0)^3} - \frac{2i_{20}^2(x-x_0)}{(h+x_0)^3}\right]\end{aligned} \tag{2.4.4}$$

当 $x_0 = 0$ 时

$$F_{\mathrm{p}}(x,i_1,i_2) \approx \frac{\mu_0 A N^2}{4}\left[\frac{i_{10}^2 - i_{20}^2}{h^2} + \frac{2i_{10}(i_1-i_{10})}{h^2} - \frac{2i_{20}(i_2-i_{20})}{h^2} + \frac{2(i_{10}^2 - i_{20}^2)x}{h^3}\right] \tag{2.4.5}$$

线性刚度的表达式为

$$K_{\mathrm{pl}} \approx \frac{\mu_0 A N^2}{2}\left[\frac{i_{10}}{h^2}\frac{\mathrm{d}i_1}{\mathrm{d}x} - \frac{i_{20}}{h^2}\frac{\mathrm{d}i_2}{\mathrm{d}x} + \frac{(i_{10}^2 - i_{20}^2)}{h^3}\right] \tag{2.4.6}$$

由以上推导可知,电磁正刚度装置刚度是与电流、位移相关的函数。在实际中,电流与位移两个变量之间存在着一定关系。为从理论上分析电磁力与电流、气隙之间的变化趋势,取上下线圈的通电电流相等,且不考虑电流与位移之间的函数关系,将表 2.7 的参数分别代入式(2.4.1)、式(2.4.3),可得

第 2 章 磁体型高静低动刚度隔振器设计

$$F_p = \frac{\mu_0 A N^2}{4}\left[\frac{i^2}{(h-x)^2} - \frac{i^2}{(h+x)^2}\right]$$
$$= \pi \times 10^{-7} \times 0.009 \times 600 \times 600 \left[\frac{i^2}{(0.02-x)^2} - \frac{i^2}{(0.02+x)^2}\right]$$
(2.4.7)

$$K_p = \frac{\mu_0 A N^2}{2}\left[\frac{i^2}{(h-x)^3} + \frac{i^2}{(h+x)^3}\right]$$
$$= 2\pi \times 10^{-7} \times 0.009 \times 600 \times 600 \left[\frac{i^2}{(0.02-x)^3} + \frac{i^2}{(0.02+x)^3}\right]$$
(2.4.8)

表 2.7 电磁正刚度装置结构参数

参数名称	参数符号	参数值	参数名称	参数符号	参数值
真空磁导率	μ_0	$4\pi \times 10^{-7}$ H/m	下线圈电流	i_1	0~5 A
磁极面积	A	0.009 m²	上线圈电流	i_2	0~5 A
线圈匝数	N	600	气隙	h	20 mm

根据式(2.4.7)、式(2.4.8)可得电流和气隙对电磁力及刚度的影响曲线,如图 2.43 和图 2.44 所示。从图中可以看出,当线圈电流较小时,电磁力和刚度随气隙的变化不明显,系统呈弱非线性状态。随着线圈电流的增大,电磁正刚度装置电磁力和刚度随气隙的增大而增大,系统非线性显著增加。因此,可通过改变电磁正刚度装置电流大小和工作位置来调节支撑刚度,达到正刚度可调的目的。

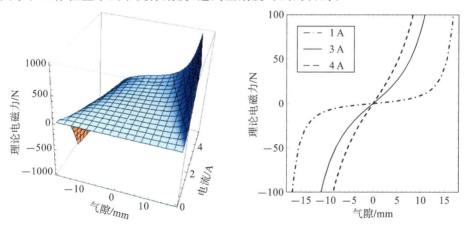

图 2.43 电磁力-电流-气隙关系曲线图

2.4.3 电磁正刚度有限元仿真

电磁正刚度装置通过调节控制电流从而使得电磁力大小发生变化,其磁场特性对电磁力大小有着重要影响。为进一步深入了解电磁正刚度装置的特性,有必要对磁场

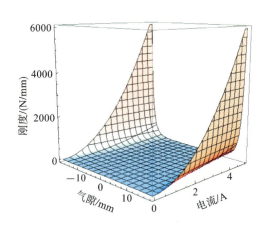 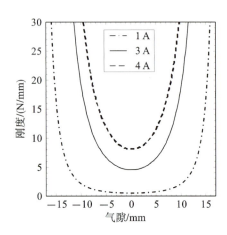

图 2.44　刚度-电流-气隙关系曲线图

分布进行研究。随着计算机技术的快速发展,有限元分析法成为一种常用于分析流体力学、固体力学、电磁场等连续性问题的数值计算方法。因此,本节利用有限元分析法求解电磁正刚度装置磁场磁路分布问题。

首先,在 ANSYS Maxwell 软件中根据电磁正刚度装置的实际尺寸建立有限元模型,如图 2.45(a)所示;其次,分别输入 E 型磁铁、E 型磁铁支架、衔铁、衔铁连接件和空气等实体模型的材料属性,磁悬浮支架与空气的相对磁导率为 1.0,衔铁和 E 型磁铁由硅钢片叠加而成;再次,设置边界条件,由于在有限元仿真中磁力线垂直于边界的条件将自动满足,因此只需设置磁力线平行的边界条件;然后,对有限元仿真模型进行网格划分,如图 2.45(b)所示,其中包含 285381 个单元;接着,通过 Assign excition 设置电流输入条件,利用单元工具获得求解所需的矩阵;最后,配置 Magnetostatic 求解器对模型进行解算,根据结果绘制磁通密度云图分布、磁场强度矢量图等。

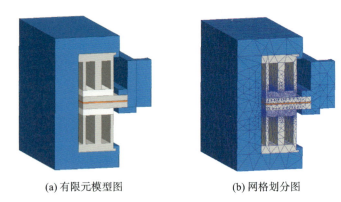

(a) 有限元模型图　　(b) 网格划分图

图 2.45　电磁正刚度装置有限元模型

电流激励设置为最大工作电流 5 A 时,电磁正刚度装置的磁通密度云图分布如图 2.46 所示,磁通密度矢量分布如图 2.47 所示。E 型磁铁与衔铁之间的气隙磁通密度对正刚度装置电磁力大小存在一定的影响,尤其是与衔铁垂直方向上的气隙磁通密度。因此,有必要分析气隙磁通密度分布,如图 2.48 所示。电磁正刚度装置端面上的磁力线分布如图 2.49 所示。分析磁通密度和磁场强度发现:E 型磁铁中间的磁场强度最大,约为 1.33 T,且未达到磁饱和;位于 E 型磁铁中间的气隙磁场最大,约为 0.44 T;端面磁力线分布表明存在磁耦合现象,但该现象不严重。

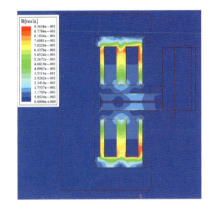

图 2.46　$i=5$ A 时磁通密度云图分布

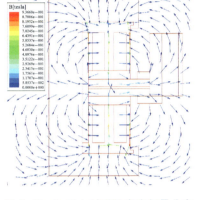

图 2.47　$i=5$ A 时磁通密度矢量分布

图 2.48　$i=5$ A 时气隙磁通密度分布

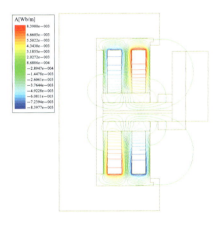

图 2.49　$i=5$ A 时端面磁力线分布

有限元仿真结果与理论分析之间的对比如图 2.50 所示。由图可知,在不同电流下,理论分析与有限元仿真结果具有较高的吻合度,平均误差为 4.22%。产生误差的原因主要有:①理论分析中未考虑磁路的分布;②有限元计算结果表明存在一定的漏磁以及磁耦合;③有限元仿真中求解器和网格划分存在一定的局限性。综合以上因素,4.22% 的误差在可接受范围之内,因此本节所推导的数学模型能够较好地描述电磁正刚度装置电磁力-气隙-电流之间的关系,可为下一步的研究工作提供有效依据。

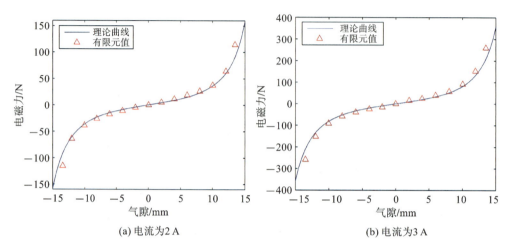

图 2.50 有限元仿真与理论模型的对比

2.4.4 电磁负刚度结构设计

负刚度装置对高静低动刚度隔振器能否正常工作起着关键作用,目前负刚度机构存在着空间利用率低、结构不紧凑且负刚度特性难以达到的缺点,本节利用永磁体和螺旋线圈提出一种结构紧凑、负刚度可调及安装便捷的电磁负刚度装置设计方案。

电磁负刚度装置结构设计如图 2.51 所示,主要组成部分为:①左侧钕铁硼永磁体;②电磁铁支架,用于固定电磁铁,材料为不导磁的铝合金;③电磁铁,由永磁体和螺旋线圈组成;④右侧钕铁硼永磁体,尺寸参数与左侧永磁体相同;⑤导轨,材料为不导磁的铝合金。电磁负刚度装置的工作原理是通过改变电磁铁线圈电流从而实现装置等效刚度可调。左右两侧永磁体与中间电磁铁产生斥力,当线圈电流的大小改变时,斥力发生变化,可使得两侧永磁体在光滑导轨上滑动。

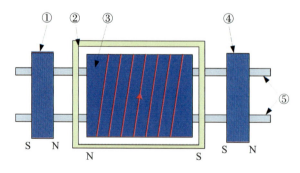

图 2.51 电磁负刚度装置结构图

一般而言,通电螺旋线圈缠绕在普通铁磁材料上构成电磁弹簧使用,因为铁磁材料具有明显磁滞及磁饱和特性,而永磁体不受进一步磁化作用,负刚度装置的磁场可认为是永磁体磁场与螺旋线圈产生磁场之和。因此,电磁负刚度装置磁力的计算可分成两部分:一部分为中间永磁体与左右两侧永磁体之间的斥力;另一部分为螺旋线圈对左右两侧永磁体产生的电磁力。

由等效磁荷理论可知[147,148],磁体之间的作用力与几何尺寸和相对位置有关,假设永磁体结构近似为同轴圆柱形磁体。由于左右两侧永磁体材料及几何参数均相同,以右侧永磁体间斥力为例,永磁体间相对位置关系如图 2.52 所示。中间永磁体的半径为 R_1,长度为 l_1,磁极表面 1 和 2 的磁荷面密度为 σ_1;右侧永磁体的半径为 R_2,长度为 l_2,磁极表面 3 和 4 的磁荷面密度为 σ_2。坐标原点建立在中间永磁体的几何中心上,永磁体间的相对位移为 y_0。中间永磁体磁极表面 1 上一点 A 处的表面积可表示为 $r_1 \mathrm{d}r_1 \mathrm{d}\alpha$,该处的磁荷为 $q_A = \sigma_1 r_1 \mathrm{d}r_1 \mathrm{d}\alpha$;右侧永磁体磁极表面 3 上一点处的表面积可表示为 $r_2 \mathrm{d}r_2 \mathrm{d}\beta$,该处的磁荷为 $q_B = \sigma_2 r_2 \mathrm{d}r_2 \mathrm{d}\beta$。

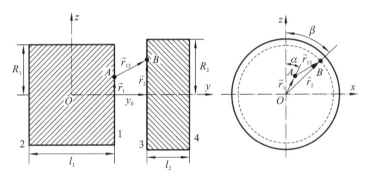

图 2.52 永磁体间的相对位置关系

由于中间永磁体位置固定,且磁荷之间为斥力,因此磁极表面 1 上 A 点的点磁荷对磁极表面 3 上 B 点的点磁荷的微元磁力为

$$\mathrm{d}\vec{F}_{13} = \frac{\sigma_2 \sigma_2}{4\pi\mu_0} \frac{r_1 r_2 \mathrm{d}r_1 \mathrm{d}r_2 \mathrm{d}\alpha \mathrm{d}\beta}{|\vec{r}_{13}|^3} \vec{r}_{13} \tag{2.4.9}$$

式中:$|\vec{r}_{13}| = \sqrt{y_0^2 + (r_1 \sin\alpha - r_2 \sin\beta)^2 + (r_1 \cos\alpha - r_2 \cos\beta)^2}$。

微元磁力 $\mathrm{d}\vec{F}_{13}$ 在 y 轴上的投影为

$$\mathrm{d}\vec{F}_{13y} = \mathrm{d}\vec{F}_{13} \cdot \vec{e}_y = \frac{\sigma_2 \sigma_2}{4\pi\mu_0} \frac{r_1 r_2 \mathrm{d}r_1 \mathrm{d}r_2 \mathrm{d}\alpha \mathrm{d}\beta}{|\vec{r}_{13}|^3} y_0 \tag{2.4.10}$$

同理可得

$$\mathrm{d}\vec{F}_{14y} = -\mathrm{d}\vec{F}_{14} \cdot \vec{e}_y = -\frac{\sigma_2 \sigma_2}{4\pi\mu_0} \frac{r_1 r_2 \mathrm{d}r_1 \mathrm{d}r_2 \mathrm{d}\alpha \mathrm{d}\beta}{|\vec{r}_{14}|^3}(y_0 + l_2) \tag{2.4.11}$$

式中:$|\vec{r}_{14}| = \sqrt{(y_0 + l_2)^2 + (r_1 \sin\alpha - r_2 \sin\beta)^2 + (r_1 \cos\alpha - r_2 \cos\beta)^2}$。

$$\mathrm{d}\vec{F}_{23y} = -\mathrm{d}\vec{F}_{23} \cdot \vec{e}_y = -\frac{\sigma_2 \sigma_2}{4\pi\mu_0} \frac{r_1 r_2 \mathrm{d}r_1 \mathrm{d}r_2 \mathrm{d}\alpha \mathrm{d}\beta}{|\vec{r}_{23}|^3}(y_0 + l_1) \tag{2.4.12}$$

式中：$|\vec{r}_{23}| = \sqrt{(y_0+l_1)^2 + (r_1\sin\alpha - r_2\sin\beta)^2 + (r_1\cos\alpha - r_2\cos\beta)^2}$。

$$\mathrm{d}\vec{F}_{24y} = \mathrm{d}\vec{F}_{24} \cdot \vec{e}_y = \frac{\sigma_2\sigma_2}{4\pi\mu_0} \frac{r_1 r_2 \mathrm{d}r_1 \mathrm{d}r_2 \mathrm{d}\alpha \mathrm{d}\beta}{|\vec{r}_{24}|^3}(y_0 + l_1 + l_2) \quad (2.4.13)$$

式中：$|\vec{r}_{24}| = \sqrt{(y_0+l_1+l_2)^2 + (r_1\sin\alpha - r_2\sin\beta)^2 + (r_1\cos\alpha - r_2\cos\beta)^2}$。

沿 y 轴方向的总磁力微分形式为

$$\mathrm{d}F_y = \frac{\sigma_2\sigma_2}{4\pi\mu_0}\left(\frac{y_0}{|\vec{r}_{13}|^3} + \frac{y_0+l_1+l_2}{|\vec{r}_{24}|^3} - \frac{y_0+l_2}{|\vec{r}_{14}|^3} - \frac{y_0+l_1}{|\vec{r}_{23}|^3}\right)r_1 r_2 \mathrm{d}r_1 \mathrm{d}r_2 \mathrm{d}\alpha \mathrm{d}\beta$$

(2.4.14)

对上式积分可得

$$F_y = \frac{\sigma_2\sigma_2}{4\pi\mu_0}\int_0^{2\pi}\int_0^{2\pi}\int_0^{R_2}\int_0^{R_1}\left(\frac{y_0}{|\vec{r}_{13}|^3} + \frac{y_0+l_1+l_2}{|\vec{r}_{24}|^3} - \frac{y_0+l_2}{|\vec{r}_{14}|^3} - \frac{y_0+l_1}{|\vec{r}_{23}|^3}\right)r_1 r_2 \mathrm{d}r_1 \mathrm{d}r_2 \mathrm{d}\alpha \mathrm{d}\beta$$

(2.4.15)

螺旋线圈磁场分布是分析永磁体在其磁场内所受电磁力的关键。设通电螺旋线圈长度为 L，线圈内径为 R_1，外径为 R_2，如图 2.53 所示。电流为 I，单位长度的匝数为 n，厚壁线圈的总匝数为 N，首先对线圈半径为 R 处单层线圈进行分析，放置位置如图 2.54 所示。由于通电螺旋线圈具有对称性，因此只需分析 yOz 平面内磁场的分布，且 y 轴为轴向分量。

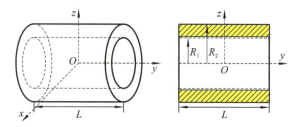

图 2.53　螺旋线圈示意图

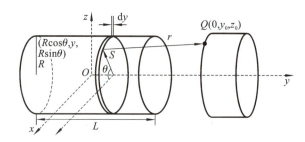

图 2.54　单层螺旋线圈位置图

在 yOz 平面任取一点 $Q(0, y_0, z_0)$，y 轴上坐标 y 处厚度为 $\mathrm{d}y$ 的环，环中电流为

$I' = nI\mathrm{d}y$,在该环上 $S(R\cos\theta, y, R\sin\theta)$ 点的电流元 $I'\mathrm{d}\vec{l}$

$$I'\mathrm{d}\vec{l} = -I'R\sin\theta\mathrm{d}\theta\vec{e_x} + I'R\cos\theta\mathrm{d}\theta\vec{e_z} \qquad (2.4.16)$$

电流元 $I'\mathrm{d}\vec{l}$ 到 Q 的位置矢量 $\vec{r}$ 为

$$\vec{r} = -R\cos\theta\vec{e_x} + (y_0 - y)\vec{e_y} + (z_0 - R\sin\theta)\vec{e_z} \qquad (2.4.17)$$

根据毕奥-萨伐尔定律,电流元 $I'\mathrm{d}\vec{l}$ 在 Q 点产生的磁感应强度 $\mathrm{d}\vec{B}$ 为

$$\mathrm{d}\vec{B} = \frac{\mu_0}{4\pi} \frac{I'\mathrm{d}\vec{l} \times \vec{r}}{r^3} \qquad (2.4.18)$$

式中: $r = \sqrt{R^2\cos^2\theta + (y_0-y)^2 + (z_0-R\sin\theta)^2}$。

将式(2.4.16)和式(2.4.17)代入式(2.4.18),可得

$$\mathrm{d}\vec{B} = \frac{n\mu_0 I[R\cos\theta(y-y_0)\vec{e_x} + R(z_0\cos\theta - R)\vec{e_y} + R\sin\theta(y-y_0)\vec{e_x}]}{4\pi[R^2\cos^2\theta + (y_0-y)^2 + (z_0-R\sin\theta)^2]^{3/2}}\mathrm{d}y\mathrm{d}\theta \qquad (2.4.19)$$

则沿 y 轴轴向分量为

$$\mathrm{d}B_y = \frac{n\mu_0 IR(z_0\cos\theta - R)\mathrm{d}y\mathrm{d}\theta}{4\pi[R^2\cos^2\theta + (y_0-y)^2 + (z_0-R\sin\theta)^2]^{3/2}} \qquad (2.4.20)$$

对式(2.4.20)取二重积分可得,半径为 R 的单层螺旋线圈在 Q 点沿轴向的磁感应强度为

$$B_{yR} = \int_0^{2\pi}\int_{-L/2}^{L/2} \frac{n\mu_0 IR(z_0\cos\theta - R)\mathrm{d}y\mathrm{d}\theta}{4\pi[R^2\cos^2\theta + (y_0-y)^2 + (z_0-R\sin\theta)^2]^{3/2}} \qquad (2.4.21)$$

由图 2.52 可知,在厚度为 $\mathrm{d}R$ 的薄层内,单位长度的线圈匝数可表示为

$$n = \frac{N\mathrm{d}R}{(R_2 - R_1)L} \qquad (2.4.22)$$

将式(2.4.22)代入式(2.4.21)并取积分,可得螺旋线圈在 Q 点沿轴向磁感应强度为

$$B_y = \int_0^{2\pi}\int_{-L/2}^{L/2}\int_{R_1}^{R_2} \frac{N\mu_0 IR(z_0\cos\theta - R)\mathrm{d}R\mathrm{d}y\mathrm{d}\theta}{4\pi(R_2-R_1)[R^2\cos^2\theta + (y_0-y)^2 + (z_0-R\sin\theta)^2]^{3/2}} \qquad (2.4.23)$$

假设磁场分布均匀,根据麦克斯韦经典理论,永磁体在已知的外部磁场中所受电磁力可理解为永磁体的表面分子电流在磁场中所受力的矢量和[149,150]。因此,永磁体所受电磁力可表示为

$$\vec{F}_M = \vec{F}_L + \vec{F}_R = \frac{B_L^2 - B_R^2}{2\mu_0}S \qquad (2.4.24)$$

式中: $\vec{F}_L$、$\vec{F}_R$ 分别为永磁体左右表面中心处的磁力;B_L、B_R 分别为永磁体左右表面中

心处的磁感应强度,可通过式(2.4.23)求得;S 为永磁体的左(右)表面面积。

由以上分析可得,负刚度装置电磁力理论计算模型为

$$F_e = |\vec{F}_M| + F_y \qquad (2.4.25)$$

由式(2.4.15)和式(2.4.23)可知,电磁负刚度装置的磁力表达式是一个关于沿圆周角度、永磁体半径及螺旋线圈长度等参数的多重积分,其精确表达式难以得到,本书采用数值计算方法得到理论计算模型的解析值。

2.4.5 电磁负刚度有限元仿真

通过有限元软件 ANSYS Maxwell 建立电磁负刚度机构的有限元仿真模型,计算电磁力的大小,并与理论表达式计算值进行对比。电磁负刚度装置有限元仿真模型如图 2.55(a)所示,由仿真模型剖面图 2.55(b)可知,仿真模型中上下两块黑色永磁体部分对应图 2.51 的结构①和④,中间两根铝合金导轨对应图 2.51 的结构⑤,中间为永磁体与螺旋线圈组成的电磁铁结构,具体结构参数如表 2.8 所示。

(a) 有限元模型图　(b) 仿真模型剖面图　(c) 网格划分图

图 2.55　电磁负刚度装置有限元模型

表 2.8　电磁负刚度机构的结构参数

参数名称	参数值	单位	参数名称	参数值	单位
剩余磁感应强度	1.17	T	相对磁导率	1.05	—
上永磁体半径	44	mm	上永磁体厚度	9	mm
下永磁体半径	44	mm	下永磁体厚度	9	mm
中间永磁体半径	24	mm	中间永磁体长度	56	mm
螺旋线管长度	68	mm	线圈匝数	3000	—
线圈电流	0～5	A	间隙	5～40	mm
螺旋线管内径	24	mm	螺旋线管外径	44	mm

首先,在 ANSYS Maxwell 中将上述结构参数以及材料属性配置到实体模型中,

第 2 章 磁体型高静低动刚度隔振器设计

再进行有限元网格划分,如图 2.55(c)所示,其中包含 206416 个单元;其次,通过 Assign-excition 设置线圈电流;最后,设置上、下永磁体沿导轨方向所受磁力为求解参数,通过改变线圈电流以及上下可移动永磁体与线圈外侧之间的间隙量,得到可移动永磁体在不同条件下的电磁力,如图 2.56 所示。从图 2.56 中可看出,电磁力的大小与电流成正比,与间隙成反比。间隙为 5~40 mm,线圈电流为 0~5 A,有限元仿真结果与数值解析结果如表 2.9 所示,图 2.57 和图 2.58 分别为几组不同电流不同间隙量的磁通密度云图分布和磁场强度矢量分布。

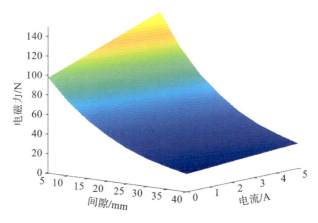

图 2.56 电磁力-电流-间隙曲面图

表 2.9 电磁力解析值与有限元计算值对比

(电流,间隙)/(A, mm)	有限元值/N	解析值/N	(电流,间隙)/(A, mm)	有限元值/N	解析值/N
(0,5)	97.72	95.24	(1,5)	106.56	104.92
(0,10)	76.20	74.36	(1,10)	82.50	81.52
(0,15)	59.41	58.37	(1,15)	64.29	63.15
(0,20)	46.51	45.34	(1,20)	50.26	49.27
(0,25)	35.77	36.33	(1,25)	38.70	37.86
(0,30)	28.21	27.48	(1,30)	30.43	29.72
(0,35)	22.82	22.14	(1,35)	24.65	24.03
(0,40)	18.15	17.60	(1,40)	19.61	19.45
(2,5)	115.27	113.43	(3,5)	123.94	125.28
(2,10)	88.96	87.42	(3,10)	95.43	94.36
(2,15)	69.17	68.03	(3,15)	73.79	72.89
(2,20)	53.92	52.76	(3,20)	57.50	56.67
(2,25)	41.72	39.97	(3,25)	44.64	43.24
(2,30)	32.77	31.12	(3,30)	35.06	34.08

续表

（电流，间隙）/(A, mm)	有限元值/N	解析值/N	（电流，间隙）/(A, mm)	有限元值/N	解析值/N
(2,35)	26.39	25.01	(3,35)	28.14	27.26
(2,40)	21.21	20.11	(3,40)	22.67	21.93
(4,5)	132.77	131.16	(5,5)	141.39	139.90
(4,10)	101.92	100.75	(5,10)	110.39	107.52
(4,15)	78.77	77.65	(5,15)	86.65	82.27
(4,20)	61.24	59.62	(5,20)	66.05	64.46
(4,25)	47.55	46.26	(5,25)	52.41	49.22
(4,30)	37.29	36.43	(5,30)	40.58	38.16
(4,35)	29.89	28.58	(5,35)	31.97	30.63
(4,40)	24.20	23.18	(5,40)	25.64	24.42

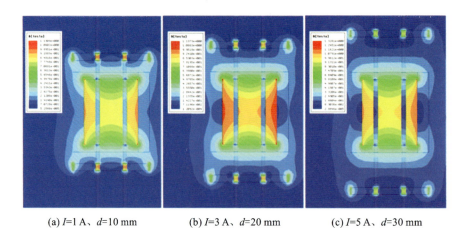

(a) $I=1$ A、$d=10$ mm　　(b) $I=3$ A、$d=20$ mm　　(c) $I=5$ A、$d=30$ mm

图 2.57　磁通密度云图分布

为了更加直观地对比电磁力的解析值与有限元仿真值，将表 2.9 中的结果绘制成曲线，如图 2.59 所示。由图可知，有限元仿真结果与解析结果两者趋势基本一致，最大误差为 5.52%，最小误差为 0.82%，平均误差为 2.51%。考虑利用 ANSYS Maxwell 软件进行有限元分析的过程中，网格划分及求解域设置具有一定的局限性，难免造成有限元计算结果存在一定的误差。因此，有限元仿真分析验证了电磁负刚度装置电磁力理论计算模型的准确性。

由于电磁力的理论模型是关于圆周角度、永磁体半径及螺旋线圈长度等参数的多重积分，结构形式复杂，不便于后续进行系统动力学建模分析。因此，有必要利用有限元仿真数据模拟出结构形式简单且可用于描述电磁负刚度装置模型的数学表达式。

根据电磁负刚度装置有限元仿真得到的几组数据，利用软件进行曲线拟合，得到

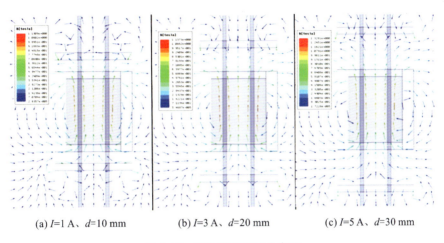

(a) I=1 A、d=10 mm　　(b) I=3 A、d=20 mm　　(c) I=5 A、d=30 mm

图 2.58　磁场强度矢量分布图

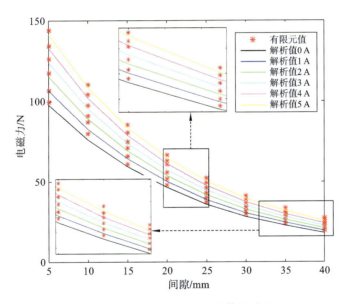

图 2.59　解析值与有限元计算值对比

的近似公式为

$$f_{\mathrm{m}} = w_1 \mathrm{e}^{\frac{I}{w_2} - \frac{d}{w_3}} \tag{2.4.26}$$

式中：$w_1=123.6$；$w_2=12.8$；$w_3=20.5$；d 为两端可移动永磁体与螺旋线圈端面之间的距离；I 为线圈中的电流，变化曲线如图 2.60 和图 2.61 所示。由这两个图可知，该近似公式与有限元仿真之间的误差较小，能够用来描述电磁负刚度装置电磁力的变化规律。

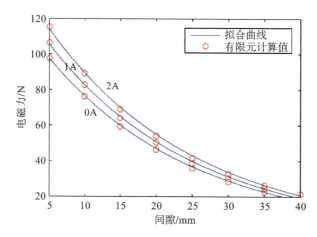

图 2.60 电流为 0 A、1 A 和 2 A 时拟合曲线与有限元计算值对比

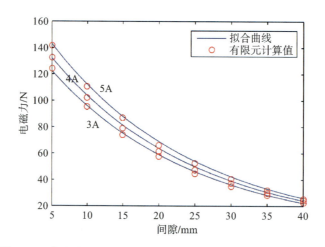

图 2.61 电流为 3 A、4 A 和 5 A 时拟合曲线与有限元计算值对比

2.4.6 电磁体型高静低动刚度隔振器试验研究

根据上述理论和结构设计,加工了电磁正刚度以及电磁负刚度装置,整机装配后的电磁体型高静低动刚度隔振器的结构示意图如图 2.62 所示。该装置主要由以下几部分组成:负刚度电磁线圈、可移动永磁体、正刚度电磁线圈、上层质量板、凸轮导轨和正刚度衔铁等。

为了验证电磁体型高静低动刚度隔振器的隔振性能,搭建试验平台进行额定荷载下系统力传递率测试试验。具体试验原理图和实物图如图 2.63 所示,主要包括:激振器、功率放大器、加速度传感器、力传感器、千斤顶、NI 主机控制器、直流电源等。

电磁负刚度装置不同电流下可调式高静低动刚度隔振系统与等效线性隔振系统力传递率曲线如图 2.64 所示。由图可知,等效线性隔振系统的共振频率为 7.8 Hz,力

第 2 章 磁体型高静低动刚度隔振器设计

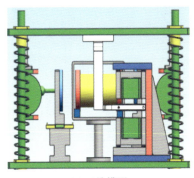

(a) 三维模型

(b) 物理样机

图 2.62 电磁体型高静低动刚度隔振器的结构示意图

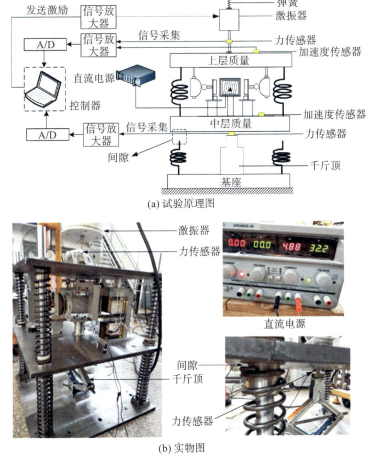

图 2.63 电磁体型高静低动刚度隔振器的试验原理图和实物图

69

传递率峰值为 54.32 dB；通入电流为 4 A 时，高静低动刚度隔振系统的共振频率为 3.6 Hz，力传递率峰值为 33.57 dB；通入电流为 5 A 时，共振频率为 2.8 Hz，力传递率峰值为26.43 dB。这说明所设计的电磁负刚度装置原理正确，能够有效地降低系统固有频率，拓宽系统隔振频率范围，相对于等效线性隔振系统而言，隔振效果相对更好。

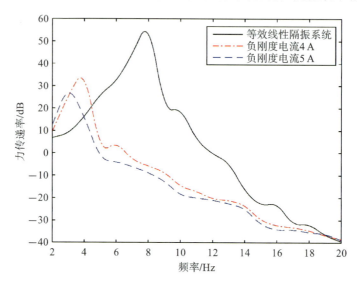

图 2.64　不同电流下隔振器的力传递率曲线对比

2.5　本章小结

本章通过并联具有负刚度特性的双环永磁体和线性正刚度弹簧，三磁体和线性正刚度弹簧，电磁正刚度装置及电磁负刚度装置，设计了三种磁体型高静低动刚度隔振器的新构型，对其结构参数进行了优化，并将其隔振性能与对应等效线性隔振系统进行了对比。结果表明，磁体型高静低动刚度隔振系统结构紧凑、无机械摩擦和疲劳缺陷，相比于等效线性隔振系统，共振幅值更小，隔振频带更宽，具有更低的振动传递率峰值、更宽的有效隔振频带和更好的工程实用性。相比于双环永磁体型隔振器，三磁体型隔振器磁铁安装更方便、磁阻尼更小、磁铁间距可调，能更方便地与正刚度相匹配，且高频段的隔振性能更优越；电磁体型隔振器通过改变通入电流大小，可实现电磁负刚度在线连续可调，为高静低动刚度隔振器的半主动控制提供了一种新方法。

第 3 章 高静低动刚度隔振系统力学特性

3.1 引　　言

合理的理论模型是非线性隔振系统动力学分析的基础。本章以三弹簧型高静低动刚度隔振系统为例,建立高静低动刚度隔振系统的一般理论模型,分析其动力学特性和低频隔振机理,为深入理解其他复杂的高静低动刚度隔振系统的动力学特性及其优越性提供理论参考。首先,对两种不同三弹簧型结构进行静力学特性分析,获得系统达到准零刚度的参数配置,为该类型准零刚度隔振器的研制奠定基础;其次,研究简谐力激励和简谐位移激励下单自由度高静低动刚度隔振系统的幅频特性及其传递率,将谐波平衡法和弗洛凯理论相结合,分析系统的幅频响应及其稳定性,并探究激励幅值和阻尼比对主共振响应和传递率的影响规律;然后,建立三种不同三弹簧型结构的两自由度高静低动刚度隔振系统动力学方程,利用谐波平衡法推导简谐力激励下系统的幅频特性和力传递率,并研究激励力幅值、质量比和阻尼比等系统参数对力传递率的影响;最后,建立含时滞高静低动刚度隔振系统的动力学方程并求解,分析时滞参数对系统动态特性的影响。

3.2　高静低动刚度隔振系统静力学特性

图 3.1 是两种三弹簧型高静低动刚度结构的示意图。

两根对称斜弹簧的一端和一根竖直弹簧在 O 点连接,另一端分别固定在 A 点和 B 点,且 A 点和 B 点的高度相同,竖直弹簧的另一端固定在 C 点。其中,图 3.1(a)所示的结构由一根竖直弹簧和两根相同的斜弹簧组成,竖直弹簧刚度为 k_2,斜弹簧刚度为 k_1,斜弹簧长度为 a 时竖直弹簧处于静平衡位置,相应压缩量为 h,x 表示系统在外力 F 作用下承载质量从初始位置开始的位移。图 3.1(b)所示的结构则是将图 3.1(a)中的斜弹簧换成具有线性刚度项系数 k_1、非线性立方刚度项系数 k_3 和预压量 δ 的非线性弹簧,其他参数与图 3.1(a)一致。

考虑图 3.1(a)所示的三弹簧型高静低动刚度结构,在外力 F 作用下,竖直方向上

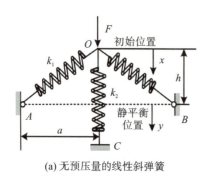 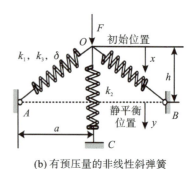

(a) 无预压量的线性斜弹簧　　　　　(b) 有预压量的非线性斜弹簧

图 3.1　两种三弹簧型高静低动刚度结构的示意图(未承载)

的力为

$$F = k_2 x + 2k_1 \frac{(h-x)}{\sqrt{a^2+(h-x)^2}} \left(\sqrt{a^2+h^2} - \sqrt{a^2+(h-x)^2} \right) \quad (3.2.1)$$

式(3.2.1)为一个复杂的非线性无理式,系统表现出典型的强非线性现象。令 $y = x - h$, $f = F - k_2 h$,则式(3.2.1)可表示为

$$f = k_2 y + 2k_1 y \left(1 - \frac{\sqrt{a^2+h^2}}{\sqrt{a^2+y^2}} \right) \quad (3.2.2)$$

将上式无量纲化可得

$$\hat{f} = \hat{y} + 2\alpha \hat{y} \left(1 - \frac{1}{\sqrt{\gamma^2 + \hat{y}^2}} \right) \quad (3.2.3)$$

式中: $\alpha = \frac{k_1}{k_2}$; $\hat{y} = \frac{y}{\sqrt{a^2+h^2}}$; $\hat{f} = \frac{f}{k_2 \sqrt{a^2+h^2}}$; $\gamma = \frac{a}{\sqrt{a^2+h^2}}$。根据刚度的定义,式(3.2.3)对无量纲位移 $\hat{y}$ 求导,可得系统无量纲刚度 $\hat{k}$ 的表达式

$$\hat{k} = 1 + 2\alpha \left[1 - \frac{\gamma^2}{(\hat{y}^2+\gamma^2)^{3/2}} \right] \quad (3.2.4)$$

将式(3.2.3)在静平衡位置 $\hat{y} = 0$ 处进行三阶泰勒级数展开可得

$$\hat{f}(\hat{y}) \approx \frac{\alpha}{\gamma^3} \hat{y}^3 + \left(1 - 2\alpha \frac{1-\gamma}{\gamma} \right) \hat{y} \quad (3.2.5)$$

根据刚度定义,上式对无量纲位移 $\hat{y}$ 求导,可得系统无量纲刚度 $\hat{k}$ 的近似表达式

$$\hat{k} \approx \frac{3\alpha}{\gamma^3} \hat{y}^2 + \left(1 - 2\alpha \frac{1-\gamma}{\gamma} \right) \quad (3.2.6)$$

将上式有量纲化可得 $k = k_{11} + k_{31} y^2$,其中 $k_{11} = k_2 + 2k_1 - 2k_1/\gamma$ 为线性刚度项系数, $k_{31} = 3k_1 \sqrt{a^2+h^2}/a^3$ 为立方刚度项系数。因此,引入斜弹簧不仅可以减小系统的正刚度 k_2 ,从而降低系统的固有频率,拓宽隔振频带的宽度,而且能够产生非线性立方刚度项,它具有硬弹簧的特性,从而使系统的共振曲线骨架向高频弯曲,发生共振

频率转移现象。

当系统处于静平衡位置 $\hat{y}=0$ 时,由式(3.2.6)可得系统达到准零刚度的参数条件

$$\alpha_{QZS} = \frac{\gamma}{2(1-\gamma)} \tag{3.2.7}$$

三弹簧型高静低动刚度隔振系统的刚度特性近似表达式和精确表达式对比如图3.2 所示。由图可知,当系统在静平衡位置附近的小振幅范围内时,用三阶泰勒级数展开得到的近似表达式代替精确表达式是可行的,且 $\hat{k}$ 与 $\hat{y}$ 成正比,从而保证了系统的静态稳定性。

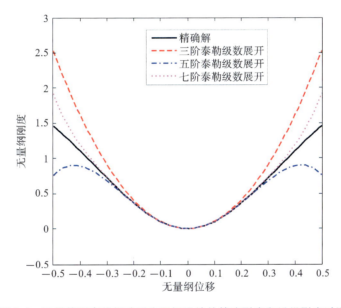

图 3.2 三弹簧型高静低动刚度隔振系统的精确刚度和近似刚度对比

由图 3.2 可知,无量纲刚度的精确表达式和近似表达式之间的误差与系统参数 $\hat{y}$、γ 和 α 密切相关,为了量化这一误差,定义系统的无量纲刚度误差 ε_k 如下

$$\varepsilon_k(\%) = \left| 1 - \frac{\dfrac{3\alpha}{\gamma^3}\hat{y}^2 + \left(1 - 2\alpha\dfrac{1-\gamma}{\gamma}\right)}{1 + 2\alpha\left[1 - \dfrac{\gamma^2}{(\hat{y}^2+\gamma^2)^{3/2}}\right]} \right| \times 100\% \tag{3.2.8}$$

图 3.3 是 $\alpha = \alpha_{QZS}$,即高静低动刚度隔振系统达到理想的准零状态时,$\hat{y}$ 和 γ 对 ε_k 影响关系图。由图可知,当 $\hat{y}$ 一定时,ε_k 随着 γ 的增大而减小,当 $0.8<\gamma<1$ 时,在 $-0.1<\hat{y}<0.1$ 的运动范围内,ε_k 能控制在 2% 以内,满足工程设计精度;但随着 $\hat{y}$ 的增加,ε_k 越来越大,所以三阶泰勒级数展开在高静低动刚度隔振系统处于大振幅时会失效。

考虑如图 3.1(b)所示的三弹簧型高静低动刚度结构,在线性斜弹簧中引入几何非线性刚度和初始压缩量,根据虚功原理法,可得力与位移的关系表达式为

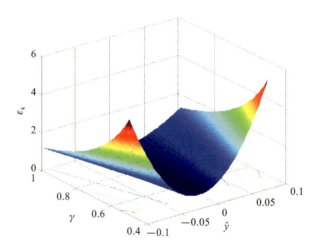

图 3.3 γ 和 $\hat{y}$ 对三弹簧型高静低动刚度结构 ε_k 的影响

$$F = k_2 x + 2k_1(x-h)\left[\frac{\sqrt{a^2+h^2}+\delta}{\sqrt{a^2+(x-h)^2}}-1\right] + \frac{2k_3(x-h)}{\sqrt{a^2+(x-h)^2}} \\ \cdot \left[\sqrt{a^2+(x-h)^2} - \sqrt{a^2+h^2}-\delta\right]^3 \quad (3.2.9)$$

令 $y = x - h$，$f = F - k_2 h$，则式(3.2.9)可表示为

$$f = k_2 y + 2k_1 y\left[\frac{\sqrt{a^2+h^2}+\delta}{\sqrt{a^2+y^2}}-1\right] + \frac{2k_3 y}{\sqrt{a^2+y^2}}\left[\sqrt{a^2+y^2}-\sqrt{a^2+h^2}-\delta\right]^3$$

(3.2.10)

将上式无量纲化可得

$$\hat{f} = \hat{y} + 2\alpha\hat{y}(\Delta-1) - 2\beta\hat{y}\psi^2(\Delta-1)^3 \quad (3.2.11)$$

式中：$\hat{\delta} = \delta/\sqrt{a^2+h^2}$；$\beta = k_3(a^2+h^2)/k_2$；$\Delta = (\hat{\delta}+1)/\psi$；$\psi = \sqrt{\gamma^2+\hat{y}^2}$；其他参数与式(3.2.3)含义相同。

根据刚度的定义，将式(3.2.11)对 $\hat{y}$ 求导可得系统无量纲刚度 $\hat{k}$ 的表达式

$$\hat{k} = 1 + 2\alpha(1-\gamma^2\Delta/\psi^2) - 2\beta(\Delta-1)^2[(1-\Delta)(3\hat{y}^2+\gamma^2)+3\hat{y}^2\Delta]$$

(3.2.12)

将上式在静平衡位置 $\hat{y}=0$ 处进行三阶泰勒级数展开以近似处理，可得

$$\hat{k} \approx \left[-2\beta+3\beta\frac{1+\hat{\delta}}{\gamma}+\alpha\frac{1+\hat{\delta}}{\gamma^3}-\beta\frac{(1+\hat{\delta})^3}{\gamma^3}\right]\hat{y}^2 + \left[\beta - \frac{\alpha}{(\hat{\delta}+1-\gamma)^2} - \frac{\gamma}{2(\hat{\delta}+1-\gamma)^3}\right]$$

(3.2.13)

当系统处于静平衡位置 $\hat{y}=0$ 时，由上式可得系统达到准零刚度特性的参数条件

$$\alpha_{QZS} = \beta(\hat{\delta}+1-\gamma)^2 - \frac{\gamma}{2(\hat{\delta}+1-\gamma)} \quad (3.2.14)$$

图 3.4 是不同刚度比 α 对三弹簧型高静低动刚度结构无量纲刚度 $\hat{k}$ 的影响。由图可知,当 $\alpha=\alpha_{QZS}$ 时,在静平衡位置,$\hat{k}=0$,在平衡位置附近微幅振动时,系统处于准零刚度状态;当 $\alpha<\alpha_{QZS}$ 时,在静平衡位置,$\hat{k}>0$,在平衡位置附近微幅振动时,系统处于高静低动刚度状态,$\hat{k}<1$;而当 $\alpha>\alpha_{QZS}$ 时,在静平衡位置,$\hat{k}<0$,在平衡位置附近微幅振动时,系统处于负刚度状态,此时系统无支撑能力且不稳定。

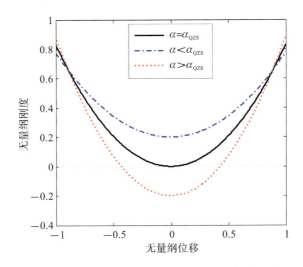

图 3.4 α 对三弹簧型高静低动刚度结构 $\hat{k}$ 的影响

3.3 单自由度高静低动刚度隔振系统动力学特性

3.3.1 动力学建模

图 3.1(b)对应的单自由度高静低动刚度隔振系统的结构示意图如图 3.5 所示。被隔振物体的质量为 m,系统黏性阻尼系数为 c,假设系统初始运动位置为斜弹簧正好处于水平,竖直方向上的运动位移为 v。考虑积极隔振和消极隔振两种情形,对该系统施加两种简谐激励:一种是针对积极隔振(隔力),对被隔振物体施加简谐激励 $f_e = F\cos\Omega T$,传递至基座的力为 f_t;另一种则是针对消极隔振(隔幅),对基座施加简谐位移激励 $z_e = Z\cos\Omega T$,传递至被隔振物体的位移为 z_t。为简化动力学方程,做如下假设:

① 被隔振物体是形状规则、质量分布均匀的刚性体;
② 弹性支撑只考虑阻尼和刚度,忽略质量;
③ 水平弹簧在水平面内对称布置于被隔振物体质心的垂直轴线上;

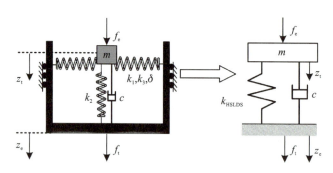

图 3.5　单自由度高静低动刚度隔振系统的动力学模型

④仅施加垂向激励力,并且通过被隔振物体的质心;
⑤仅考虑垂向的自由度,基础为刚性体,且质量无限大。

根据牛顿第二定律,分别建立两种简谐激励下系统的动力学方程

$$\begin{cases} m\ddot{v} + c\dot{v} + b_1 v + b_2 v^3 = F\cos\Omega T \\ m\ddot{w} + c\dot{w} + b_1 w + b_2 w^3 = m\Omega^2 Z\cos\Omega T \end{cases} \quad (3.3.1)$$

其中 $\dfrac{b_1}{k_2} = \beta - \dfrac{\alpha}{(\hat{\delta}+1-\gamma)^2} - \dfrac{\gamma}{2(\hat{\delta}+1-\gamma)^3}$,$w = v - z_e$ 为基础与被隔振物体的相对位移,$\dot{v} = \dfrac{\mathrm{d}v}{\mathrm{d}t}$,$\dfrac{b_2}{k_2} = 3\beta\dfrac{1+\hat{\delta}}{\gamma} + \alpha\dfrac{1+\hat{\delta}}{\gamma^3} - \beta\dfrac{(1+\hat{\delta})^3}{\gamma^3} - 2\beta$。引入无量纲参数：$t = \Omega_\mathrm{n} T$,$\omega = \dfrac{\Omega}{\Omega_\mathrm{n}}$,$\Omega_\mathrm{n} = \sqrt{\dfrac{b_1}{m}}$,$\xi = \dfrac{c}{m\Omega_\mathrm{n}}$,$\hat{u} = u\sqrt{\dfrac{b_2}{b_1}}$,$f = F\sqrt{\dfrac{b_2}{b_1}}$,$z = \dfrac{Z}{m}\sqrt{\dfrac{b_2}{b_1}}$。可以得到 $\dfrac{\mathrm{d}u}{\mathrm{d}T} = \Omega_\mathrm{n}\sqrt{\dfrac{b_1}{b_2}}\dfrac{\mathrm{d}\hat{u}}{\mathrm{d}t}$,$\dfrac{\mathrm{d}^2 u}{\mathrm{d}T^2} = \Omega_\mathrm{n}^2\sqrt{\dfrac{b_1}{b_2}}\dfrac{\mathrm{d}^2\hat{u}}{\mathrm{d}t^2}$。

为了方便表达,两种简谐激励下系统的无量纲动力学方程可统一写成

$$\ddot{\hat{u}} + \xi\dot{\hat{u}} + \hat{u} + \hat{u}^3 = \gamma\rho\cos\omega t \quad (3.3.2)$$

式(3.3.2)为含线性和立方刚度项的硬弹簧 Duffing 方程,其中 γ 和 ρ 为新定义的参数,当系统受到简谐力激励时,$\gamma = 1$,$\rho = f$;受到简谐位移激励时,$\gamma = \omega^2$,$\rho = z$。

当调整斜弹簧压缩量使竖直弹簧刚度为零时,由于斜弹簧并没有承载能力,因而此时撤除斜弹簧,同样静态变形下系统依然可以处于平衡状态,等效线性隔振系统定义为去除斜弹簧后的线性系统,根据上述步骤可推出该系统的无量纲动力学方程

$$\ddot{\hat{u}} + \xi\dot{\hat{u}} + \hat{u} = \gamma\rho\cos\omega t \quad (3.3.3)$$

3.3.2　幅频特性及稳定性分析

非线性系统的定量分析方法主要包括解析方法、数值方法和半解析半数值方法。

第 3 章 高静低动刚度隔振系统力学特性

传统的近似解析方法主要包括摄动法(如常数变易法、多尺度法、L-P 法、渐进法和椭圆函数摄动法等)和谐波平衡法。摄动法虽然物理意义明确,容易理解,但它们过分局限于含小参数的弱非线性系统的求解,随着振幅的增加,系统非线性特征增强,导致摄动法对大振幅条件下非线性系统的分析计算精度不足;而谐波平衡法可以精确求出主共振频率下强非线性系统和弱非线性系统的响应,但得到的系统响应未必都是稳定解,还需要通过其他方法对系统稳定性进行分析。高静低动刚度隔振系统具有强非线性的特点,本书将响应解的求解及其稳定性分析结合起来,采用谐波平衡法来分析系统的动力学特性,利用 Floquet 理论分析 Hill 方程的有解条件来判定系统的稳定性及失稳方式。

设系统的解 $\hat{u}$ 由周期解 u_0 加上一个小的扰动量 v 组成

$$\hat{u} = u_0 + v = r_0 + \sum_{i=1}^{N} r_i \cos(i\omega t - \phi_i) + v \tag{3.3.4}$$

式中:r_0、r_i 和 ϕ_i 为谐波平衡解的傅里叶参数;N 为截断阶数。本书从解析方面讨论 $N=4$ 时的周期解及其稳定性,将式(3.3.4)代入式(3.3.3),并考虑 u_0 也满足运动微分方程这一事实,得到

$$\ddot{v} + \xi\dot{v} + \left[\theta_0 + 2\sum_{j=1}^{8}(\theta_{jc}\cos j\omega t + \theta_{js}\sin j\omega t)\right]v + 3v^2\sum_{i=1}^{4}[r_i\cos(i\omega t - \phi_i)] + v^3$$

$$= -P_0 - \sum_{k=1}^{12}(P_k\cos k\omega t + G_k\sin k\omega t) = 0 \tag{3.3.5}$$

式中:P_0、P_k、G_k、θ_0、θ_{jc}、θ_{js} 与 r_0、r_i、ϕ_i 的关系由附录 A 给出。周期解 u_0 共有 9 个待定参数,可通过让 $\cos k\omega t$ 的系数 $P_j(r_0,r_i,\phi_i)$ 和 $\sin k\omega t$ 的系数 $G_j(r_0,r_i,\phi_i)$($k=1,\cdots,12,j=1,\cdots,12,i=1,\cdots,4$)分别为零求得。式(3.3.5)的线性变分方程可写为

$$\ddot{v} + \xi\dot{v} + \left[\theta_0 + 2\sum_{j=1}^{8}(\theta_{jc}\cos j\omega t + \theta_{js}\sin j\omega t)\right]v = 0 \tag{3.3.6}$$

因此,对周期解 u_0 的稳定性问题可转化为典型参数激励下的 Hill 方程解的稳定性。依据 Floquet 理论,设式(3.3.6)的解为

$$v = e^{\sigma t}\eta(t) = e^{\sigma t}\sum_{m=1}^{\infty}b_m\cos(m\omega t - \varphi_m Z), \quad m=1,3,5,\cdots,+\infty \text{ 或 } m=0,2,4,\cdots,+\infty \tag{3.3.7}$$

式中:σ 为 Floquet 特征指数,取值为实数或纯虚数;$\eta(t)$ 为周期是 π/ω 或者 $2\pi/\omega$ 的周期函数。v 的稳定性由 σ 实部的符号决定,$\text{Re}(\sigma) < 0$ 时为渐进稳定,$\text{Re}(\sigma) > 0$ 时为不稳定,$\text{Re}(\sigma) = 0$ 时为临界情况。将 $v = e^{\sigma t}\eta(t)$ 代入式(3.3.6),并令各阶简谐系数等于零,可以得到无穷多个关于 b_m 的齐次线性方程组,将其用矩阵形式 $\boldsymbol{Ax} = 0$ 表示,其中 $\boldsymbol{x}$ 为列向量 $(\cdots,b_i\cos i\varphi_i,b_i\sin i\varphi_i,\cdots)^\mathrm{T}$ 或 $(b_0,\cdots,b_{2i}\cos 2i\varphi_{2i},b_{2i}\sin 2i\varphi_{2i},\cdots)^\mathrm{T}$,$\boldsymbol{A}$

为系数矩阵。如果线性方程组 $\mathbf{A}x=0$ 有非平凡解,则应满足系数矩阵 $\mathbf{A}$ 的行列式 $\Delta(\sigma)$ 为零。因此,v 的稳定性可转化为 $\Delta(\sigma=0)$ 是否大于零,$\Delta(\sigma=0)>0$ 时为渐进稳定,$\Delta(\sigma=0)<0$ 时为不稳定,$\Delta(\sigma=0)=0$ 时为临界情况。

设方程(3.3.3)的解为 $\hat{u} = r_0 + r_1\cos(\omega t - \phi_1) + v$,依据附录 A 可得

$$\begin{cases} r_0\left(1+r_0^2+\dfrac{3}{2}r_1^2\right)=0 \\ (1-\omega^2)r_1\cos\phi_1+\xi\omega r_1\sin\phi_1+\dfrac{3}{4}(4r_0^2+r_1^2)r_1\cos\phi_1-\gamma\rho=0 \\ (1-\omega^2)r_1\sin\phi_1-\xi\omega r_1\cos\phi_1+\dfrac{3}{4}(4r_0^2+r_1^2)r_1\sin\phi_1=0 \end{cases} \quad (3.3.8)$$

由此得到

$$\begin{cases} r_0 = 0 \\ r_1(1-\omega^2)+\dfrac{3}{4}r_1^3 = \gamma\rho\cos\phi_1 \\ -\xi\omega r_1 = \gamma\rho\sin\phi_1 \end{cases} \quad (3.3.9)$$

式(3.3.9)消去 ϕ_1 得到系统的幅频特性方程

$$\frac{9}{16}r_1^6+\frac{3}{2}(1-\omega^2)r_1^4+[(1-\omega^2)^2+\xi^2\omega^2]r_1^2=\gamma^2\rho^2 \quad (3.3.10)$$

式(3.3.9)消去 r_1 得到系统的相频特性方程

$$\phi_1 = -\arctan\left(\frac{4\xi\omega}{3r_1^2-4\omega^2+4}\right) \quad (3.3.11)$$

在简谐力激励下,将 $\gamma=1$,$\rho=f$ 代入式(3.3.10)可得

$$\omega^4+\left(\xi^2-2-\frac{3}{2}r_1^2\right)\omega^2+\left(1+\frac{3}{4}r_1^2\right)^2-\frac{f^2}{r_1^2}=0 \quad (3.3.12)$$

在简谐位移激励下,将 $\gamma=\omega^2$,$\rho=z$ 代入式(3.3.10)可得

$$(r_1^2-z^2)\omega^4+\left[(\xi^2-2)r_1^2-\frac{3}{2}r_1^4\right]\omega^2+\frac{9}{16}r_1^6+\frac{3}{2}r_1^4+r_1^2=0 \quad (3.3.13)$$

由此可知系统幅频特性方程是关于 ω^2 的一元二次方程,求解可得跳上频率 $\omega_1^{f(z)}$ 和跳下频率 $\omega_2^{f(z)}$ 关于 ξ、r_1 及 $f(z)$ 的解析表达式

$$\omega_{1,2}^f = \sqrt{\left(1+\frac{3}{4}r_1^2-\frac{\xi^2}{2}\right)\pm\frac{1}{r_1}\sqrt{\xi^2 r_1^2\left(-1-\frac{3}{4}r_1^2+\frac{\xi^2}{4}\right)+f^2}}$$

$$\omega_{1,2}^z = \sqrt{\frac{\dfrac{3}{4}r_1^4+r_1^2\left(1-\dfrac{\xi^2}{2}\right)\pm r_1\sqrt{\left(\dfrac{3}{4}zr_1^2+z\right)^2-\xi^2 r_1^2\left(1-\dfrac{\xi^2}{4}\right)-\dfrac{3}{4}\xi^2 r_1^4}}{(r_1^2-z^2)}}$$

(3.3.14)

令式(3.3.14)中 $\omega_1^{f(z)} = \omega_2^{f(z)}$，可得两种激励下最大响应幅值 r_{1p} 及其共振频率 ω_p

$$r_{1p}^f = \sqrt{\frac{\xi^3 - 4\xi + \sqrt{(\xi^3 - 4\xi)^2 + 48f^2}}{6\xi}}, \omega_p^f = \sqrt{1 + \frac{3}{4}(r_{1p}^f)^2 - \frac{\xi^2}{2}},$$

$$r_{1p}^z = \sqrt{\frac{\xi^4 - 4\xi^2 + 6z^2 + \sqrt{(\xi^4 - 4\xi^2)^2 + 12\xi^4 z^2}}{6\xi^2 - (9z^2/2)}},$$

$$\omega_p^z = \sqrt{\frac{\frac{3}{4}(r_{1p}^z)^4 + \left(1 - \frac{\xi^2}{2}\right)(r_{1p}^z)^2}{[(r_{1p}^z)^2 - z^2]}}$$

(3.3.15)

由 r_{1p} 和 ω_p 的被开方数大于零，可以求得系统最大响应幅值有界的阻尼范围为

$$\xi_f \in \mathbf{R}^+, \frac{\sqrt{3}}{2}z < \xi_z < \frac{\sqrt{6z^2 + 8}}{2} \tag{3.3.16}$$

当 ξ_z 不在上述范围内时，过大则系统无明显共振峰，过小则系统出现无界响应。同理可得等效线性系统的幅频特性方程为

$$r_1 = \frac{\gamma\rho}{\sqrt{(1-\omega^2)^2 + \xi^2\omega^2}} \tag{3.3.17}$$

当 $N = 1$ 时，由附录 A 可知线性变分方程为

$$\ddot{v} + \xi\dot{v} + (p + 2q\cos 2\varphi)v = 0 \tag{3.3.18}$$

式中：$p = 1 + 3r_1^2/2; q = 3r_1^2/4; \varphi = \omega t - \phi_1$。

式(3.3.18)为含阻尼 Mathieu 方程，存在多个参数激励，所以主共振响应存在多个不稳定区域，本书主要考虑一阶不稳定区域。设 $v = V_1\cos\varphi + V_2\sin\varphi$，代入式(3.3.17)可得

$$[(-\omega^2 + p + q)V_1 + \xi\omega V_2]\cos\varphi + [(-\omega^2 + p - q)V_2 - \xi\omega V_1]\sin\varphi$$
$$+ qV_1\cos 3\varphi + qV_2\sin 3\varphi = 0$$

(3.3.19)

忽略上式超过一次的高次谐波项，令 $\cos\varphi$ 和 $\sin\varphi$ 的系数分别为零，可得

$$\begin{cases} (-\omega^2 + p + q)V_1 + \xi\omega V_2 = 0 \\ (-\omega^2 + p - q)V_2 - \xi\omega V_1 = 0 \end{cases} \tag{3.3.20}$$

上述线性方程组若存在非奇异解，则其系数矩阵的行列式为零，得到不稳定边界条件

$$\Delta = \frac{27}{16}r_1^4 + 3(1-\omega^2)r_1^2 + (1-\omega^2)^2 + \xi^2\omega^2 = 0 \tag{3.3.21}$$

式(3.3.21)是幅频特性曲线族上具有垂直切线的点轨迹方程，所有由该点轨迹包围的区域内主共振响应为不稳定解，即 $\Delta < 0$ 为该系统的不稳定区域。

3.3.3 系统参数对幅频特性曲线的影响

图 3.6 是激励幅值 ρ 一定时，不同阻尼比 ξ 对系统幅频特性的影响，粗线表示系统幅频特性曲线，细线表示稳定区域和不稳定区域的边界线，红色"·"表示系统响应峰值。由图可知，系统存在突跳和多解现象，此时系统有两个稳定解和一个不稳定解，阻尼比 ξ 主要影响系统共振区的响应。在共振频率附近，两种简谐激励下系统的幅频特性曲线具有刚度渐硬的非线性特征，但是当阻尼比 ξ 较大时，系统趋于线性。两种简谐激励下阻尼比 ξ 对系统幅频特性的影响规律基本相同：当阻尼比 ξ 递增时，系统稳态响应峰值 r_{1p} 及其对应共振频率 ω_p 均减小，系统不稳定区域逐渐收缩，甚至导致系统响应共振峰消失；当激励频率远离共振频率时，稳态响应幅值趋于一致。不同的是，当阻尼比 ξ 较小时，简谐位移激励下系统稳态响应峰值 r_{1p}^z 将出现无界响应，即 r_{1p}^z 为无限大。

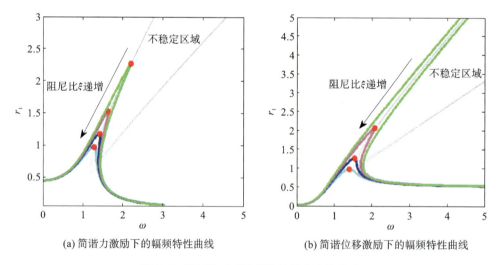

(a) 简谐力激励下的幅频特性曲线   (b) 简谐位移激励下的幅频特性曲线

图 3.6 阻尼比对系统幅频特性曲线的影响

图 3.7 是阻尼比 ξ 一定时，不同激励幅值 ρ 对系统幅频特性的影响，粗线表示系统的幅频特性曲线，细线表示稳定区域和不稳定区域的边界线，红色"·"表示系统响应峰值。由图可知，在共振频率附近，系统的幅频特性曲线具有刚度渐硬的非线性特征，但是当激励幅值 ρ 较小时，系统趋于线性。在共振频率附近，两种简谐激励下激励幅值 ρ 对系统的幅频特性影响规律基本相同：当激励幅值 ρ 递增时，系统稳态响应峰值 r_{1p} 及其对应共振频率 ω_p 均增加，但系统不稳定区域不受激励幅值 ρ 的影响，当激励幅值 ρ 降低至一定程度时，有可能导致跳变现象甚至共振峰消失。不同的是，简谐力激励下系统激励频率处于低频段时，激励幅值 ρ 越大，稳态响应幅值相应增大，当激励频

率处于高频段时,随着激励幅值 ρ 的增加,稳态响应幅值趋于一致;而简谐位移激励下系统激励频率处于高频段时,激励幅值 ρ 越大,稳态响应幅值相应增大,当激励频率处于低频段时,随着激励幅值 ρ 的增加,稳态响应幅值趋于一致。

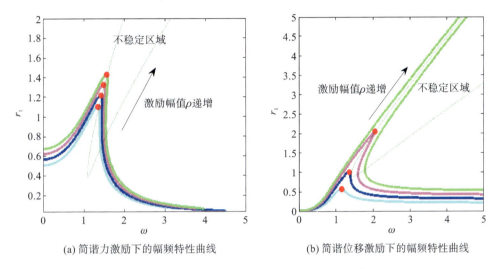

(a) 简谐力激励下的幅频特性曲线　　　(b) 简谐位移激励下的幅频特性曲线

图 3.7　激励幅值对系统幅频特性曲线的影响

3.3.4　传递特性对比分析

隔振器性能的优劣可以通过力传递率(传递至基础的响应力 f_t 与激励力 f_e 的幅值比)和绝对位移传递率(被隔振物体的绝对位移 x_t 与基础干扰位移 x_e 的幅值比)来衡量。当高静低动刚度隔振系统受到简谐力激励时,传递至基础的无量纲力由一个弹性力和一个阻尼力组成

$$f_t = \xi \dot{\hat{u}} + \hat{u} + \hat{u}^3 = -\xi\omega r_1 \sin(\omega t + \theta) + r_1\cos(\omega t + \theta) + r_1^3 \cos^3(\omega t + \theta) \tag{3.3.22}$$

因此,系统力传递率的解析表达式可表示为

$$T_f = \left|\frac{f_t}{f}\right| = \frac{r_1}{f}\sqrt{\left(1 + \frac{3}{4}r_1^2\right)^2 + \xi^2\omega^2} \tag{3.3.23}$$

力传递率峰值对应 r_1 的峰值,假定阻尼比 $\xi \ll 1$,使得 $\xi^2\omega^2$ 相比其他项可忽略,可得

$$T_{f\max} = \left|\frac{f_t}{f}\right| = \frac{r_{1p}^f}{f}\left(1 + \frac{3}{4}(r_{1p}^f)^2\right) \tag{3.3.24}$$

当高静低动刚度隔振系统受到简谐位移激励时,被隔振物体的绝对位移为

$$x_t = \hat{u} + z = r_1\cos(\omega t + \phi_1) + z\cos\omega t \tag{3.3.25}$$

因此，系统绝对位移传递率的解析表达式可表示为

$$T_z = \left|\frac{x}{z}\right| = \left|\frac{\sqrt{r_1^2 + z^2 + 2r_1 z(1-\omega^2 + 3r_1^2/4)/\omega^2}}{z}\right| \quad (3.3.26)$$

位移传递率峰值对应 r_1 的峰值，同时注意到 $r_1 = r_{1p}^z$ 时有 $\cos\phi_1 = 0$，设 $\xi^2 \ll 1$，可得

$$T_{z\max} = \sqrt{1 + (r_{1p}^z)^2 + \frac{2(r_{1p}^z)^2}{\omega^2}\left(1-\omega^2 + \frac{3}{4}(r_{1p}^z)^2\right)} \quad (3.3.27)$$

同理，对应等效线性系统在两种简谐激励下的传递率解析表达式可统一表示为

$$T_l = \left|\frac{f_t}{f_e}\right| = \left|\frac{x_t}{x_e}\right| = \sqrt{\frac{1+\xi^2\omega^2}{(1-\omega^2)^2 + \xi^2\omega^2}} \quad (3.3.28)$$

3.3.5 系统参数对传递率的影响

隔振频带和振动衰减率是衡量隔振性能的两个关键指标。本小节主要分析阻尼比 ξ 和激励幅值 ρ 对传递率的影响，对应等效线性系统的传递率也在图中给出，从而对比两个隔振系统的性能差异，横坐标均采用对数坐标，纵坐标则用分贝 dB 刻度表示。

图 3.8 是不同阻尼比 ξ 下两种简谐激励的系统传递率曲线。由图可知，随着阻尼比 ξ 的递增，两种简谐激励下系统的传递率峰值 $|T|_{\max}$ 和共振频率 ω_p 均减小，但阻尼比 ξ 过大会影响高频段高静低动刚度隔振系统的隔振性能，即在频率大于共振频率的隔振区域，其衰减效果变差，因此，大阻尼比在拓宽隔振频带的同时增加了高频区域的传递率。对于等效线性系统而言，随着阻尼比 ξ 的递增，系统的传递率峰值 $|T|_{\max}$ 减小，但共振频率 ω_p 不变。相比等效线性系统，高静低动刚度隔振系统的隔振起始频率更低，隔振频带更宽，传递率峰值 $|T|_{\max}$ 更小；但当激励频率 ω 过高时或者简谐位移激励下系统阻尼比 ξ 过小时，高静低动刚度隔振系统的传递率大于等效线性系统的传递率。因此，在实际工程应用中，对于高频振动而言，没有必要使用负刚度机构来降低系统的动态刚度，高静低动刚度隔振系统主要适用于低频隔振领域，而且不能一味地通过增大阻尼比来拓宽系统的隔振频带。

图 3.9 是不同激励幅值 ρ 下两种简谐激励的系统传递率曲线。由图可知，随着激励幅值 ρ 的递增，两种简谐激励下系统的传递率峰值 $|T|_{\max}$ 和共振频率 ω_p 均增加，当激励频率 ω 较高时，传递率趋于一致，即对频率大于固有频率的传递率影响较小，高静低动刚度隔振系统在绝大多数的频率区间均具有隔振效果。对于等效线性系统而言，随着激励幅值 ρ 的递增，系统的传递率峰值 $|T|_{\max}$ 和共振频率 ω_p 均不变，即线性系统的传递率与激励幅值无关。相比等效线性系统，高静低动刚度隔振系统的隔振起始频率更低，隔振频带更宽，传递率峰值 $|T|_{\max}$ 更小，隔振性能更优越；但简谐位移激励下

第 3 章 高静低动刚度隔振系统力学特性

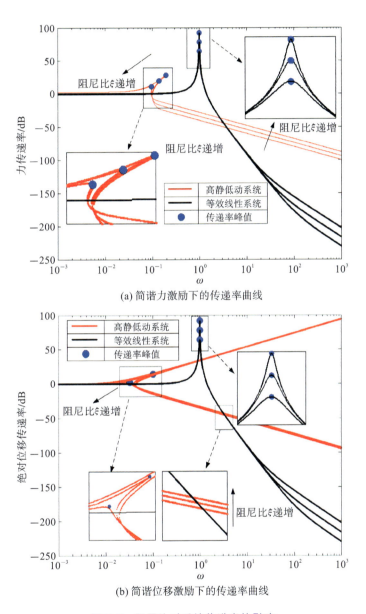

图 3.8 阻尼比对系统传递率的影响

系统激励幅值 ρ 过大或者激励频率 ω 过高时,高静低动刚度隔振系统的传递率大于等效线性系统传递率。若激励幅值 ρ 过大,系统可能存在无界的位移传递率,因此,实际工程中应尽量避免将高静低动刚度隔振器应用于基础激励幅值较大的场合。

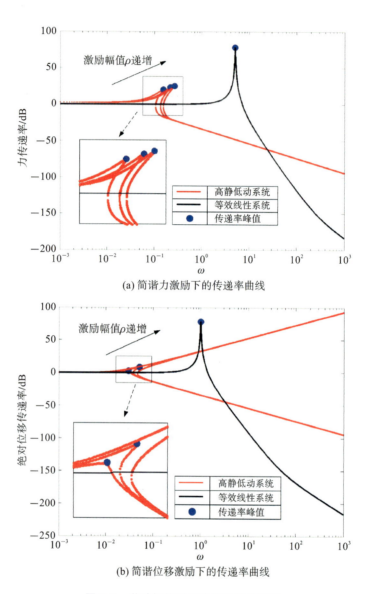

(a) 简谐力激励下的传递率曲线

(b) 简谐位移激励下的传递率曲线

图 3.9 激励幅值对系统传递率的影响

3.4 两自由度高静低动刚度隔振系统动力学特性

与单自由度隔振系统相比,两自由度隔振系统的结构更加复杂,具有额外的共振频率,当外界激励频率大于二次谐振频率后,其隔振衰减率为 $1/\omega^4$,而单自由度线性隔振系统则为 $1/\omega^2$,所以两自由度隔振系统的高频振动衰减率要优于相应单自由度隔振系统。为了利用单自由度高静低动刚度隔振系统低固有频率和小传递率峰值的优势，同时增强两自由度隔振系统在高频段的隔振效果，在两自由度线性隔振系统的上、下两层引入高静低动特性的非线性刚度，构建两自由度高静低动刚度隔振系统，以克服大静载变形和高频衰减率较低的问题，分析其对隔振效果的影响具有重要的学术价值和工程意义。

3.4.1 动力学建模与求解

如图3.10所示是四种不同结构的两自由度隔振系统简化模型，其中上、下竖直弹簧刚度分别为 k_{v1} 和 k_{v2}，上、下斜弹簧的刚度分别为 k_{h1} 和 k_{h2}，上、下黏性阻尼系数分别为 c_1 和 c_2，被隔振物体和中间物体的质量分别为 m_1 和 m_2，在简谐力 f_e 作用下位移分别为 x_1 和 x_2。

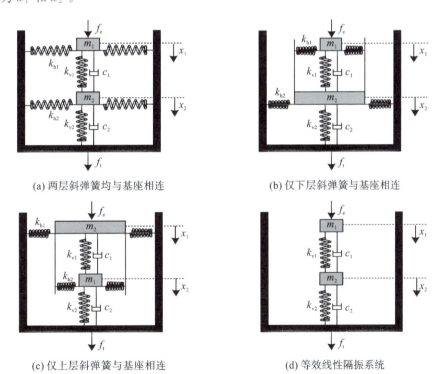

(a) 两层斜弹簧均与基座相连　　(b) 仅下层斜弹簧与基座相连

(c) 仅上层斜弹簧与基座相连　　(d) 等效线性隔振系统

图 3.10　两自由度隔振系统的结构示意图

由前面分析可知，图3.1(a)所示的单自由度三弹簧型高静低动刚度隔振系统在简谐力激励下的运动微分方程为

$$m\ddot{x} + c\dot{x} + k_2 x + 2k_1 x(1 - h/\sqrt{x^2 + a^2}) = F\cos\Omega T \tag{3.4.1}$$

因此，考虑图3.10(a)所示的两自由度三弹簧型高静低动刚度隔振系统在简谐力

激励下的运动微分方程为

$$m_1\ddot{x}_1 + c_1(\dot{x}_1 - \dot{x}_2) + k_{v1}(x_1 - x_2) + 2k_{h1}(1 - h/\sqrt{a^2 + x_1^2})x_1 = F\cos\Omega T$$

$$m_2\ddot{x}_2 - c_1(\dot{x}_1 - \dot{x}_2) - k_{v1}(x_1 - x_2) + 2k_{h2}(1 - h/\sqrt{a^2 + x_2^2})x_2 + c_2\dot{x}_2 + k_{v2}x_2 = 0$$

(3.4.2)

令 $\eta_1 = \dfrac{h}{\sqrt{a^2 + x_1^2}}, \eta_2 = \dfrac{h}{\sqrt{a^2 + x_2^2}}, \eta_{12} = \dfrac{h}{\sqrt{a^2 + (x_1 - x_2)^2}}$,将式(3.4.2)化为矩阵形式

$$\boldsymbol{M}\ddot{\boldsymbol{x}} + \boldsymbol{C}\dot{\boldsymbol{x}} + \boldsymbol{K}_a(\boldsymbol{x})\boldsymbol{x} = \boldsymbol{f} \qquad (3.4.3)$$

式中：$\boldsymbol{M} = \begin{bmatrix} m_1 & 0 \\ 0 & m_2 \end{bmatrix}; \boldsymbol{C} = \begin{bmatrix} c_1 & -c_1 \\ -c_1 & c_1 + c_2 \end{bmatrix}; \boldsymbol{x} = \begin{Bmatrix} x_1 \\ x_2 \end{Bmatrix}; \boldsymbol{f} = \begin{Bmatrix} F\cos\Omega T \\ 0 \end{Bmatrix}; \boldsymbol{K}_a(\boldsymbol{x}) =$
$\begin{bmatrix} k_{v1} + 2k_{h1}(1 - \eta_1) & -k_{v1} \\ -k_{v1} & k_{v1} + k_{v2} + 2k_{h2}(1 - \eta_2) \end{bmatrix}$。

引入无量纲参数：$\hat{x}_1 = \dfrac{x_1}{h}, \hat{x}_2 = \dfrac{x_2}{h}, \hat{a} = \dfrac{a}{h}, \hat{k}_{v2} = \dfrac{k_{v2}}{k_{v1}}, \alpha_1 = 1 - 2\dfrac{k_{h1}}{k_{v1}}\dfrac{1 - \hat{a}}{\hat{a}}, \beta_1 = \dfrac{3k_{h1}}{k_{v1}\hat{a}^3}$,
$\alpha_2 = 1 - 2\dfrac{k_{h2}}{k_{v2}}\dfrac{1 - \hat{a}}{\hat{a}}, \beta_2 = \dfrac{3k_{h2}}{k_{v2}\hat{a}^3}, w = \dfrac{m_2}{m_1}, \xi_1 = \dfrac{c_1}{2m_1\Omega_n}, \xi_2 = \dfrac{c_2}{2m_2\Omega_n}, \Omega_n = \sqrt{\dfrac{k_{v1}}{m_1}}, \omega = \dfrac{\Omega}{\Omega_n}$,
$t = \Omega_n T$。将式(3.4.3)无量纲化可得两个耦合的 Duffing 方程

$$\hat{\boldsymbol{M}}\ddot{\hat{\boldsymbol{x}}}_a + \hat{\boldsymbol{C}}\dot{\hat{\boldsymbol{x}}}_a + \hat{\boldsymbol{K}}_{1a}\hat{\boldsymbol{x}}_a + \hat{\boldsymbol{K}}_{3a}\hat{\boldsymbol{x}}_a^3 = \hat{\boldsymbol{f}} \qquad (3.4.4)$$

式中：$\hat{\boldsymbol{M}} = \begin{bmatrix} 1 & 0 \\ 0 & w \end{bmatrix}; \hat{\boldsymbol{C}} = 2\begin{bmatrix} \xi_1 & -\xi_1 \\ -\xi_1 & \xi_1 + w\xi_2 \end{bmatrix}; \hat{\boldsymbol{K}}_{1a} = \begin{bmatrix} \alpha_1 & -1 \\ -1 & 1 + \alpha_2 \end{bmatrix}; \hat{\boldsymbol{K}}_{3a} = \begin{bmatrix} \beta_1 & 0 \\ 0 & \beta_2 \end{bmatrix};$
$\hat{\boldsymbol{x}}_a = \begin{Bmatrix} \hat{x}_1 \\ \hat{x}_2 \end{Bmatrix}; \hat{\boldsymbol{x}}_a^3 = \begin{Bmatrix} \hat{x}_1^3 \\ \hat{x}_2^3 \end{Bmatrix}; \hat{\boldsymbol{f}} = \begin{Bmatrix} \hat{F}\cos\omega t \\ 0 \end{Bmatrix}$。

运用谐波平衡法对图 3.10(a)所示系统的动力学特性进行分析,设其周期解为

$$\hat{x}_i(t) = \sum_{n=1}^{N}(a_{i,n}\cos n\omega t + b_{i,n}\sin n\omega t), \quad i = 1,2 \qquad (3.4.5)$$

式中：$a_{i,n}$ 和 $b_{i,n}$($n = 1,\cdots,N$)为谐波平衡解的傅里叶系数；N 为截断阶数。式(3.4.5)的一阶和二阶导数分别为

$$\begin{aligned}\dot{\hat{x}}_i(t) &= \sum_{n=1}^{N}n\omega(-a_{i,n}\sin n\omega t + b_{i,n}\cos n\omega t) \\ \ddot{\hat{x}}_i(t) &= \sum_{n=1}^{N}-n^2\omega^2(a_{i,n}\cos n\omega t + b_{i,n}\sin n\omega t)\end{aligned} \qquad (3.4.6)$$

将式(3.4.5)所示周期解代入式(3.4.4)中,将出现 $\hat{x}_i(t)$ 的高次项,若仍保持截断

阶数为 N，则根据三角函数的正交性可得

$$[\hat{x}_i(t)]^p = \sum_{n=1}^{N}(\tilde{a}_{i,n}^p \cos n\omega t + \tilde{b}_{i,n}^p \sin n\omega t), \quad i=1,2 \quad p=2,3 \quad (3.4.7)$$

其中

$$\tilde{a}_{i,n}^p = \frac{\omega}{2\pi}\int_0^{2\pi/\omega}\left[\sum_{n=1}^{N}(a_{i,n}\cos n\omega t + b_{i,n}\sin n\omega t)\right]^p \cos n\omega t \, dt$$

$$\tilde{b}_{i,n}^p = \frac{\omega}{2\pi}\int_0^{2\pi/\omega}\left[\sum_{n=1}^{N}(a_{i,n}\cos n\omega t + b_{i,n}\sin n\omega t)\right]^p \sin n\omega t \, dt$$

当 $N=1$ 时，设 $\hat{x}_i(t)$ 具有如下形式解：

$$\hat{x}_i(t) = a_{i,n}\cos\omega t + b_{i,n}\sin\omega t = \hat{X}_i\cos(\omega t + \varphi_i) \quad (3.4.8)$$

代入式(3.4.4)，并令各阶谐波系数等于零，可得系统的幅频特性方程

$$(\hat{\boldsymbol{K}}_{1a} - \omega^2\hat{\boldsymbol{M}})\hat{\boldsymbol{X}}\boldsymbol{\Phi} - \omega\hat{\boldsymbol{C}}\hat{\boldsymbol{X}}\boldsymbol{\Phi}\boldsymbol{A} + \frac{3}{4}\hat{\boldsymbol{K}}_{3a}\hat{\boldsymbol{X}}_a^3\boldsymbol{\Phi} = \hat{\boldsymbol{F}} \quad (3.4.9)$$

式中：$\boldsymbol{\Phi} = \begin{bmatrix}\cos\varphi_1 & \sin\varphi_1 \\ \cos\varphi_2 & \sin\varphi_2\end{bmatrix}$；$\boldsymbol{A} = \begin{bmatrix}0 & -1 \\ 1 & 0\end{bmatrix}$；$\hat{\boldsymbol{X}} = \begin{bmatrix}\hat{X}_1 & 0 \\ 0 & \hat{X}_2\end{bmatrix}$；$\hat{\boldsymbol{X}}_a^3 = \begin{bmatrix}\hat{X}_1^3 & 0 \\ 0 & \hat{X}_2^3\end{bmatrix}$；$\hat{\boldsymbol{F}} = \begin{bmatrix}\hat{F} & 0 \\ 0 & 0\end{bmatrix}$。

经图 3.10(a)所示的两自由度高静低动刚度隔振器后传递至基础的无量纲力 $\hat{f}_{ta}$ 为

$$\hat{f}_{ta} = 2w\xi_2\dot{x}_2 + (\alpha_1-1)x_1 + \beta_1 x_1^3 + \alpha_2 x_2 + \beta_2 x_2^3 = \hat{\boldsymbol{K}}_{ta1}\hat{\boldsymbol{x}} + \hat{\boldsymbol{C}}_t\dot{\hat{\boldsymbol{x}}} + \hat{\boldsymbol{K}}_{ta3}\hat{\boldsymbol{x}}^3 \quad (3.4.10)$$

式中：$\hat{\boldsymbol{K}}_{ta1} = [\alpha_1-1 \quad \alpha_2]$；$\hat{\boldsymbol{K}}_{ta3} = [\beta_1 \quad \beta_2]$；$\hat{\boldsymbol{C}}_t = [0 \quad 2w\xi_2]$。设 $\hat{f}_{ta} = \hat{F}_{ta}\cos(\omega t + \varphi_T)$，则 $\hat{F}_{ta}$ 满足下列方程：

$$\hat{F}_{ta}\boldsymbol{\Phi}_T = \hat{\boldsymbol{K}}_{ta1}\hat{\boldsymbol{X}}\boldsymbol{\Phi} + \frac{3}{4}\hat{\boldsymbol{K}}_{ta3}\hat{\boldsymbol{X}}_a^3\boldsymbol{\Phi} - \omega\hat{\boldsymbol{C}}_t\hat{\boldsymbol{X}}\boldsymbol{\Phi}\boldsymbol{A} \quad (3.4.11)$$

其中 $\boldsymbol{\Phi}_T = [\cos\varphi_T \quad \sin\varphi_T]$。根据传递率的定义，图 3.10(a)所示的两自由度三弹簧型高静低动刚度隔振系统的力传递率为

$$T_{fa} = \hat{F}_{ta}/\hat{F} \quad (3.4.12)$$

考虑图 3.10(b)所示的两自由度三弹簧型高静低动刚度隔振系统在简谐力激励下的运动微分方程为

$$m_1\ddot{x}_1 + c_1(\dot{x}_1 - \dot{x}_2) + k_{v1}(x_1 - x_2) + 2k_{h1}(1-\eta_{12})(x_1-x_2) = F\cos\Omega T$$

$$m_2\ddot{x}_2 - c_1\dot{x}_1 + (c_1+c_2)\dot{x}_2 + (k_{v1}+2k_{h1}(1-\eta_{12}))(x_2-x_1) + k_{v2}x_2 +$$

$$2k_{h2}(1-\eta_2)x_2 = 0$$

$$(3.4.13)$$

将上式化为矩阵形式

$$M\ddot{x}+C\dot{x}+K_b(x)x=f \quad (3.4.14)$$

式中：$K_b(x) = \begin{bmatrix} k_{v1}+2k_{h1}(1-\eta_{12}) & -k_{v1}-2k_{h1}(1-\eta_{12}) \\ -k_{v1}-2k_{h1}(1-\eta_{12}) & k_{v1}+k_{v2}+2k_{h1}(1-\eta_{12})+2k_{h2}(1-\eta_2) \end{bmatrix}$。

将式(3.4.14)无量纲化可得

$$\hat{M}\ddot{\hat{x}}_b + \hat{C}\dot{\hat{x}}_b + \hat{K}_{1b}\hat{x}_b + \hat{K}_{3b}\hat{x}_b^3 = \hat{f} \quad (3.4.15)$$

式中：$\hat{K}_{1b} = \begin{bmatrix} \alpha_1 & -\alpha_1 \\ -\alpha_1 & \alpha_1+\alpha_2 \end{bmatrix}, \hat{K}_{3b} = \begin{bmatrix} \beta_1 & 0 \\ -\beta_1 & \beta_2 \end{bmatrix}, \hat{x}_b = \begin{Bmatrix} \hat{x}_1-\hat{x}_2 \\ \hat{x}_2 \end{Bmatrix}$。

同样运用谐波平衡法对图3.10(b)所示的两自由度三弹簧型高静低动刚度隔振系统的动力学特性进行分析，将式(3.4.8)代入式(3.4.15)，并令各阶谐波系数等于零，可得系统的幅频特性方程为

$$(\hat{K}_{1b}-\omega^2\hat{M})\hat{X}\boldsymbol{\Phi} - \omega\hat{C}\hat{X}\boldsymbol{\Phi}A + \frac{3}{4}\hat{X}_{b1}^3\hat{K}_{3b}\boldsymbol{\Phi} + \frac{3}{4}\hat{X}_{b2}^3\hat{K}_{3b}\boldsymbol{\Phi}A = \hat{F} \quad (3.4.16)$$

式中：$\hat{X}_{b1}^3 = \begin{bmatrix} \hat{X}_1^3+2\hat{X}_1\hat{X}_2^2-\hat{X}_1^2\hat{X}_2\cos(\varphi_1-\varphi_2) & -\hat{X}_2^3-2\hat{X}_1^2\hat{X}_2+\hat{X}_1\hat{X}_2^2\cos(\varphi_1-\varphi_2) \\ 0 & \hat{X}_2^3 \end{bmatrix}$；

$\hat{X}_{b2}^3 = \begin{bmatrix} \hat{X}_1^2\hat{X}_2\sin(\varphi_1-\varphi_2) & \hat{X}_1\hat{X}_2^2\sin(\varphi_1-\varphi_2) \\ 0 & 0 \end{bmatrix}$。

经图3.10(b)所示的两自由度高静低动刚度隔振器后传递至基础的无量纲力 $\hat{f}_{tb}$ 为

$$\hat{f}_{tb} = 2w\xi_2\dot{\hat{x}}_2 + \alpha_2\hat{x}_2 + \beta_2\hat{x}_2^3 = \hat{K}_{tb1}\hat{x} + \hat{C}_t\dot{\hat{x}} + \hat{K}_{tb3}\hat{x}^3 \quad (3.4.17)$$

式中：$\hat{K}_{tb1} = \begin{bmatrix} 0 & \alpha_2 \end{bmatrix}; \hat{K}_{tb3} = \begin{bmatrix} 0 & \beta_2 \end{bmatrix}$。设 $\hat{f}_{tb} = \hat{F}_{tb}\cos(\omega t+\varphi_T)$，则 $\hat{F}_{tb}$ 满足下列方程

$$\hat{F}_{tb}\boldsymbol{\Phi}_T = \hat{K}_{tb1}\hat{X}\boldsymbol{\Phi} + \frac{3}{4}\hat{K}_{tb3}\hat{X}_a^3\boldsymbol{\Phi} - \omega\hat{C}_t\hat{X}\boldsymbol{\Phi}A \quad (3.4.18)$$

其中 $\boldsymbol{\Phi}_T = \begin{bmatrix} \cos\varphi_T & \sin\varphi_T \end{bmatrix}$。根据传递率的定义，图3.10(b)所示两自由度三弹簧型高静低动刚度隔振系统的力传递率为

$$T_{fb} = \hat{F}_{tb}/\hat{F} \quad (3.4.19)$$

考虑图3.10(c)所示的两自由度三弹簧型高静低动刚度隔振系统在简谐力激励下的运动微分方程为

$$m_1\ddot{x}_1 + c_1(\dot{x}_1-\dot{x}_2) + k_{v1}(x_1-x_2) + 2k_{h1}(1-\eta_1)x_1 + 2k_{h2}(1-\eta_{12})(x_1-x_2) = F\cos\Omega T$$
$$m_2\ddot{x}_2 - c_1\dot{x}_1 + (c_1+c_2)\dot{x}_2 + k_{v1}(x_2-x_1) + k_{v2}x_2 + 2k_{h2}(1-\eta_{12})(x_2-x_1) = 0$$

$$(3.4.20)$$

将上式化为矩阵形式

$$\boldsymbol{M}\ddot{\boldsymbol{x}}+\boldsymbol{C}\dot{\boldsymbol{x}}+\boldsymbol{K}_c(\boldsymbol{x})\boldsymbol{x}=\boldsymbol{f} \tag{3.4.21}$$

式中：$\boldsymbol{K}_c(\boldsymbol{x})=\begin{bmatrix} k_{v1}+2k_{h1}(1-\eta_1)+2k_{h2}(1-\eta_{12}) & -k_{v1}-2k_{h2}(1-\eta_{12}) \\ -k_{v1}-2k_{h2}(1-\eta_{12}) & k_{v1}+k_{v2}+2k_{h2}(1-\eta_{12}) \end{bmatrix}$。

将式(3.4.21)无量纲化可得

$$\hat{\boldsymbol{M}}\ddot{\hat{\boldsymbol{x}}}_c+\hat{\boldsymbol{C}}\dot{\hat{\boldsymbol{x}}}_c+\hat{\boldsymbol{K}}_{1c}\hat{\boldsymbol{x}}_c+\hat{\boldsymbol{K}}_{3c}\hat{\boldsymbol{x}}_c^3=\hat{\boldsymbol{f}} \tag{3.4.22}$$

式中：$\hat{\boldsymbol{K}}_{1c}=\begin{bmatrix} \alpha_1+\alpha_2-\hat{k}_{v2} & -1-\alpha_2+\hat{k}_{v2} \\ -1-\alpha_2+\hat{k}_{v2} & 1+\alpha_2 \end{bmatrix}$；$\hat{\boldsymbol{K}}_{3c}=\begin{bmatrix} \beta_1 & \beta_2 \\ 0 & -\beta_2 \end{bmatrix}$；$\hat{\boldsymbol{x}}_c=\begin{Bmatrix} \hat{x}_1 \\ \hat{x}_1-\hat{x}_2 \end{Bmatrix}$。

同样运用谐波平衡法对图 3.10(c)所示系统的动力学特性进行分析，将式(3.4.8)代入式(3.4.22)，并令各阶谐波系数等于零，可得系统的幅频特性方程

$$(\hat{\boldsymbol{K}}_{1c}-\omega^2\hat{\boldsymbol{M}})\hat{\boldsymbol{X}}\boldsymbol{\Phi}-\omega\hat{\boldsymbol{C}}\,\hat{\boldsymbol{X}}\,\boldsymbol{\Phi}_F\boldsymbol{A}+\frac{3}{4}\hat{\boldsymbol{X}}_{c1}^3\hat{\boldsymbol{K}}_{3c}\boldsymbol{\Phi}+\frac{3}{4}\hat{\boldsymbol{X}}_{c2}^3\hat{\boldsymbol{K}}_{3c}\boldsymbol{\Phi}\boldsymbol{A}=\hat{\boldsymbol{F}} \tag{3.4.23}$$

式中：$\hat{\boldsymbol{X}}_{c1}^3=\begin{bmatrix} \hat{X}_1^3 & 0 \\ \hat{X}_1^3+2\hat{X}_1\hat{X}_2^2-\hat{X}_1^2\hat{X}_2\cos(\varphi_1-\varphi_2) & -\hat{X}_2^3-2\hat{X}_1^2\hat{X}_2+\hat{X}_1\hat{X}_2^2\cos(\varphi_1-\varphi_2) \end{bmatrix}$；

$\hat{\boldsymbol{X}}_{c2}^3=\begin{bmatrix} 0 & 0 \\ \hat{X}_1^2\hat{X}_2\sin(\varphi_1-\varphi_2) & \hat{X}_1\hat{X}_2^2\sin(\varphi_1-\varphi_2) \end{bmatrix}$。

经图 3.10(c)所示的两自由度高静低动刚度隔振器后传递至基础的无量纲力 $\hat{f}_{tc}$ 为

$$\hat{f}_{tc}=2w\xi_2\dot{x}_2+(\alpha_1-1)x_1+\beta_1x_1^3+\hat{k}_{v2}x_2=\hat{\boldsymbol{K}}_{tc1}\hat{\boldsymbol{x}}+\hat{\boldsymbol{K}}_{tc3}\hat{\boldsymbol{x}}^3+\hat{\boldsymbol{C}}_t\dot{\hat{\boldsymbol{x}}} \tag{3.4.24}$$

式中：$\hat{\boldsymbol{K}}_{tc1}=\begin{bmatrix} \alpha_1-1 & \hat{k}_{v2} \end{bmatrix}$；$\hat{\boldsymbol{K}}_{tc3}=\begin{bmatrix} \beta_1 & 0 \end{bmatrix}$。设 $\hat{f}_{tc}=\hat{F}_{tc}\cos(\omega t+\varphi_T)$，则 $\hat{F}_{tc}$ 满足下列方程：

$$\hat{F}_{tc}\boldsymbol{\Phi}_T=\hat{\boldsymbol{K}}_{tc1}\hat{\boldsymbol{X}}\boldsymbol{\Phi}+\frac{3}{4}\hat{\boldsymbol{K}}_{tc3}\hat{\boldsymbol{X}}_a^3\boldsymbol{\Phi}-\omega\hat{\boldsymbol{C}}_t\hat{\boldsymbol{X}}\boldsymbol{\Phi}\boldsymbol{A} \tag{3.4.25}$$

根据传递率的定义，图 3.10(c)所示的两自由度三弹簧型高静低动刚度隔振系统的力传递率为

$$T_{fc}=\hat{F}_{tc}/\hat{F} \tag{3.4.26}$$

对于两自由度高静低动刚度隔振系统，去掉上、下两对斜弹簧，得到两自由度等效线性隔振系统如图 3.10(d)所示。简谐力激励下等效线性隔振系统的运动微分方程为

$$\begin{aligned} m_1\ddot{x}_1+c_1(\dot{x}_1-\dot{x}_2)+k_{v1}(x_1-x_2)&=F\cos\Omega T \\ m_2\ddot{x}_2+c_2\dot{x}_2-c_1(\dot{x}_1-\dot{x}_2)-k_{v1}(x_1-x_2)+k_{v2}x_2&=0 \end{aligned} \tag{3.4.27}$$

将上式化为矩阵形式并将其无量纲化得到

$$\hat{\boldsymbol{M}}\ddot{\hat{\boldsymbol{x}}}+\hat{\boldsymbol{C}}\dot{\hat{\boldsymbol{x}}}+\hat{\boldsymbol{K}}_{1d}\hat{\boldsymbol{x}}=\hat{\boldsymbol{f}} \tag{3.4.28}$$

式中：$\hat{\boldsymbol{K}}_{1d} = \begin{bmatrix} 1 & -1 \\ -1 & 1+\hat{k}_{v2} \end{bmatrix}$。

同样运用谐波平衡法，将式(3.4.8)代入式(3.4.28)，并令各阶谐波系数等于零，可得两自由度等效线性隔振系统的幅频特性方程

$$(\hat{\boldsymbol{K}}_{1d} - \omega^2 \hat{\boldsymbol{M}})\hat{\boldsymbol{X}}\boldsymbol{\Phi} + \omega \hat{\boldsymbol{C}}\hat{\boldsymbol{X}}\boldsymbol{\Phi A} = \hat{\boldsymbol{F}} \tag{3.4.29}$$

经图 3.10(d)所示的两自由度等效线性隔振器后传递至基础的无量纲力 $\hat{f}_{ld}$ 为

$$\hat{f}_{ld} = 2w\xi_2\dot{x}_2 + \hat{k}_{v2}x_2 \tag{3.4.30}$$

从而得到两自由度等效线性隔振系统的力传递率

$$T_{fd} = \sqrt{\hat{k}_{v2}^2 \hat{X}_2^2 + (2w\xi_2\omega)^2 \hat{X}_2^2}/\hat{F} \tag{3.4.31}$$

3.4.2 数值仿真分析

以图 3.10(a)所示的两自由度三弹簧型高静低动刚度隔振系统模型(以下简称 N-N 型隔振系统)为例，根据 3.4.1 节建立的解析模型，研究不同激励幅值 $\hat{F}$、质量比 w 和阻尼比 ξ_1、ξ_2 对 N-N 型隔振系统传递率的影响，并与对应两自由度等效线性隔振系统(以下简称 L-L 型隔振系统)进行对比。

当质量比 w 和阻尼比 ξ_1、ξ_2 一定时，激励幅值 $\hat{F}$ 对 N-N 型隔振系统的力传递率影响如图 3.11 所示。由图可知，随着激励幅值 $\hat{F}$ 的增加，N-N 型隔振系统的两阶共振频率及其对应的传递率峰值均增加，而 L-L 型隔振系统传递率不受激励幅值 $\hat{F}$ 的影响。在低频段，N-N 型隔振系统相比 L-L 型隔振系统传递率更大，当激励频率大于 N-N 型隔振系统第一阶共振频率后，N-N 型隔振系统的传递率小于 L-L 型隔振系统的传递率，这表明 N-N 型隔振系统相比 L-L 型隔振系统在高频段隔振效果更优越。

当激励幅值 $\hat{F}$ 和阻尼比 ξ_1、ξ_2 一定时，质量比 w 对 N-N 型隔振系统的力传递率影响如图 3.12 所示。由图可知，质量比 w 的递增使得 N-N 型隔振系统的第一阶共振频率及其对应的传递率峰值均减小，而第二阶共振频率及其对应传递率均增加；L-L 型隔振系统第一阶共振频率及其对应的传递率峰值均减小，第二阶共振频率减小，对应的传递率峰值却增加。这表明增加质量比 w 能拓宽 N-N 型隔振系统的隔振频带，但会降低第二阶共振频率附近的隔振性能。

当激励幅值 $\hat{F}$ 和质量比 w 一定时，阻尼比 ξ_1 和 ξ_2 对 N-N 型隔振系统的力传递率影响如图 3.13 所示。由图 3.13(a)可知，随着阻尼比 ξ_1 的增加，N-N 型隔振系统和 L-L 型隔振系统第一阶共振频率及其对应传递率峰值基本不变，而第二阶共振频率及其对应传递率峰值均减小，但高频段的力传递率却增加。由图 3.13(b)可知，随着阻尼比 ξ_2 的增加，N-N 型隔振系统第一阶共振频率及其对应传递率峰值均减小，第二阶共

第 3 章 高静低动刚度隔振系统力学特性

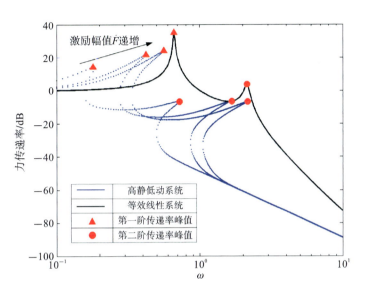

图 3.11 不同激励幅值下两自由度隔振系统的力传递率曲线

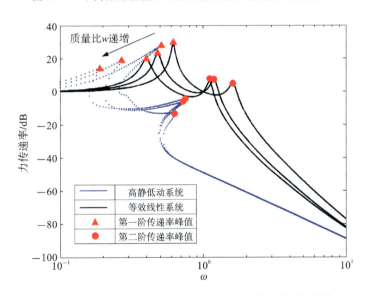

图 3.12 不同质量比下两自由度隔振系统的力传递率曲线

振频率减小,而对应传递率却增大;L-L 型隔振系统第一阶共振频率及其对应传递率峰值均减小,而第二阶共振频率及其对应传递率基本不变。这表明可适当增加阻尼比 ξ_1 来减小下层质量块的共振频率,通过减小阻尼比 ξ_2 来降低传递至基座的力。

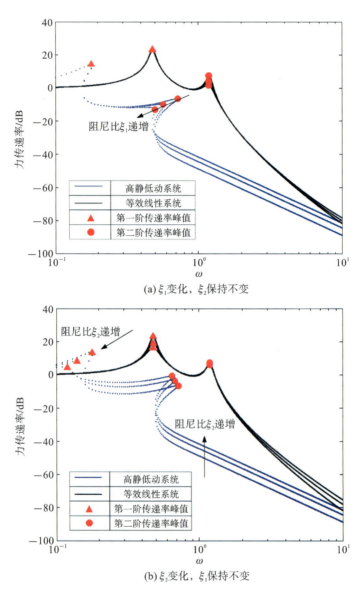

图 3.13 不同阻尼比下两自由度隔振系统的力传递率曲线

3.5 时滞对高静低动刚度隔振系统的影响分析

对于电磁体型高静低动刚度隔振系统而言,在实际的振动控制过程中,由于控制电路中不可避免地存在延迟,将使得控制系统产生具有相位偏差的信号,甚至使系统不稳定或者系统的振动增强。因此,有必要研究时滞对高静低动刚度隔振系统动态特性的影响。首先,建立时滞单自由度高静低动刚度隔振系统动力学方程,利用多尺度法研究时滞参数对系统主共振响应和力传递率的影响;然后,建立含时滞的两自由度高静低动刚度隔振系统动力学方程,利用摄动法求取时滞系统的近似解,分析时滞参数对系统动态特性的影响。

3.5.1 动力学建模

当参数可调式高静低动刚度隔振器开始工作时,圆球沿凸轮导轨上下滑动,如图3.14 所示。垂直弹簧刚度为 k,凸轮半径为 r_1,圆球头半径为 r_2。定义坐标 z 为从静平衡位置开始在竖直方向上的位移,向下为正。

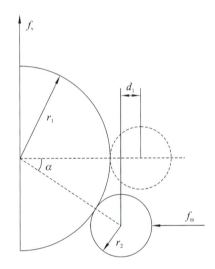

图 3.14 系统工作时凸轮球头位置示意图

根据第 2 章的研究结果,隔振系统的回复力可表示为

$$f(z) = mg - 4k(z_0 - z) - \frac{\mu_0 A N^2 I_1^2}{4}\left[\frac{1}{(h-z)^2} - \frac{1}{(h+z)^2}\right] - 2f_m \tan\alpha$$

(3.5.1)

式中:z_0 为竖直弹簧在平衡位置时的压缩量;I_1 为电磁正刚度结构中线圈通电电流;I_2 为电磁负刚度装置通电电流;α 为滚轮凸轮中心线与水平方向之间的夹角。

将 $\tan\alpha = z/\sqrt{(r_1+r_2)^2 - z^2}$ 代入式(3.5.1)中,可得

$$f(z) = mg - 4k(z_0 - z) - \frac{\mu_0 A N^2 I_1^2}{4}\left[\frac{1}{(h-z)^2} - \frac{1}{(h+z)^2}\right]$$

$$-\frac{2zw_1 e^{\frac{I_2}{w_2} \cdot \frac{d_0+(r_1+r_2)-\sqrt{(r_1+r_2)^2-z^2}}{w_3}}}{\sqrt{(r_1+r_2)^2 - z^2}}$$

(3.5.2)

式中:d_0 为系统处于静平衡位置时电磁负刚度两侧永磁体与螺旋线圈之间的距离。

对式(3.5.2)微分,可得系统的刚度表达式为

$$K(z) = 4k - \frac{\mu_0 A N^2 I_1^2}{4}\left[\frac{2}{(h-z)^3} + \frac{2}{(h+z)^3}\right]$$
$$- \frac{2z^2 w_1}{[(r_1+r_2)^2 - z^2]^{3/2}} e^{\frac{I_2}{w_2} \cdot \frac{d_0+(r_1+r_2)-\sqrt{(r_1+r_2)^2-z^2}}{w_3}}$$
$$- \frac{2w_1}{\sqrt{(r_1+r_2)^2-z^2}} e^{\frac{I_2}{w_2} \cdot \frac{d_0+(r_1+r_2)-\sqrt{(r_1+r_2)^2-z^2}}{w_3}}$$
$$+ \frac{2z^2 w_1}{[(r_1+r_2)^2-z^2]w_3} e^{\frac{I_2}{w_2} \cdot \frac{d_0+(r_1+r_2)-\sqrt{(r_1+r_2)^2-z^2}}{w_3}} \tag{3.5.3}$$

令 $z=0$ 和 $K=0$,可得系统达到准零刚度时应满足的条件为

$$4k - \frac{2w_1 e^{\frac{I_2}{w_2} \cdot \frac{d_0}{w_3}}}{r_1+r_2} - \frac{A\mu_0 N^2 I_1^2}{h^3} = 0 \tag{3.5.4}$$

如果 $I_1 = I_2 = 0$ 且系统参数满足式(3.5.4),此时隔振器可视为被动式准零刚度隔振器。假设当系统额定承载为 m 时,圆球与凸轮之间中心线恰好处于水平状态,即 $mg = 4kz_0$,电磁正刚度装置衔铁位于初始位置,系统达到静力平衡,此时电磁正刚度装置通电电流 $I_1 = 0$。若承载发生变化,可通过调节电磁正刚度装置电流,使得系统的工作点恢复至原平衡位置。额定荷载下,系统的回复力和刚度为

$$f(z) = 4kz - \frac{2z w_1 e^{\frac{I_2}{w_2} \cdot \frac{d_0+(r_1+r_2)-\sqrt{(r_1+r_2)^2-z^2}}{w_3}}}{\sqrt{(r_1+r_2)^2-z^2}} \tag{3.5.5}$$

$$K(z) = 4k - \frac{2z^2 w_1 e^{\frac{I_2}{w_2} \cdot \frac{d_0+(r_1+r_2)-\sqrt{(r_1+r_2)^2-z^2}}{w_3}}}{[(r_1+r_2)^2-z^2]^{3/2}} - \frac{2w_1 e^{\frac{I_2}{w_2} \cdot \frac{d_0+(r_1+r_2)-\sqrt{(r_1+r_2)^2-z^2}}{w_3}}}{\sqrt{(r_1+r_2)^2-z^2}}$$
$$+ \frac{2z^2 w_1 e^{\frac{I_2}{w_2} \cdot \frac{d_0+(r_1+r_2)-\sqrt{(r_1+r_2)^2-z^2}}{w_3}}}{[(r_1+r_2)^2-z^2]w_3}$$

(3.5.6)

设计的系统参数如下:$k=1500$ N/m,$d_0=0.005$ m,$r_1=0.045$ m,$r_2=0.006$ m。利用式(3.5.4)可计算得到系统达到准零刚度时,电磁负刚度装置中的电流为 $I_{2QZS}=3.56$ A。

图 3.15 展示了系统力、电流与位移的关系曲线。由图可知,随着通电电流的增大,系统的非线性越来越强。图 3.16 展示了系统刚度、电流与位移的关系曲线。从图中可得,当电流较小时,系统始终表现为正刚度;当电流增大达到 I_{2QZS} 时,系统在静平衡位置的刚度为零,其他区间内,刚度始终为正;当电流过大时,电磁负刚度装置在系统中起主导作用,导致系统在一定的区间内为负刚度。

第 3 章 高静低动刚度隔振系统力学特性

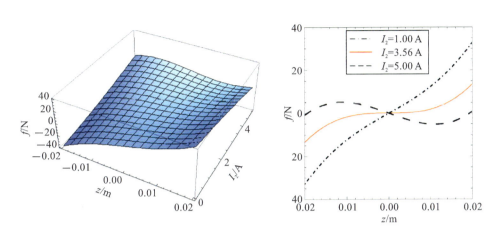

图 3.15 力、电流与位移的关系曲线

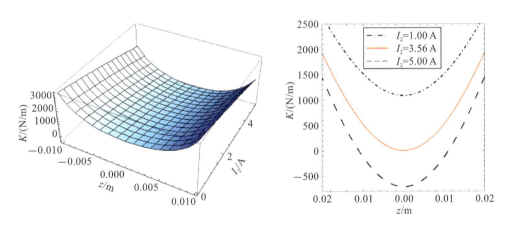

图 3.16 刚度、电流与位移的关系曲线

当系统在静平衡位置附近位移量较小时,可对式(3.5.6)在 $z=0$ 处进行泰勒级数展开。利用泰勒公式,可得

$$f(z) \approx az + bz^3 \tag{3.5.7}$$

$$K \approx a + 3bz^2 \tag{3.5.8}$$

式中:$a = 4k - \dfrac{2w_1}{r_1 + r_2} \mathrm{e}^{\frac{I_2}{w_2} - \frac{d_0}{w_3}}$;$b = \left[\dfrac{w_1}{w_3 (r_1 + r_2)^2} - \dfrac{w_1}{(r_1 + r_2)^3} \right] \mathrm{e}^{\frac{I_2}{w_2} - \frac{d_0}{w_3}}$。

系统力及刚度精确表达式与近似表达式对比曲线如图 3.17 所示。由图可知,随着位移的增大,力及刚度精确表达式与近似表达式之间的误差逐渐增大。当系统在静平衡位置处位移量较小时,精确表达式与近似表达式之间的误差较小,泰勒级数展开能够模拟精确表达式。

由系统在静平衡位置的近似表达式(3.5.7)可知,系统的力由线性项和非线性项组成。因此,高静低动刚度隔振系统中电流变化引起的时滞可等效为线性时滞项和非

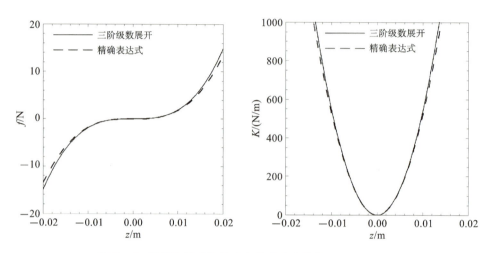

图 3.17 近似表达式与精确表达式对比曲线（$I_2 = 3.56$ A）

线性时滞项的组合，则含时滞的单自由度系统动力学方程可描述为

$$M\ddot{Z}(T) + c\dot{Z}(T) + aZ(T) + bZ^3(T) + K_2 Z(T-\delta) + K_1 Z^3(T-T_d) = F_h \cos\Omega T$$

（3.5.9）

式中：K_1、K_2 为时滞项系数；T_d 为时滞。引入无量纲参数：$\Omega_0 = \sqrt{a/M}$，$\Omega = \Omega_0 \omega$，$\hat{\xi} = c/\sqrt{Ma}$，$t = \Omega_0 T$，$\hat{f} = F_h/(az_0)$，$\hat{\gamma} = (bz_0^2)/a$，$\hat{k}_1 = (K_1 z_0^2)/a$，$\hat{k}_2 = K_2/a$。可得：

$$\ddot{z}(t) + \hat{\xi}\dot{z}(t) + z(t) + \hat{\gamma} z^3(t) + \hat{k}_1 z^3(t-\tau) + \hat{k}_2 z(t-\tau) = \hat{f}_0 \cos\omega t$$

（3.5.10）

考虑柔性基础的两自由度可调式高静低动刚度隔振系统模型，如图 3.18 所示。

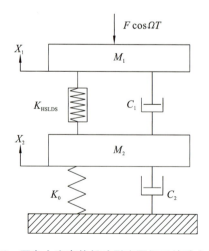

图 3.18 两自由度高静低动刚度隔振系统动力学模型

该模型包括上下层质量块 M_1、M_2，上层为高静低动刚度隔振器，其刚度为 K_{HSLDS}，阻尼为 C_1，下层弹簧元件，其刚度为 K_0，阻尼为 C_2，上下层质量块的振动位移分别为 X_1、X_2，外界激励力的幅值为 F，激励频率为 Ω。

含有时滞的两自由度高静低动刚度隔振系统动力学方程为

$$\begin{aligned}&M_1\ddot{X}_1 + C_1(\dot{X}_1 - \dot{X}_2) + a(X_1 - X_2) + b(X_1 - X_2)^3 + 4kz_0 \\ &\quad + K_2(X_1 - X_2)_\tau + K_1(X_1 - X_2)_\tau^3 = F\cos\Omega T + M_1 g \\ &M_2\ddot{X}_2 - C_1(\dot{X}_1 - \dot{X}_2) - a(X_1 - X_2) - b(X_1 - X_2)^3 - 4kz_0 \\ &\quad + C_2\dot{X}_2 + K_0 X_2 - K_2(X_1 - X_2)_\tau - K_1(X_1 - X_2)_\tau^3 = M_2 g\end{aligned} \quad (3.5.11)$$

引入以下无量纲参数：$\hat{\mu} = M_1/M_2$，$t = \Omega_0 T$，$\omega = \Omega/\Omega_0$，$\Omega_0 = \sqrt{a/M_1}$，$x_1 = X_1/z_0$，$x_2 = X_2/z_0$，$\hat{\xi}_1 = C_1/M_1\Omega_0$，$\hat{\xi}_2 = C_2/M_2\Omega_0$，$\hat{f}_0 = F/az_0$，$\hat{k}_0 = K_0/a$，$\hat{k}_2 = K_2/a$，$\hat{k}_1 = K_1 z_0^2/a$，$\hat{\gamma} = bz_0^2/a$，$\hat{\chi} = (M_2 g + M_1 g)/M_2 z_0 \Omega_0^2$。

系统的无量纲运动微分方程为

$$\begin{aligned}&\ddot{x}_1 + \hat{\xi}_1(\dot{x}_1 - \dot{x}_2) + v_1^2(x_1 - x_2) + \hat{\gamma}(x_1 - x_2)^3 + \hat{k}_2(x_1 - x_2)_\tau \\ &\quad + \hat{k}_1(x_1 - x_2)_\tau^3 = \hat{f}_0 \cos\omega t \\ &\ddot{x}_2 - \hat{\mu}\hat{\xi}_1(\dot{x}_1 - \dot{x}_2) - \hat{\mu}(x_1 - x_2) - \hat{\mu}\hat{\gamma}(x_1 - x_2)^3 + \hat{\xi}_2\dot{x}_2 + v_2^2 x_2 \\ &\quad - \hat{\mu}\hat{k}_2(x_1 - x_2)_\tau - \hat{\mu}\hat{k}_1(x_1 - x_2)_\tau^3 = \hat{\chi}\end{aligned} \quad (3.5.12)$$

其中

$$v_1 = 1, \quad v_2 = \sqrt{\hat{\mu}\hat{k}_0}$$

令 $x_1 - x_2 = z_1$，$x_2 = z_2$，因此得到

$$\begin{aligned}&\ddot{z}_1 + \ddot{z}_2 + \hat{\xi}_1\dot{z}_1 + v_1^2 z_1 + \hat{\gamma} z_1^3 + \hat{k}_2 z_{1\tau} + \hat{k}_1 z_{1\tau}^3 = \hat{f}_0 \cos\omega t \\ &\ddot{z}_2 - \hat{\mu}\hat{\xi}_1\dot{z}_1 - \hat{\mu} z_1 - \hat{\mu}\hat{\gamma} z_1^3 + \hat{\xi}_2\dot{z}_2 + v_2^2 z_2 - \hat{\mu}\hat{k}_2 z_{1\tau} - \hat{\mu}\hat{k}_1 z_{1\tau}^3 = \hat{\chi}\end{aligned} \quad (3.5.13)$$

3.5.2 时滞对单自由度高静低动刚度隔振系统的影响

1. 主共振响应分析

利用多尺度法对系统的主共振响应进行分析，引入以下标度

$$\hat{\xi} = \varepsilon\xi, \quad \hat{k}_2 = \varepsilon k_2, \quad \hat{k}_1 = \varepsilon k_1, \quad \hat{\gamma} = \varepsilon\gamma, \quad \hat{f}_0 = \varepsilon f_0, \quad \omega^2 = 1 + \varepsilon\sigma \quad (3.5.14)$$

式中：ε 为小扰动参数；σ 为调谐参数。将式(3.5.14)代入式(3.5.10)，可得

$$\ddot{z}(t) + \varepsilon\xi\dot{z}(t) + (\omega^2 - \varepsilon\sigma)z(t) + \varepsilon\gamma z^3(t) + \varepsilon k_1 z^3(t-\tau) + \varepsilon k_2 z(t-\tau) = \varepsilon f_0 \cos\omega t \quad (3.5.15)$$

设式(3.5.15)的一阶近似解形式为

$$z(t) = z_0(t_0, t_1) + \varepsilon z_1(t_0, t_1) \quad (3.5.16)$$

式中：$t_0 = t$ 为快变时间尺度；$t_1 = \varepsilon t$ 为慢变时间尺度。则有微分算子

$$\frac{\mathrm{d}}{\mathrm{d}t} = \frac{\partial}{\partial t_0} + \frac{\partial}{\partial t_1} = D_0 + \varepsilon D_1 + O(\varepsilon^2) \tag{3.5.17}$$

$$\frac{\mathrm{d}^2}{\mathrm{d}t^2} = D_0^2 + 2\varepsilon D_0 D_1 + O(\varepsilon^2) \tag{3.5.18}$$

将式(3.5.16)、式(3.5.17)和式(3.5.18)代入式(3.5.15),令 ε 同次幂的系数相等,对 ε^0 可得

$$(D_0^2 + \omega^2) z_0(t_0, t_1) = 0 \tag{3.5.19}$$

对 ε^1 可得

$$(D_0^2 + \omega^2) z_1(t_0, t_1) = f_0 \cos\omega t_0 - \gamma z_0^3(t_0, t_1) - k_1 z^3(t_0 - \tau) - k_2 z(t_0 - \tau)$$
$$- z_0(t_0, t_1)(2D_0 D_1 + \xi D_0 - \sigma) \tag{3.5.20}$$

式(3.5.19)的通解可表示为

$$z_0(t_0, t_1) = A(t_1) \mathrm{e}^{\mathrm{i}\omega t_0} + \overline{A}(t_1) \mathrm{e}^{-\mathrm{i}\omega t_0} \tag{3.5.21}$$

将式(3.5.21)代入式(3.5.20)中,可得

$$(D_0^2 + \omega^2) z_1(t_0, t_1) = \left[\frac{1}{2} f_0 - 3k_1 A^2(t_1) \overline{A}(t_1)(\cos\omega\tau - \mathrm{i}\sin\omega\tau)\right.$$
$$- k_2(\cos\omega\tau - \mathrm{i}\sin\omega\tau) A(t_1) - 3\gamma A^2(t_1) \overline{A}(t_1) - D_0 \xi A(t_1)$$
$$\left. - 2D_0 D_1 A(t_1) + \sigma A(t_1)\right] \mathrm{e}^{\mathrm{i}\omega t_0} - \gamma A^3(t_1) \mathrm{e}^{3\mathrm{i}\omega t_0} + cc \tag{3.5.22}$$

式中: $A(t_1)$ 为未确定函数; $\mathrm{i} = \sqrt{-1}$; cc 代表前面各项的共轭复数。消除永年项,则可得

$$\frac{1}{2} f_0 - 3k_1 A^2(t_1) \overline{A}(t_1)(\cos\omega\tau - \mathrm{i}\sin\omega\tau) - k_2(\cos\omega\tau - \mathrm{i}\sin\omega\tau) A(t_1)$$
$$- 3\gamma A^2(t_1) \overline{A}(t_1) - \mathrm{i}\omega\xi A(t_1) - 2\mathrm{i}\omega D_1 A(t_1) + \sigma A(t_1) = 0 \tag{3.5.23}$$

令 $A(t_1) = \frac{1}{2} a(t_1) \mathrm{e}^{\mathrm{i}\phi(t_1)}$,代入式(3.5.23),将实部与虚部分开,可得

$$a'(t_1) = \frac{-4 f_0 \sin\phi + 3k_1 a^3 \sin\omega\tau + 4a(-\xi\omega + k_2 \sin\omega\tau)}{8\omega} \tag{3.5.24}$$

$$a\phi'(t_1) = \frac{-4 f_0 \cos\phi + 3a^3(\gamma + k_1 \cos\omega\tau) - 4a(\sigma - k_2 \cos\omega\tau)}{8\omega} \tag{3.5.25}$$

主共振响应在稳态时,有 $a\phi'(t_1) = a'(t_1) = 0$,即

$$3k_1 a^3 \sin\omega\tau + 4a(-\xi\omega + k_2 \sin\omega\tau) = 4 f_0 \sin\phi \tag{3.5.26}$$

$$3a^3(\gamma + k_1 \cos\omega\tau) - 4a(\sigma - k_2 \cos\omega\tau) = 4 f_0 \cos\phi \tag{3.5.27}$$

联立式(3.5.26)和式(3.5.27),可得系统主共振幅频特性关系

$$\left[a(\omega^2-1)-\frac{3}{4}a^3(\gamma+k_1\cos\omega\tau)-ak_2\cos\omega\tau\right]^2+\left(a\omega\xi-\frac{3}{4}k_1a^3\sin\omega\tau-k_2a\sin\omega\tau\right)^2=f_0^2$$
(3.5.28)

由式(3.5.28)可知,时滞系统的主共振响应方程在形式上与无时滞系统完全一致,只不过其中的参数将受时滞参数的影响而发生改变。引入等效共振频率 ω_q^2 和等效阻尼比 ξ_q 来分析时滞参数对系统主共振响应的影响

$$\omega_q^2=1+\frac{3}{4}a^2\gamma+\frac{3}{4}a^2k_1\cos\omega\tau+k_2\cos\omega\tau,\quad \xi_q=\xi-\frac{3}{4\omega}k_1a^2\sin\omega\tau-\frac{k_2}{\omega}\sin\omega\tau$$
(3.5.29)

当时滞 $\tau=0$ 时,则时滞项系数将仅存在于等效共振频率这项中,代入式(3.5.29)简化可得

$$\omega_q^2=1+\frac{3}{4}a^2\gamma+\frac{3}{4}a^2k_1+k_2,\quad \xi_q=\xi \tag{3.5.30}$$

此时,时滞项系数的存在将会造成系统共振频率和共振峰值发生变化。当时滞系数不为零时,式(3.5.29)应该满足以下不等式

$$\begin{cases} 1+\dfrac{3}{4}a^2\gamma-\dfrac{3}{4}a^2k_1-k_2 \leqslant \omega_q^2 \leqslant 1+\dfrac{3}{4}a^2\gamma+\dfrac{3}{4}a^2k_1+k_2 \\ \xi-\dfrac{3}{4\omega}k_1a^2-\dfrac{k_2}{\omega} \leqslant \xi_q \leqslant \xi+\dfrac{3}{4\omega}k_1a^2+\dfrac{k_2}{\omega} \end{cases} \tag{3.5.31}$$

由式(3.5.31)可知,当系统存在时滞且时滞项系数一定时,系统等效共振频率 ω_q^2 将会随时滞的增大而逐渐减小,等效阻尼比 ξ_q 将在时滞处于某些区域时增大,而在另外一些区域内减小,系统的隔振性能将会随之发生改变。系统参数为 $\hat{\xi}=0.2$、$\hat{\gamma}=1$、$f_0=2$ 时,不同时滞参数对系统主共振幅频响应的影响如图 3.19 所示。

由图 3.19 可知,当时滞 τ 为零时,与无时滞系统相比,随着时滞项系数的增大,等

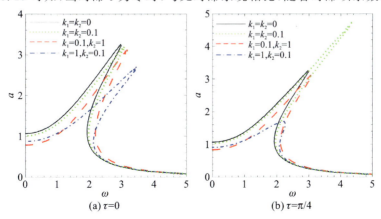

图 3.19 不同时滞参数下系统的主共振幅频曲线

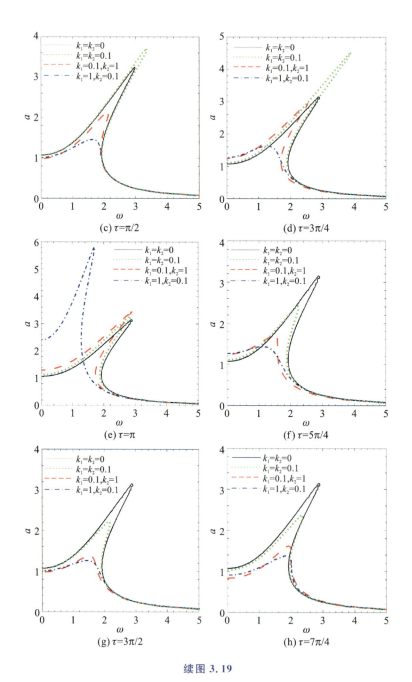

续图 3.19

效共振频率 ω_q^2 逐渐增大,系统最大响应幅值降低,此时等效共振频率 ω_q^2 对主共振峰值起主导作用。当时滞 τ 为 $(0,\pi)$ 时,等效共振频率 ω_q^2 和等效阻尼比 ξ_q 都将随时滞项系数的增大而减小,当时滞项系数较小时,等效阻尼比 ξ_q 对系统主共振的影响占主导作用,使得系统最大响应峰值与无时滞系统相比更大,隔振性能降低,当时滞项系数增

第3章 高静低动刚度隔振系统力学特性

大时,等效共振频率 ω_q^2 将对主共振峰值起主导作用,使得主共振的最大响应峰值减少,此时系统的隔振性能更好。当时滞 τ 为 π 时,此时等效共振频率 ω_q^2 将对主共振峰值起主导作用,随着时滞项系数的增大,等效共振频率 ω_q^2 和最大响应峰值均将减小,此时系统的隔振性能较差。当时滞 τ 为 $(\pi, 7\pi/4]$ 时,相对于无时滞系统而言,等效阻尼比 ξ_q 随着时滞项系数的增大将不断增大,此时等效阻尼比 ξ_q 对系统主共振的影响占主导作用,最大响应幅值以及等效共振频率 ω_q^2 均比无时滞系统的小,此时系统的隔振性能更好。

不同时滞项系数下,系统的主共振幅值 a 与时滞 τ 之间的关系曲线如图 3.19 所示。由式(3.5.28)可知,当系统参数及激励幅值和激励频率固定时,主共振幅值 a 是关于时滞 τ 的周期函数。由图 3.20(a) 和图 3.20(b) 可知,对于激励频率取 1 时,时滞 τ 所对应的幅值仅有一个值,当时滞系数一定时,前半个周期内,主共振幅值 a 随着时滞 τ 的增大而增大;后半个周期内,主共振幅值 a 随着时滞 τ 的增大而减小。当激励频率取 1.8,且时滞系数均较小时,仅有唯一值 a 与时滞 τ 对应,当时滞项系数开始变化时,出现一个时滞对应多个主共振幅值的现象,如图 3.20(c) 和图 3.20(d) 所示。

同时由图 3.19 和图 3.20 可知,当系统的时滞 τ 一定时,非线性时滞系数 k_1 的变化对系统主共振响应的影响大于线性时滞项系数 k_2 变化造成的影响,即主共振幅值 a 随非线性时滞项系数 k_1 变化更加明显。

对系统主共振响应的稳定性进行分析,将式(3.5.24)和式(3.5.25)对幅值 a 及相位 ϕ 进行线性化,可得

$$\begin{cases} D_1 \Delta a = \left(\dfrac{9k_1 a^2 \sin\omega\tau}{8\omega} + \dfrac{k_2 \sin\omega\tau}{2\omega} - \dfrac{\xi}{2} \right) \Delta a - \dfrac{f_0 \cos\phi}{2\omega} \Delta\phi \\ D_1 \Delta\phi = \left(\dfrac{6a(\gamma + k_1 \cos\omega\tau)}{8\omega} + \dfrac{f_0 \cos\phi}{2\omega a^2} \right) \Delta a + \dfrac{f_0 \sin\phi}{2\omega a} \Delta\phi \end{cases} \quad (3.5.32)$$

式(3.5.32)的特征方程为

$$\det \begin{vmatrix} \lambda - \left(\dfrac{9k_1 a^2 \sin\omega\tau}{8\omega} + \dfrac{k_2 \sin\omega\tau}{2\omega} - \dfrac{\xi}{2} \right) & \dfrac{f_0 \cos\phi}{2\omega} \\ -\left(\dfrac{6a(\gamma + k_1 \cos\omega\tau)}{8\omega} + \dfrac{f_0 \cos\phi}{2\omega a^2} \right) & \lambda - \dfrac{f_0 \sin\phi}{2\omega a} \end{vmatrix} = 0 \quad (3.5.33)$$

将式(3.5.26)和式(3.5.27)代入式(3.5.33)可得

$$\lambda^2 + R_1 \lambda + R_2 = 0 \quad (3.5.34)$$

式中:$R_1 = \xi - \dfrac{3k_1 a^2 \sin\omega\tau}{2\omega} - \dfrac{k_2 \sin\omega\tau}{\omega}$;$R_2 \doteq \left(\dfrac{9k_1 a^2 \sin\omega\tau}{8\omega} + \dfrac{k_2 \sin\omega\tau}{2\omega} - \dfrac{\xi}{2} \right) \dfrac{3k_1 a^2 \sin\omega\tau}{8\omega} + \dfrac{4(-\xi\omega + k_2 \sin\omega\tau)}{8\omega} + \left(\dfrac{9a(\gamma + k_1 \cos\omega\tau)}{8\omega} - \dfrac{\sigma - k_2 \cos\omega\tau}{2\omega a} \right) \dfrac{3a^2(\gamma + k_1 \cos\omega\tau)}{8\omega} - \dfrac{4(\sigma - k_2 \cos\omega\tau)}{8\omega}$。

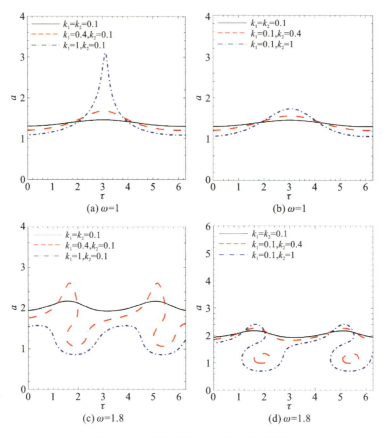

图 3.20 主共振幅值随时滞变化的曲线

根据劳斯-赫尔维茨(Routh-Hurwitz)稳定性判据,当系统参数满足 $R_1 > 0$ 且 $R_2 > 0$ 时,主共振响应稳定;当系统参数满足 $R_1 = 0$ 时,特征方程的解为一对纯虚根,此时系统将产生 Hopf 分岔;当系统参数满足 $R_1 < 0$ 且 $R_2 > 0$ 时,系统共振响应不稳定;当系统参数满足 $R_2 < 0$ 时,系统共振响应不稳定。

系统参数为 $\hat{\xi} = 0.2$、$\hat{\gamma} = 1$、$f_0 = 2$,时滞系数为 $k_1 = k_1 = 0.2$,取不同时滞 τ 时,系统主共振响应稳定的边界条件如图 3.21 所示。图中黄色部分表示条件 $R_2 < 0$ 时的不稳定区域,灰色部分表示条件 $R_1 < 0$ 时的不稳定区域。当时滞 τ 为 0 时,R_1 始终大于零,此时系统主共振响应存在的不稳定区域由 $R_2 < 0$ 决定;当时滞 τ 为 $\pi/4$ 时,此时系统主共振响应存在的不稳定区域由 $R_1 < 0$ 和 $R_2 < 0$ 共同决定;当时滞 τ 为 $\pi/2$ 时,在选定的频率范围内,主共振响应曲线并未与灰色区域产生交集,所以此时系统主共振响应存在的不稳定区域由 $R_2 < 0$ 决定;当时滞 τ 为 $3\pi/4$ 时,在选定的频率范围内,主共振响应曲线出现闭环的幅频曲线,该闭环曲线上支部分落入灰色区域,下支完全落入黄色及灰色区域,此时系统主共振响应存在的不稳定区域由 $R_1 < 0$ 和 $R_2 < 0$ 共

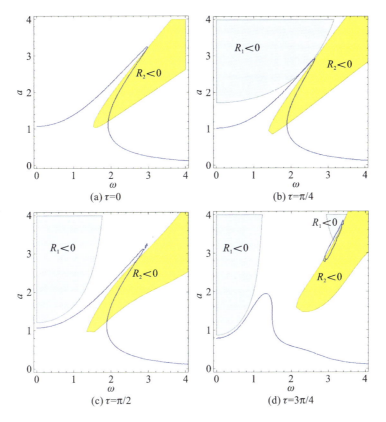

图 3.21 不同时滞 τ 下系统的主共振响应稳定区域

同决定。

2. 力传递率分析

一般而言,用力传递率指标来评估隔振系统的隔振性能。考虑含有时滞项的单自由度高静低动刚度隔振系统传递到基础的传递力可表示为

$$f_{\mathrm{DT}} = \hat{\xi}\dot{z}(t) + z(t) + \hat{\gamma}z^3(t) + \hat{k}_1 z^3(t-\tau) + \hat{k}_2 z(t-\tau) \quad (3.5.35)$$

将式(3.5.18)代入式(3.5.32),可得

$$f_{\mathrm{DT}} = \sqrt{\left(a + \frac{3}{4}a^3(\gamma + k_1 \cos\omega\tau) + ak_2 \cos\omega\tau\right)^2 + \left(a\omega\xi - \frac{3}{4}k_1 a^3 \sin\omega\tau - k_2 a \sin\omega\tau\right)^2} \quad (3.5.36)$$

则系统的力传递率为

$$T_{\mathrm{D}} = \frac{f_{\mathrm{DT}}}{\hat{f}_0} = \sqrt{\frac{\left(a + \frac{3}{4}a^3(\gamma + k_1 \cos\omega\tau) + ak_2 \cos\omega\tau\right)^2 + \left(a\omega\xi - \frac{3}{4}k_1 a^3 \sin\omega\tau - k_2 a \sin\omega\tau\right)^2}{\hat{f}_0^2}}$$

$$(3.5.37)$$

由式(3.5.37)可以看出，含时滞的高静低动刚度隔振系统力传递率不仅与系统参数有关，还将随着外界激励幅值及时滞参数的变化而变化。这是因为时滞系统主共振响应的幅值与激励力和时滞参数均有关系。本节研究重点是时滞参数所产生的影响，因此下面主要针对时滞 τ 及时滞系数 (k_1, k_2) 变化对系统力传递率 T_D 的影响来进行数值仿真。

当系统参数为 $\hat{\xi} = 0.2$、$\hat{\gamma} = 1$、$\hat{f}_0 = 2$、$\tau = 0$ 时，观察无时滞条件下时滞系数 (k_1, k_2) 对高静低动刚度隔振系统力传递率 T_D 的影响，如图3.22所示。当系统无时滞时，力传递率曲线向右弯曲明显，存在跳跃现象。随着时滞系数的增加，系统的跳上频率与跳下频率均增大，隔振频带变窄，说明此时隔振性能有所降低，但是相对于等效线性系统，隔振性能依然具有优势。值得注意的是，当线性时滞项占主要地位时，系统跳跃区间变窄，而非线性时滞项占主要地位时，跳跃区间变宽。

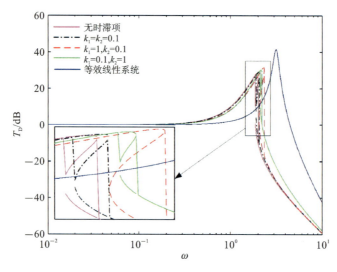

图3.22 $\tau = 0$ 时，不同时滞系数下系统的力传递率

当系统参数为 $\hat{\xi} = 0.2$、$\hat{\gamma} = 1$、$\hat{f}_0 = 2$、$k_1 = k_2 = 0.5$ 时，观察时滞 τ 对高静低动刚度隔振系统力传递率 T_D 的影响，如图3.23所示。当时滞 τ 为零时，相对于无时滞系统，系统的跳上频率与跳下频率均增大，隔振频带变窄，隔振性能有所降低。当时滞 τ 为 $\pi/4$ 时，系统的力传递率曲线向右弯曲程度变大，系统跳跃区间变宽，隔振频带变窄，系统隔振性能进一步恶化。而当时滞 τ 进一步增大到 $3\pi/4$ 时，与无时滞系统相比，系统的跳上频率与跳下频率均减小，从而导致有效隔振频带变宽，隔振性能变好。

综合以上分析，时滞系数 (k_1, k_2) 将会降低系统的隔振性能，而时滞 τ 对起始隔振频率及力传递率的峰值均产生较大影响，使得系统隔振性能发生变化。

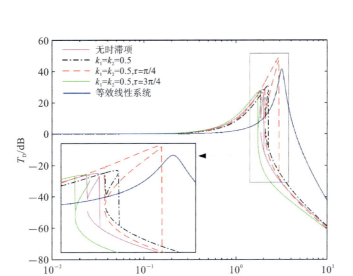

图 3.23 $k_1=k_2=0.5$ 时,不同时滞系统的力传递率

3.5.3 时滞对两自由度高静低动刚度隔振系统的影响

1. 平衡解及其稳定性

采用多尺度法分析系统(3.5.13)的解析解,为了便于分析,假设

$$\hat{\mu}=\varepsilon\mu,\quad \hat{\xi}_1=\varepsilon\xi_1,\quad \hat{\xi}_2=\varepsilon\xi_2,\quad \hat{f}_0=\varepsilon f_0,\quad \hat{\chi}=\varepsilon\chi,\quad \hat{k}=\varepsilon k,\quad \hat{\gamma}=\varepsilon\gamma \tag{3.5.38}$$

其中 $0<\varepsilon\leqslant 1$。

设方程(3.5.13)二次近似解的形式为

$$z_1(t,\varepsilon)=z_{10}(t_0,t_1)+\varepsilon z_{11}(t_0,t_1)+O(\varepsilon^2) \tag{3.5.39}$$

$$z_2(t,\varepsilon)=z_{20}(t_0,t_1)+\varepsilon z_{21}(t_0,t_1)+O(\varepsilon^2) \tag{3.5.40}$$

$$z_{1\tau}(t,\varepsilon)=z_{10\tau}(t_0,t_1)+\varepsilon z_{11\tau}(t_0,t_1)+O(\varepsilon^2) \tag{3.5.41}$$

其中 $t_n=\varepsilon^n t(n=0,1)$。$t_0=t$ 为快变时间尺度,$t_1=\varepsilon t$ 为慢变时间尺度,关于时间的导数可表示为

$$\frac{\mathrm{d}}{\mathrm{d}t}=D_0+\varepsilon D_1+O(\varepsilon^2) \tag{3.5.42}$$

$$\frac{\mathrm{d}^2}{\mathrm{d}t^2}=D_0^2+2\varepsilon D_0 D_1+O(\varepsilon^2) \tag{3.5.43}$$

其中,$D_k=\dfrac{\partial}{\partial t_k}(k=0,1)$。

将式(3.5.38)~式(3.5.43)代入式(3.5.13),并使同次幂 ε 的系数相等,对 ε^0 可得

$$v_1^2 z_{10}(t_0,t_1)+D_0^2[z_{10}(t_0,t_1)+z_{20}(t_0,t_1)]=0 \tag{3.5.44}$$

$$(D_0^2 + v_2^2)z_{20}(t_0,t_1) = 0 \qquad (3.5.45)$$

对 ε^1 可得

$$D_0^2[z_{11}(t_0,t_1)+z_{21}(t_0,t_1)]+v_1^2 z_{11}(t_0,t_1) = -2D_0 D_1[z_{10}(t_0,t_1)+z_{20}(t_0,t_1)]$$
$$-\xi_1 D_0 z_{10}(t_0,t_1) - k_2 z_{10\tau}(t_0,t_1)$$
$$-k_1 z_{10\tau}^3(t_0,t_1) - \gamma z_{10}^3(t_0,t_1) + f_0\cos\omega t$$
$$(3.5.46)$$

$$D_0^2 z_{21}(t_0,t_1)+v_2^2 z_{21}(t_0,t_1) = -z_{20}(t_0,t_1)[D_0(2D_1+\xi_2)]+\mu z_{10}(t_0,t_1)+\chi$$
$$(3.5.47)$$

式(3.5.44)和式(3.5.45)的通解设为

$$z_{10}(t_0,t_1) = B(t_1)\mathrm{e}^{\mathrm{i}v_1 t_0} + C(t_1)\mathrm{e}^{\mathrm{i}v_2 t_0} + cc \qquad (3.5.48)$$

$$z_{20}(t_0,t_1) = A(t_1)\mathrm{e}^{\mathrm{i}v_2 t_0} + cc \qquad (3.5.49)$$

式中：$A(t_1)$、$B(t_1)$ 均为未确定函数；$\mathrm{i}=\sqrt{-1}$；$C(t_1) = \dfrac{v_2^2}{v_1^2-v_2^2}A(t_1)$；$cc$ 代表等号右边各项的共轭复数。

外界激励及时滞项的复数形式可表示为

$$f_0\cos\omega t = \frac{1}{2}f_0 \mathrm{e}^{\mathrm{i}\omega t_0} + cc \qquad (3.5.50)$$

$$z_{10\tau}(t_0,t_1) = B_\tau(t_1)\mathrm{e}^{\mathrm{i}v_1(t_0-\tau)}+C_\tau(t_1)\mathrm{e}^{\mathrm{i}v_2(t_0-\tau)}+cc \qquad (3.5.51)$$

在 τ 和 ξ 都很小的情况下，$B_\tau(t_1)$ 和 $C_\tau(t_1)$ 由泰勒级数展开成以下形式

$$B_\tau(t_1) = B(t_1) - \xi\tau B'(t_1) + \frac{1}{2}\xi^2\tau^2 B''(t_1) + \cdots \qquad (3.5.52)$$

$$C_\tau(t_1) = C(t_1) - \xi\tau C'(t_1) + \frac{1}{2}\xi^2\tau^2 C''(t_1) + \cdots \qquad (3.5.53)$$

考虑系统主共振和 1:1 内共振同时发生时的动力学行为，引入解谐参数 σ_0 和 σ_1 表示偏差值。其中 σ_0 表示外共振偏差值，σ_1 表示内共振偏差值，则有

$$\omega = v_1 + \varepsilon\sigma_0 \qquad (3.5.54)$$

$$v_2 = v_1 + \varepsilon\sigma_1 \qquad (3.5.55)$$

将式(3.5.48)~式(3.5.51)代入式(3.5.46)和式(3.5.47)，可得

$$D_0^2[z_{11}(t_0,t_1)+z_{21}(t_0,t_1)]+v_1^2 z_{11}(t_0,t_1) = -\{3\gamma B^2(t_1)\overline{B}(t_1)+6\gamma B(t_1)C(t_1)\overline{C}(t_1)$$
$$+2D_0 D_1 B(t_1)+\xi_1 D_0 B(t_1)+\mathrm{e}^{\mathrm{i}\xi t_0\sigma_1}[6\gamma B(t_1)C(t_1)\overline{B}(t_1)+3\gamma C^2(t_1)\overline{C}(t_1)+2D_0 D_1 A(t_1)$$
$$+2D_0 D_1 C(t_1)+\xi_1 D_0 C(t_1)]+3\gamma C^2(t_1)\overline{B}(t_1)\mathrm{e}^{2\mathrm{i}\xi t_0\sigma_1}-3\gamma B^2(t_1)\overline{C}(t_1)\mathrm{e}^{-\mathrm{i}\xi t_0\sigma_1}-\frac{f_0 \mathrm{e}^{\mathrm{i}t_1\sigma_0}}{2}$$
$$+k_1[3B^2(t_1)\overline{B}(t_1)\mathrm{e}^{-\mathrm{i}\tau v_1}+6B(t_1)C(t_1)\overline{B}(t_1)\mathrm{e}^{-\mathrm{i}\tau v_1-\mathrm{i}\xi t_0\sigma_1}+6B(t_1)C(t_1)\overline{C}(t_1)\mathrm{e}^{-\mathrm{i}\tau v_1}$$
$$+3C^2(t_1)\overline{B}(t_1)\mathrm{e}^{-\mathrm{i}\tau v_1-2\mathrm{i}\xi t_0\sigma_1+2\mathrm{i}\xi t_0\sigma_1}+3B^2(t_1)\overline{C}(t_1)\mathrm{e}^{-\mathrm{i}\tau v_1+\mathrm{i}\xi t_0\sigma_1-\mathrm{i}\xi t_0\sigma_1}+3C^2(t_1)\overline{C}(t_1)\mathrm{e}^{-\mathrm{i}\tau v_1-\mathrm{i}\xi t_0\sigma_1+\mathrm{i}\xi t_0\sigma_1}]$$

$$+ k_2 [B(t_1) \mathrm{e}^{-\mathrm{i} v_1} + C(t_1) \mathrm{e}^{-\mathrm{i} v_1 - \mathrm{i} \xi t_0 \sigma_1 + \mathrm{i} \xi t_0 \sigma_1}] \} \mathrm{e}^{\mathrm{i} t_0 v_1} + NN + cc \tag{3.5.56}$$

$$D_0^2 z_{21}(t_0, t_1) + v_2^2 z_{21}(t_0, t_1) = \chi + \mathrm{e}^{\mathrm{i} v_2 t_0} [\mu C(t_1) + 2 D_0 D_1 A(t_1) + \xi_2 D_2 A(t_1)] $$
$$+ \mu B(t_1) \mathrm{e}^{\mathrm{i} v_2 t_0 - \mathrm{i} \xi \sigma_1 t_0} + cc \tag{3.5.57}$$

其中 NN 表示产生的永年项。

消除永年项,并使式(3.5.56)中 $\mathrm{e}^{\mathrm{i} t_0 v_1}$ 项的系数以及式(3.5.57)中 $\mathrm{e}^{\mathrm{i} v_2 t_0}$ 项的系数为零,可解性条件为

$$3\gamma B^2(t_1)\overline{B}(t_1) + 6\gamma B(t_1)C(t_1)\overline{C}(t_1) + 2D_0 D_1 B(t_1) + \xi_1 D_0 B(t_1) + \mathrm{e}^{\mathrm{i} \xi t_0 \sigma_1}[6\gamma B(t_1)C(t_1)\overline{B}(t_1)$$
$$+ 3\gamma C^2(t_1)\overline{C}(t_1) + 2D_0 D_1 A(t_1) + 2D_0 D_1 C(t_1) + \xi_1 D_0 C(t_1)] + 3\gamma C^2(t_1)\overline{B}(t_1) \mathrm{e}^{2\mathrm{i} \xi t_0 \sigma_1}$$
$$- 3\gamma B^2(t_1)\overline{C}(t_1) \mathrm{e}^{-\mathrm{i} \xi t_0 \sigma_1} - \frac{f_0 \mathrm{e}^{\mathrm{i} t_0 \sigma_0}}{2} + k_1[3B^2(t_1)\overline{B}(t_1)\mathrm{e}^{-\mathrm{i} v_1} + 6B(t_1)C(t_1)\overline{B}(t_1)\mathrm{e}^{-\mathrm{i} v_1 - \mathrm{i} \xi \sigma_1 + \mathrm{i} \xi t_0 \sigma_1}$$
$$+ 6B(t_1)C(t_1)\overline{C}(t_1)\mathrm{e}^{-\mathrm{i} v_1} + 3C^2(t_1)\overline{B}(t_1)\mathrm{e}^{-\mathrm{i} v_1 - 2\mathrm{i} \xi \sigma_1 + 2\mathrm{i} \xi t_0 \sigma_1} + 3B^2(t_1)\overline{C}(t_1)\mathrm{e}^{-\mathrm{i} v_1 + \mathrm{i} \xi \sigma_1 - \mathrm{i} \xi t_0 \sigma_1}$$
$$+ 3C^2(t_1)\overline{C}(t_1)\mathrm{e}^{-\mathrm{i} v_1 - \mathrm{i} \xi \sigma_1 + \mathrm{i} \xi t_0 \sigma_1}] + k_2[B(t_1)\mathrm{e}^{-\mathrm{i} v_1} + C(t_1)\mathrm{e}^{-\mathrm{i} v_1 - \mathrm{i} \xi \sigma_1 + \mathrm{i} \xi t_0 \sigma_1}] = 0 \tag{3.5.58}$$

$$\mu C(t_1) + 2D_0 D_1 A(t_1) + \xi_2 D_2 A(t_1) + \mu B(t_1) \mathrm{e}^{-\mathrm{i} \xi \sigma_1 t_0} = 0 \tag{3.5.59}$$

式(3.5.58)和式(3.5.59)的解可写成如下形式

$$A(t_1) = \frac{1}{2} a(t_1) \mathrm{e}^{\mathrm{i} \theta_1(t_1)} \tag{3.5.60}$$

$$B(t_1) = \frac{1}{2} b(t_1) \mathrm{e}^{\mathrm{i} \theta_2(t_1)} \tag{3.5.61}$$

将式(3.5.60)和式(3.5.61)代入式(3.5.58)和式(3.5.59),并将实部、虚部分离,可得

$$a'(t_1) = -\frac{\mu b \sin\phi_2 + a v_2 \xi_2}{2 v_2} \tag{3.5.62}$$

$$\phi_2'(t_1) - \phi_1'(t_1) = \frac{\mu a v_1^2 + \mu b (v_1^2 - v_2^2) \cos\phi_2}{2 a v_2 (-v_1^2 + v_2^2)} + \sigma_1 - \sigma_0 \tag{3.5.63}$$

$$b'(t_1) = \frac{1}{8 v_2 (-v_1^2 + v_2^2)^3} [3 a^3 v_2^6 (\gamma \sin\phi_2 - k_1 \sin(v_2 \tau - \phi_2))$$
$$- 3 a^2 b v_2^4 (-v_1^2 + v_2^2)(\gamma \sin 2\phi_2 + k_1 (\sin(v_1 \tau - 2\phi_2) - 2\sin v_1 \tau))$$
$$+ (v_1^2 - v_2^2)^3 (-4 f_0 \sin\phi_1 + b(4 v_2 \xi_1 - 3 b^2 k_1 \sin v_1 \tau - 4 k_2 \sin v_1 \tau))$$
$$- a(v_1^2 - v_2^2) v_2^4 (-3 b^2 (-\gamma \sin\phi_2 + k_1 (\sin(2 v_1 \tau - v_2 \tau + \phi_2) + 2\sin(v_2 \tau - \phi_2)))$$
$$- 4 k_2 \sin(v_2 \tau - \phi_2) + 4 v_2 \xi \cos\phi_2) + 4 v_1^4 (v_2 \xi_2 \cos\phi_2 - \mu \sin\phi_2)$$
$$+ v_1^2 v_2^2 (3 b^2 (-\gamma \sin\phi_2 + k_1 (\sin(2 v_1 \tau - v_2 \tau + \phi_2) + 2\sin(v_2 \tau - \phi_2)))$$
$$+ 4 k_2 \sin(v_2 \tau - \phi_2) - 4 v_2 (\xi_1 + \xi_2) \cos\phi_2)] \tag{3.5.64}$$

$$\begin{aligned}
\phi_1'(t_1) =& \sigma_0 + \frac{1}{8bv_2(-v_1^2+v_2^2)^3}[3a^3v_2^6(\gamma\cos\phi_2 + k_1\cos(v_2\tau-\phi_2))\\
&+ 3ab^2(3\gamma\cos\phi_2 + (\cos(2v_1\tau-v_2\tau+\phi_2) + 2\cos(v_2\tau-\phi_2))k_1)v_2^2(v_1^2-v_2^2)^2\\
&+ 3b^3(v_1^2-v_2^2)^3(\gamma + k_1\cos v_1\tau)\\
&- 4f_0(v_1^2-v_2^2)^3\cos\phi_1 + b(v_1^2-v_2^2)(4(\mu+k_2\cos v_1\tau)v_1^4 - 4v_1^2v_2^2(\mu+2k_2\cos v_1\tau)\\
&+ (3a^2(2\gamma+\gamma\cos2\phi_2) + 2k_1\cos v_1\tau + k_1\cos(v_1\tau-2v_2\tau+2\phi_2))\\
&+ 4k_2\cos v_1\tau)v_2^4) + 4a(v_1^2-v_2^2)(v_2^4(v_2\xi\sin\phi_2 - k_2\cos(v_2\tau-\phi_2))\\
&+ v_1^4(\mu\cos\phi_1 + v_2\xi_2\sin\phi_2) + v_1^2v_2^2(k_2\cos(v_2\tau-\phi_2) - v_2(\xi_1+\xi_2)\sin\phi_2)]
\end{aligned}$$

(3.5.65)

式中：$\phi_1(t_1) = \sigma_0 t_1 - \theta_2(t_1)$；$\phi_2(t_1) = \sigma_1 t_1 + \theta_1(t_1) - \theta_2(t_1)$。

式(3.5.62)~式(3.5.65)的稳态响应(a,b,ϕ_1,ϕ_2)，即 $\dfrac{\mathrm{d}a}{\mathrm{d}t_1} = \dfrac{\mathrm{d}b}{\mathrm{d}t_1} = \dfrac{\mathrm{d}\phi_1}{\mathrm{d}t_1} = \dfrac{\mathrm{d}\phi_2}{\mathrm{d}t_1} = 0$ 时，对应于式(3.5.13)的渐近解，即

$$\mu b\sin\phi_2 + av_2\xi_2 = 0$$

$$\frac{\mu av_1^2 + \mu b(v_1^2-v_2^2)\cos\phi_2}{2av_2(-v_1^2+v_2^2)} + \sigma_1 - \sigma_0 = 0$$

$$\begin{aligned}
&3a^3v_2^6[\gamma\sin\phi_2 - k_1\sin(v_2\tau-\phi_2)] - 3a^2bv_2^4(-v_1^2+v_2^2)(\gamma\sin2\phi_2 + k_1(\sin(v_1\tau-2\phi_2)\\
&- 2\sin v_1\tau)) + (v_1^2-v_2^2)^3(-4f_0\sin\phi_1 + b(4v_2\xi_1 - 3b^2k_1\sin v_1\tau - 4k_2\sin v_1\tau))\\
&- a(v_1^2-v_2^2)v_2^4(-3b^2(-\gamma\sin\phi_2 + k_1(\sin(2v_1\tau-v_2\tau+\phi_2) + 2\sin(v_2\tau-\phi_2)))\\
&- 4k_2\sin(v_2\tau-\phi_2) + 4v_2\xi_1\cos\phi_2) + 4v_1^4(v_2\xi_2\cos\phi_2 - \mu\sin\phi_2) + v_1^2v_2^2(3b^2(-\gamma\sin\phi_2\\
&+ k_1(\sin(2v_1\tau-v_2\tau+\phi_2) + 2\sin(v_2\tau-\phi_2))) + 4k_2\sin(v_2\tau-\phi_2)\\
&- 4v_2(\xi_1+\xi_2)\cos\phi_2) = 0\\
&8\sigma_0 bv_2(-v_1^2+v_2^2)^3 + 3a^3v_2^6(\gamma\cos\phi_2 + k_1\cos(v_2\tau-\phi_2)) + 3ab^2(3\gamma\cos\phi_2\\
&+ (\cos(2v_1\tau-v_2\tau+\phi_2) + 2\cos(v_2\tau-\phi_2))k_1)v_2^2(v_1^2-v_2^2)^2\\
&+ 3b^3(v_1^2-v_2^2)^3(\gamma+k_1\cos v_1\tau) - 4f_0(v_1^2-v_2^2)^3\cos\phi_1\\
&+ b(v_1^2-v_2^2)(4(\mu+k_2\cos v_1\tau)v_1^4 - 4v_1^2v_2^2(\mu+2k_2\cos v_1\tau)\\
&+ (3a^2(2\gamma+\gamma\cos2\phi_2) + 2k_1\cos v_1\tau + k_1\cos(v_1\tau-2v_2\tau+2\phi_2))\\
&+ 4k_2\cos v_1\tau)v_2^4) + 4a(v_1^2-v_2^2)(v_2^4(v_2\xi_1\sin\phi_2 - k_2\cos(v_2\tau-\phi_2))\\
&+ v_1^4(\mu\cos\phi_1 + v_2\xi_2\sin\phi_2) + v_1^2v_2^2(k_2\cos(v_2\tau-\phi_2) - v_2(\xi_1+\xi_2)\sin\phi_2) = 0
\end{aligned}$$

(3.5.66)

对式(3.5.66)中的方程组进行计算消去幅角 ϕ_1、ϕ_2，即可得到关于幅值 a、b 的方程

$$a^2 v_2^2 \xi_2^2 + \left[2v_2(\omega - v_2) + \frac{v_1^2}{v_1^2 - v_2^2}\right]^2 = \mu^2 b^2 \tag{3.5.67}$$

$(n_1 \cos(2v_1\tau - v_2\tau) + n_2 \cos v_1\tau + n_3 \cos v_2\tau + n_4 \sin(2v_1\tau - v_2\tau) + n_5 \sin(v_1\tau - 2v_2\tau)$
$+ n_6 \sin v_2\tau + n_7 \cos(v_1\tau - 2v_2\tau) + n_8)^2 + (m_1 \cos(2v_1\tau - v_2\tau) + m_2 \sin v_1\tau + m_3 \cos v_2\tau$
$+ m_4 \sin(2v_1\tau - v_2\tau) + m_5 \sin(v_1\tau - 2v_2\tau) + m_6 \sin v_2\tau + m_7 \cos(v_1\tau - 2v_2\tau) + m_8)^2$
$= (4Y^4 \mu^2 b f_0)^2$

$$\tag{3.5.68}$$

其中，$X = \omega - v_2$，$Y = v_1^2 - v_2^2$，$Z = \omega - v_1$，$n_2 = Y^3 \mu^2 b^2 (6a^2 k_1 v_2^4 + 3b^2 k_1 Y^2 + 4k_2 Y^2)$，$n_1 = 3Y^3 \mu a^2 b^2 k_1 v_2^2 (\mu v_1^2 + 2XY v_2)$，$n_3 = Y^3 \mu a^2 v_2^2 (\mu v_1^2 + 2v_2 XY)(3a^2 k_1 v_2^4 + 6b^2 k_1 Y^2 + 4k_2 Y^2)$，$n_4 = 3Y^4 \mu a^2 b^2 k_1 v_2^3 \xi_2$，$n_6 = -\mu Y^2 a^2 v_2^3 \xi_2 (3a^2 k_1 v_2^4 + 6k_1 b^2 Y^2 + 4k_2 Y^2)$，$m_1 = 3Y^3 \mu a^2 b^2 k_1 v_2^3 \xi_2$，$n_7 = 3a^4 v_2^2 k_1 Y(\mu^2 v_1^4 + 4XY \mu v_1^2 v_2 + Y^2 v_2^2 (4X^2 - \xi_2^2))$，$n_5 = -6Y^2 a^4 k_1 v_2^5 \xi_2 (\mu v_1^2 + 2v_2 XY)$，$m_2 = \mu^2 Y^2 b^2 (-3k_1 Y^2 b^2 - 6k_1 a^2 v_2^4 - 4k_2 Y^2)$，$m_3 = \mu Y a^2 v_2^3 \xi_2 (-3k_1 v_2^4 a^2 - 6k_1 b^2 Y^2 - 4k_2 \xi_2 Y^2)$，$m_4 = 3\mu k_1 a^2 b^2 Y^2 v_2^2 (\mu v_1^2 + 2v_2 XY)$，$m_5 = 3k_1 a^4 v_2^4 [\mu^2 v_1^4 + 4\mu v_2 v_1^2 XY + v_2^2 Y^2 (4X^2 - \xi_2^2)]$，$m_6 = \mu a^2 v_2^2 (\mu v_1^2 + 2v_2 XY)(3k_1 a^2 v_2^4 + 6k_1 b^2 Y^2 + 4k_2 Y^2)$，$m_7 = 6k_1 \xi_2 a^4 v_2^5 Y(\mu v_1^2 + 2v_2 XY)$，$n_8 = 3Y^5 \mu^2 \gamma b^4 - a^2 (v_2^7 Y^2 \{3a^2 [v_2 (4X^2 - \xi_2^2) + 2\mu X] - 4\mu \xi_1 \xi_2 v_2\} + v_1^2 v_2^6 Y [3\gamma a^2 (\mu^2 + 4\mu v_2 X - 4X^2 Y + Y \xi_2^2) + 4\mu \xi_2 (2\xi_1 + \xi_2) Y] + \mu v_2 v_2^6 [8\mu XY^2 - 3\gamma \mu v_2^3 a^2 + 4v_2 Y(Y \xi_2^2 - \mu^2)] - \mu v_1^4 v_2^3 [4Y^2 (\xi_2 \xi_1 v_2 + 2\xi_2^2 v_2 + 2\mu X) - 3\gamma v_2^2 a^2 (\mu v_2 - 4XY)] + 4\mu^3 V_1^8 Y)$，$m_8 = a^2 \{4\xi_2 \mu^2 v_1^6 + v_2^5 [8\mu \xi_1 XY + 3\gamma \xi_2 a^2 (4XY - \mu v_2)] + 2\mu v_1^2 v_2^3 (2\mu \xi_1 v_2 - 4\xi_1 XY + 3\gamma v_2 \xi_2 a^2 - 4\xi_2 XY) - 4\mu v_1^4 [\mu \xi_2 Y - 2v_2 \xi_2 XY + \mu v_2^2 (\xi_1 + \xi_2)]\}$。

由式(3.5.67)和式(3.5.68)可知，幅值 a、b 是与系统参数、时滞参数及外界激励幅值相关的函数。设定调谐参数，可求得幅值 a、b，得到含时滞两自由度高静低动系统的主共振及 1∶1 内共振幅频表达式。因此，系统稳态响应时的主共振近似解为

$$z_1 = b\cos[\phi_2 - \phi_1 + (\omega - v_2 + v_1)t_0] + \frac{v_2^2}{v_1^2 - v_2^2} a\cos(\phi_2 - \phi_1 + \omega t_0)$$

$$\tag{3.5.69}$$

$$z_2 = a\cos[(\omega - v_2 + v_1)t_0 - \phi_1] \tag{3.5.70}$$

为了分析系统稳态响应的稳定性，对式(3.5.62)~式(3.5.64)进行摄动分析，方程为

$$[\Delta a' \quad \Delta b' \quad \Delta \phi_1' \quad \Delta(\phi_2' - \phi_1')]^T = \mathbf{J} [\Delta a \quad \Delta b \quad \Delta \phi_1 \quad \Delta(\phi_2 - \phi_1)]^T$$

$$\tag{3.5.71}$$

式中：$\mathbf{J}$ 为雅可比矩阵；T 为矩阵转置符号。系统平衡解处的特征方程可表示为

$$\lambda^4 + \rho_1 \lambda^3 + \rho_2 \lambda^2 + \rho_3 \lambda + \rho_4 = 0 \tag{3.5.72}$$

式中：λ代表雅可比矩阵的特征值；ρ_1、ρ_2、ρ_3 及 ρ_4 为特征方程的系数。

利用劳斯-赫尔维茨（Routh-Hurwitz）稳定性判据，可得系统稳定的充分必要条件为

$$\rho_1 > 0, \quad \rho_1\rho_2 - \rho_3 > 0, \quad \rho_4 > 0, \quad \rho_3(\rho_1\rho_2 - \rho_3) - \rho_1^2\rho_4 > 0 \quad (3.5.73)$$

式(3.5.13)的平衡解是否稳定取决于特征方程(3.5.72)所有特征值的实部。若所有特征值的实部均为负数，则系统在平衡解处稳定。若特征值有正实部，则平衡解不稳定。若实数特征值符号发生变化，则出现鞍结分岔，系统出现跳跃现象。若存在一对复数特征值实部的符号发生变化，则发生 Hopf 分岔，系统将呈现多周期等复杂运动。

2. 数值模拟与分析

基于以上分析可知，系统的振动幅值与多方面因素有关。本节研究的重点是时滞参数对系统动态特性的影响，以下将利用多尺度法所得近似解分析时滞及时滞项系数对系统幅频特性曲线的影响。

系统参数为 $v_1 = 1$、$v_2 = 1.2$、$\mu = 0.5$、$\xi_1 = 0.2$、$\xi_2 = 0.2$、$\gamma = 1$、$f_0 = 4$、$\tau = 0$ 时，不同时滞参数对系统幅频特性的影响如图 3.24 所示。当 $\tau = 0$ 时，系统此时相当于即时的位移反馈及立方位移反馈控制。图 3.24 左图反映了非线性时滞项系数固定、线性时滞项系数不断增大对系统幅频特性的影响，相当于控制电流刚开始输入时，线性时滞项占主要地位。比较图中几组曲线可看出，随着线性时滞项系数的增大，第一共振峰值逐渐降低，第二共振频率增大，共振曲线弯曲程度及峰值变化不明显。图 3.24 右图反映了线性时滞项系数固定、非线性时滞项系数不断增大对系统幅频特性的影响，相当于控制电流增大时，非线性不断增大。从图中可看出，相对于无时滞项系统，随着非线性时滞项系数的增大，系统的第一共振幅值均降低，第二共振区的曲线弯曲程度明显增大，跳跃区间变大，同时第二共振峰值减小。

系统参数为 $v_1 = 1$、$v_2 = 1.2$、$\mu = 0.5$、$\xi_1 = 0.2$、$\xi_2 = 0.2$、$\gamma = 1$、$f_0 = 4$、$k_1 = k_2 = 0.1$ 时，不同时滞 τ 对系统幅频特性的影响如图 3.25 所示。比较图中几组曲线可看出，当 $\tau = \pi$ 时，第一共振峰值和第二共振峰值最小。当 $\tau = 3\pi/4$ 时，第一共振峰值最大。当 $\tau = \pi/2$ 时第二共振峰值最大，同时使跳跃区间变大。由此可知系统的振动幅值与时滞的变化并非单调趋势，对应某些值时增大，而对应另外一些值时减小。

系统参数为 $v_1 = 1$、$v_2 = 1.2$、$\mu = 0.5$、$\xi_1 = 0.2$、$\xi_2 = 0.2$、$\gamma = 1$、$f_0 = 4$、$\omega = 1.1$ 时，不同时滞项系数条件下系统时滞与幅值的变化关系如图 3.26 所示。由图可知，当时滞 τ 为 0 时，系统的幅值随着时滞项系数的增大而减小。当时滞 τ 存在时，振动幅值随着时滞的变化而上下波动，以 $k_1 = k_2 = 0.1$ 为例，时滞在[0,2.6]区间内，幅值随着时滞的增大而增大；随后在[2.6,5.2]区间内，随着时滞的继续增大，幅值减小；当时滞

第 3 章 高静低动刚度隔振系统力学特性

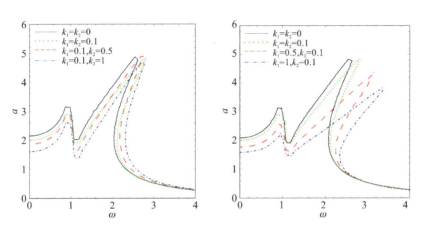

图 3.24　不同时滞项系数对系统幅频特性的影响

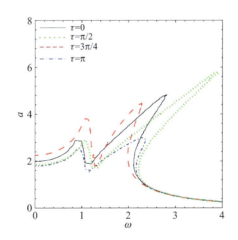

图 3.25　不同时滞 τ 对系统幅频特性的影响

增大到 $[5.2,7.3]$ 区间内时,幅值曲线开始上升;当时滞属于 $[7.3,10.4]$ 区间内时,曲线又开始下降。图 3.26 左图为线性时滞项占主要地位时,时滞与幅值的关系,可近似认为是电流较小时时滞对系统的影响。对比图中三组曲线可看出,随着线性时滞项系数的增大,在某些时滞区域内,系统将出现不止一个稳定解,这表示系统在该区域可能出现复杂运动,比如多周期运动、混沌运动等。图 3.26 右图为非线性时滞项占主要地位时,时滞与幅值的关系。从图中可以观察到,系统不会随着非线性时滞项系数的增大而出现不稳定区域,当 $k_1=1$、$k_2=0.1$ 时,随着时滞的增大,系统的隔振能力将提高。

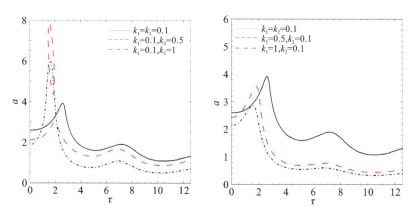

图 3.26 不同时滞项系数条件下系统振动幅值随时滞变化曲线

3.6 本章小结

本章采用理论推导和数值分析相结合的方法,对基于三弹簧模型的单自由度和两自由度高静低动刚度隔振系统的动力学特性和隔振性能进行分析,探究了激励幅值、质量比和阻尼比等系统参数对幅频特性曲线和力传递率的影响规律,并与对应等效线性隔振系统的动态特性进行了对比。相比于等效线性隔振系统,高静低动刚度隔振系统表现的特征为大静刚度、小动刚度和高阻尼比,当阻尼比和激励幅值满足一定条件时,共振频率处的传递率峰值较小,隔振频带较宽,低频隔振性能更好,甚至可实现全频段隔振。

根据隔振系统力-位移-电流曲线及电磁力内在非线性特性,分析了系统电流变化所引起的时滞特征,研究得出了时滞对高静低动刚度隔振系统动态特性的影响曲线。系统解的稳定性随时滞参数变化而变化,当时滞参数处于特定区域时,系统振动幅值降低,并且将进入多周期运动或混沌运动等复杂运动。

第4章 高静低动刚度隔振系统分岔特性

4.1 引 言

"线谱混沌化控制技术"理论框架中一个关键环节是全面而深入地开展非线性隔振系统动力学特性分析,只有这样才能针对其特性设计合理且高品质的混沌化控制方法,从而将"线谱混沌化控制技术"推向工程实际应用。分岔和混沌是非线性动力学的重要分支,模态相互作用也是其研究的热点和难点,不同次数的非线性项对系统动力学行为会产生不同的影响。柔性基础高静低动刚度隔振系统是具有平方和立方非线性的非自治耦合动力学系统,为了研究其分岔和混沌特性及其参数影响,本章首先将系统动力学方程转化为典则形式,运用平均法得到单变量分岔方程;然后通过奇异性理论分析系统在二阶主共振和1∶2内共振下的局部分岔特性,得到转迁集和局部分岔图,为深入研究系统的复杂动力学行为奠定良好的基础;最后利用 PMDCM 方法对柔性基础高静低动刚度隔振系统的全局性态进行分析,发现系统存在不同周期吸引子、周期吸引子和混沌吸引子等吸引子共存现象,为后续迁移控制提供必要的关于吸引子和吸引域的先验信息。

4.2 高静低动刚度隔振系统局部分岔分析

柔性基础高静低动刚度隔振系统的结构示意图如图4.1所示。

潜艇属于壳体结构,其动力机械隔振系统基座是具有一定机械阻抗的柔性基础,应将其视为弹性体,若基础仅取一阶模态或者一阶基函数且只考虑垂向振动传递,柔性基础可简化为梁或板结构,柔性基础单层隔振系统可简化为两自由度隔振系统。因此,柔性基础隔振系统更具有工程代表性且常被用于理论分析。如图4.1所示,将柔性基础等效为单自由度的集中参数系统,M_1 和 M_2 分别表示被隔振物体和基础的质量,M_1 由一个线性阻尼 C_1 和高静低动刚度弹簧(含一次线性刚度项系数 K_1 和三次非线性刚度项系数 K_3)支撑,M_2 则由一个线性阻尼 C_2 和线性弹簧(仅含一次刚度项 K_2)支撑,激励力为 $F\cos\Omega T$。选取弹簧处于自然状态的位置为坐标原点,相应的系统动力

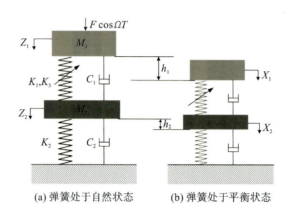

(a) 弹簧处于自然状态　　(b) 弹簧处于平衡状态

图 4.1　柔性基础高静低动刚度隔振系统的结构示意图

学方程为

$$M_1\ddot{Z}_1 + C_1(\dot{Z}_1 - \dot{Z}_2) + K_1(Z_1 - Z_2) + K_3(Z_1 - Z_2)^3 = F\cos\Omega T + M_1 g$$

$$M_2\ddot{Z}_2 + C_2\dot{Z}_2 + K_2 Z_2 = C_1(\dot{Z}_1 - \dot{Z}_2) + K_1(Z_1 - Z_2) + K_3(Z_1 - Z_2)^3 + M_2 g$$

(4.2.1)

选取加载被隔振设备后的静平衡位置为新坐标原点,为便于分析,进行如下坐标变换:$Z_1 = X_1 + h_1, Z_2 = X_2 + h_2, H = h_1 - h_2$。利用如下关系消除重力项:$M_1 g + M_2 g = K_2 h_2, M_1 g = K_1 H + K_3 H^3$,其中,$Z_1$、$Z_2$ 为弹簧处于自然状态时的振动位移,X_1、X_2 为弹簧处于平衡状态时的振动位移,通过坐标变换后系统的动力学方程被转换为

$$\begin{aligned}M_1\ddot{X}_1 =& -C_1(\dot{X}_1 - \dot{X}_2) - (K_1 + 3K_3 H^2)(X_1 - X_2) - 3K_3 H(X_1 - X_2)^2 \\ & - K_3(X_1 - X_2)^3 + F\cos\Omega T \\ M_2\ddot{X}_2 =& -C_2\dot{X}_2 - K_2 X_2 + C_1(\dot{X}_1 - \dot{X}_2) + (K_1 + 3K_3 H^2)(X_1 - X_2) \\ & + 3K_3 H(X_1 - X_2)^2 + K_3(X_1 - X_2)^3\end{aligned}$$

(4.2.2)

若令 $K_0 = K_1 + 3K_3 H^2, B = \sqrt{K_3/K_0}$,并引入无量纲参数:$x_1 = X_1/B, x_2 = X_2/B$,$\Omega_0 = \sqrt{K_0/M_1}, t = \Omega_0 T, \omega = \Omega/\Omega_0, w = M_1/M_2, \xi_1 = C_1/\sqrt{K_0 M_1}, \xi_2 = C_2/\sqrt{K_0 M_1}$,$\gamma = -3K_3 H/(K_0 B), f = FB/K_0, k_2 = K_2/K_0$,可得一阶形式的无量纲动力学方程为

$$\begin{aligned}\dot{x}_1 &= y_1 \\ \dot{y}_1 &= -\xi_1(y_1 - y_2) - (x_1 - x_2) + \gamma(x_1 - x_2)^2 - (x_1 - x_2)^3 + f\cos\omega t \\ \dot{x}_2 &= y_2 \\ \dot{y}_2 &= -w\xi_2 y_2 - wk_2 x_2 + w\xi_1(y_1 - y_2) + w(x_1 - x_2) - w\gamma(x_1 - x_2)^2 + w(x_1 - x_2)^3\end{aligned}$$

(4.2.3)

第 4 章 高静低动刚度隔振系统分岔特性

因此,柔性基础高静低动刚度隔振系统是具有平方和立方非线性的非自治耦合动力学系统,下面将讨论二阶主共振和 1∶2 内共振下局部分岔特性和整个相空间的全局性态。

局部分岔主要是通过分析系统动力学方程在奇异点某个邻域内的行为来确定静态分岔的存在性、类型和性质等。一般来讲,局部分岔研究首先是通过规范性理论、多尺度法、平均法、谐波平衡法或 LS 约化等求得约化方程,然后利用奇异性理论研究约化方程的分岔特性,得到系统参数域内丰富多样的动力学行为。其中平均法由于简单实用,计算量小,且不改变周期轨迹附近系统的性态,是目前求得系统分岔方程最有力的工具;而且奇异性理论存在一定的局限性,并不适用于本书研究的柔性基础高静低动刚度隔振系统这类非自治系统,其非自治项以激励的形式表现出来,需要通过平均法将其转化为自治系统。平均法的基本思想是假设系统与其派生系统具有相似形式的解,基于振幅和相位的导数都是小量级的周期函数,将它们看成时间的慢变函数,并用一个周期内的平均值代替。而对于多自由度非线性系统,一般是根据典则方程的派生系统及其共轭方程之间解的正交性得到标准方程,然后对系统共振和非共振的情况分别进行分析。

4.2.1 动力学方程的标准形式和单变量分岔方程

平均法的使用前提是动力学方程应为向量场与小参数 ε 成比例的标准形式。因此,首先需要将动力学方程的典则形式 $\dot{x} = Ax + f(vt) + \varepsilon F(vt, x, \varepsilon)$($x \in \mathbf{R}^n$, $0 \leqslant \varepsilon \ll 1$)转化为标准形式 $\dot{x} = \varepsilon f(x, t, \varepsilon)$($x \in U \subseteq \mathbf{R}^n$),其中 A 为 n 阶线性项系数矩阵,ε 为小参数,f、F 为 n 维列向量,均是关于 vt 的以 2π 为周期的周期函数,f 在 $\mathbf{R}^n \times \mathbf{R} \times \mathbf{R}^+ \to \mathbf{R}^n$($r \geqslant 2$)上是 r 次连续可微的,且在有界集 $U \subseteq \mathbf{R}^n$ 上有界,周期 $T > 0$。

令 $x_1 = z_1, \dot{x}_1 = z_2, x_2 = z_3, \dot{x}_2 = z_4$,本书分析限于小非线性刚度、小激励幅值、小阻尼比,在方程(4.2.3)中引入小参数 ε,可将其转化为典则形式

$$\frac{\mathrm{d}z}{\mathrm{d}t} = Az + \varepsilon F(z, \omega t) \tag{4.2.4}$$

式中:$z = [z_1 \ z_2 \ z_3 \ z_4]^\mathrm{T}$;$A = \begin{bmatrix} 0 & 1 & 0 & 0 \\ -1 & 0 & 1 & 0 \\ 0 & 0 & 0 & 1 \\ w & 0 & -w & -wk_2 \end{bmatrix}$;$F(\gamma t) = \begin{Bmatrix} F_1 \\ F_2 \\ F_3 \\ F_4 \end{Bmatrix} = \begin{bmatrix} 0 \\ -\xi_1(z_2 - z_4) + \gamma(z_1 - z_3)^2 - (z_1 - z_3)^3 + f\cos\omega t \\ 0 \\ w\xi_1(z_2 - z_4) - w\gamma(z_1 - z_3)^2 + w(z_1 - z_3)^3 - w\xi_2 z_4 \end{bmatrix}$。

则方程(4.3.1)的派生方程的齐次部分为

$$\frac{\mathrm{d}z}{\mathrm{d}t}=\mathbf{A}z \quad (4.2.5)$$

因为矩阵 $\mathbf{A}$ 不含阻尼和非线性力,故式(4.2.5)的特征方程仅含纯虚根 $\pm\mathrm{i}\omega_1$ 和 $\pm\mathrm{i}\omega_2$,其中 $\mathrm{i}=\sqrt{-1}$,$\omega_i(i=1,2)$ 为式(4.2.5)的前两阶固有频率,设式(4.2.5)对应于 ω_i 的特解

$$\begin{cases} \mathrm{Re}_{si}(\omega_i t)=\varphi_{si}(\omega_i t)=P_{si}\sin\omega_i t-Q_{si}\cos\omega_i t \\ \mathrm{im}_{si}(\omega_i t)=\varphi_{si}^*(\omega_i t)=P_{si}\sin\omega_i t+Q_{si}\cos\omega_i t \end{cases},\quad (s=1,2,3,4) \quad (4.2.6)$$

式中:Re 为解的实部;im 为解的虚部;P_{si} 和 Q_{si} 为实常数。

令方程(4.2.5)的解为 $z_s(t)=A_s\mathrm{e}^{\mathrm{i}\omega t}$,代入可得

$$\begin{aligned} &\mathrm{i}A_1\omega=A_2, \quad \mathrm{i}A_2\omega=-A_1+A_3 \\ &\mathrm{i}A_3\omega=A_4, \quad \mathrm{i}A_4\omega=w(A_1-A_3k_2-A_3) \end{aligned} \quad (4.2.7)$$

令 $A_1=1$,可以解得 $A_2=\mathrm{i}\omega,A_3=1-\omega^2,A_4=\mathrm{i}\omega(1-\omega^2)$,则有

$$\begin{aligned} &z_1(t)=\cos\omega t+\mathrm{i}\sin\omega t, & &z_2(t)=\mathrm{i}\omega(\cos\omega t+\mathrm{i}\sin\omega t) \\ &z_3(t)=(1-\omega^2)(\cos\omega t+\mathrm{i}\sin\omega t), & &z_3(t)=\mathrm{i}\omega(1-\omega^2)(\cos\omega t+\mathrm{i}\sin\omega t) \end{aligned}$$

(4.2.8)

其中 $\omega_{1,2}^2=(1+w+wk_2\pm\sqrt{w^2k_2^2+2w^2k_2+w^2-2wk_2+2w+1})/2$ 为派生系统的前两阶固有频率,将 $\omega_{1,2}$ 分别代替式(4.3.5)中的 ω 并分别求其虚部和实部,得到方程(4.2.5)的特解

$$\begin{aligned} &\varphi_{1i}=\cos\omega_i t,\varphi_{2i}=-\omega_i\sin\omega_i t,\varphi_{3i}=(1-\omega_i^2)\cos\omega_i t,\varphi_{4i}=(\omega_i^2-1)\omega_i\sin\omega_i t \\ &\varphi_{1i}^*=\sin\omega_i t,\varphi_{2i}^*=\omega_i\cos\omega_i t,\varphi_{3i}^*=(1-\omega_i^2)\sin\omega_i t,\varphi_{4i}^*=(1-\omega_i^2)\omega_i\cos\omega_i t \end{aligned}$$

(4.2.9)

方程(4.2.5)的共轭方程为 $\mathrm{d}z/\mathrm{d}t=-\mathbf{A}^\mathrm{T}z$,其中 $\mathbf{A}^\mathrm{T}$ 为 $\mathbf{A}$ 的转置矩阵,该方程对应于 ω_j 的特解

$$\begin{cases} \mathrm{Re}'_{si}(\omega_i t)=\psi_{si}(\omega_j t)=C_{sj}\cos\omega_j t-D_{sj}\sin\omega_j t \\ \mathrm{Im}'_{si}(\omega_i t)=\psi_{sj}^*(\omega_j t)=C_{sj}\sin\omega_j t+D_{sj}\cos\omega_j t \end{cases},\quad (j=1,2) \quad (4.2.10)$$

同理可得方程 $\mathrm{d}z/\mathrm{d}t=-\mathbf{A}^\mathrm{T}z$ 的特解

$$\psi_{1i}=\cos\omega_i t,\psi_{2i}=-\frac{\sin\omega_i t}{\omega_i},\psi_{3i}=\frac{(1-\omega_i^2)\cos\omega_i t}{w},\psi_{4i}=\frac{(\omega_i^2-1)\sin\omega_i t}{w\omega_i}$$

$$\psi_{1i}^*=\sin\omega_i t,\psi_{2i}^*=\frac{\cos\omega_i t}{\omega_i},\psi_{3i}^*=\frac{(1-\omega_i^2)\sin\omega_i t}{w},\psi_{4i}^*=\frac{(1-\omega_i^2)\cos\omega_i t}{w\omega_i}$$

(4.2.11)

引入新变量 a_i 和 θ_i,且 $\varphi_{si}(\theta_i)$ 为式(4.2.6)中以 θ_i 代替 $\omega_i t$ 后所得。设方程

(4.2.4)的通解为 $z_s(t)$,其中一个特解为 $z_s^*(t)$,利用变量代换

$$z_s(t) = \sum_{i=1}^{2} a_i \varphi_{si}(\theta_i) + z_s^*(t) \quad (4.2.12)$$

当 $a_i = \text{const}$ 且 $\dfrac{\mathrm{d}\theta_i}{\mathrm{d}t} = \omega_i$ 时,方程(4.2.8)为方程(4.2.4)的通解,故 $\dfrac{\mathrm{d}\varphi_{si}(\theta_i)}{\mathrm{d}\theta_i} = -\varphi_{si}^*(\theta_i)$,$\sum_{i=1}^{2} a_i \varphi_{si}^*(\theta_i) = -\sum_{\beta=1}^{4} a_{s\beta} \sum_{i=1}^{2} a_i \varphi_{si}(\theta_i)$;如果 $a_i \neq \text{const}$ 且 $\dfrac{\mathrm{d}\theta_i}{\mathrm{d}t} \neq \omega_i$,将方程(4.2.12)代入方程(4.2.4)可得

$$\sum_{i=1}^{2} \frac{\mathrm{d}a_i}{\mathrm{d}t} \varphi_{si}(\theta_i) - \sum_{i=1}^{2} \varphi_{si}^*(\theta_i) \left(\frac{\mathrm{d}\theta_i}{\mathrm{d}t} - \omega_i \right) = \varepsilon \boldsymbol{F}(\gamma t, \boldsymbol{a}, \boldsymbol{\theta}, \varepsilon) \quad (4.2.13)$$

可以证明,解(4.2.9)和重新标度解(4.2.11)之间存在如下正交性:

$$\sum_{s=1}^{4} \varphi_{si}(\theta_i) \psi_{sj}(\theta_j) = \sum_{s=1}^{4} \varphi_{si}^*(\theta_i) \psi_{sj}^*(\theta_j) = 0$$

$$\sum_{s=1}^{4} \varphi_{si}(\theta_i) \psi_{sj}^*(\theta_j) = \delta_{ij}, \quad \sum_{s=1}^{4} \varphi_{si}^*(\theta_i) \psi_{sj}(\theta_j) = -\delta_{ij} \quad (4.2.14)$$

其中 $i = j, \delta_{ij} = 1$;$i \neq j, \delta_{ij} = 0$。以 ψ_{si} 和 ψ_{si}^* 分别与式(4.2.13)相乘,再将 s 从1到4求和,得到方程(4.2.4)的标准形式

$$\frac{\mathrm{d}a_i}{\mathrm{d}t} = \varepsilon \frac{1}{\Delta_i} \sum_{s=1}^{4} F_s(\gamma t, \boldsymbol{a}, \boldsymbol{\theta}, \varepsilon) \psi_{si}(\theta_i) = -\frac{\varepsilon \sin\theta_i (wF_2 + F_4 - \omega_i^2 F_4)}{w \omega_i \Delta_i}$$

$$\frac{\mathrm{d}\theta_i}{\mathrm{d}t} = \omega_i + \frac{\varepsilon}{\Delta_i a_i} \sum_{s=1}^{4} F_s(\gamma t, \boldsymbol{a}, \boldsymbol{\theta}, \varepsilon) \psi_{si}^*(\theta_i) = \omega_i + \frac{\varepsilon \cos\theta_i (wF_2 + F_4 - \omega_i^2 F_4)}{w a_i \omega_i \Delta_i}$$

(4.2.15)

其中 $\Delta_{1,2} = \sum_{s=1}^{4} \varphi_{si} \psi_{si} = \dfrac{\omega_{1,2}^4 - 2\omega_{1,2}^2 + w + 1}{w}$。

对于多自由度系统而言,除了单自由度的全部主共振和次共振,还可能产生这些频率组合的内共振,使得系统演化出丰富而又特殊的动力学行为。如果动力学方程的典则形式只包含平方非线性项或立方非线性项,可以利用相位差法得到多自由度系统在内共振情况下的简化分岔方程,而本书主要研究的 1∶2 内共振也就是 $\omega_1 : \omega_2 =$ 1∶2。因此,典则形式(4.2.4)同时含有立方非线性项和平方非线性项,此时不能通过相位差法来简化分岔方程,只能采用一定的变量变换技巧,将四维不对称的系统约化成三维,得到含 3 个变量的高次代数方程组,然后对中间两个变量进行消除,进而得到单变量的分岔方程。但标准方程(4.2.15)仍为非自治系统,需先利用平均法将其化成自治系统。

为了将式(4.2.15)化为单变量分岔方程,设 a_i、θ_i 由平稳变化项 y_i、ν_i 和小摄动项

叠加而成,引入一次近似 K-B(Krylov-Bogoliubov)变换,a_i、θ_i 可以展开为

$$a_i = y_i + \varepsilon U_i(t, \boldsymbol{y}, \boldsymbol{v})$$
$$\theta_i = \omega_{i0} t + \phi_i + \varepsilon V_i(t, \boldsymbol{y}, \boldsymbol{v})$$
(4.2.16)

其中 y_i、v_i 可表述为

$$\mathrm{d}y_i/\mathrm{d}t = \varepsilon Y_i(\boldsymbol{y}) + \varepsilon^2 Y_i^*(t, \boldsymbol{y}, \boldsymbol{v})$$
$$\mathrm{d}\phi_i/\mathrm{d}t = \varepsilon \sigma_i + \varepsilon Z_i(\boldsymbol{y}) + \varepsilon^2 Z_i^*(t, \boldsymbol{y}, \boldsymbol{v})$$
(4.2.17)

其中 $\omega_i = \omega_{i0} + \varepsilon\sigma_i$,$\sigma_i$ 为调谐参数,用来描述内共振频率之间的接近程度,ω_{i0} 满足 $p_1\omega_{10} + p_2\omega_{20} = q\omega$,$p_i(i=1,2)$ 和 q 均为非零整数,U_i、V_i、Y_i^* 和 Z_i^* 分别为 v 的以 2π 为周期的周期函数和 t 的周期函数,Y_i 和 Z_i 均不显含时间 t。下面仅考虑二阶主共振和 1∶2 内共振,即 $\omega \colon \omega_1 \colon \omega_2 \approx 2 \colon 1 \colon 2$,应用平均法,将式(4.2.16)和式(4.2.17)代入式(4.2.15)中,比较 ε 同次项系数对应相等,可得第一阶近似解的平均方程为

$$\frac{\mathrm{d}}{\mathrm{d}t}y_1(t) = \varepsilon\left[-\frac{1}{2}\frac{\omega_1^3\omega_2^2\gamma y_1 y_2 \sin(2v_1-v_2)}{\Delta_1} + \frac{1}{2}B_1 y_1\right]$$

$$\frac{\mathrm{d}}{\mathrm{d}t}y_2(t) = \varepsilon\left[-\frac{1}{2}\frac{f\sin v_2}{\Delta_2\omega_2} + \frac{1}{4}\frac{\omega_2\omega_1^4\gamma y_1^2 \sin(2v_1-v_2)}{\Delta_2} + \frac{1}{2}B_2 y_2\right]$$

$$\frac{\mathrm{d}}{\mathrm{d}t}v_1(t) = \varepsilon\left\{\sigma_1 + \frac{\omega_1^3[-3\omega_1^4 y_1^2 - 6\omega_2^4 y_2^2 + 4\omega_2^2\gamma y_2\cos(2v_1-v_2)]}{8\Delta_1}\right\}$$

$$\frac{\mathrm{d}}{\mathrm{d}t}v_2(t) = \varepsilon\left[\sigma_2 + \frac{2\omega_2^2\omega_1^4 y_1^2\cos(2v_1-v_2) + 4f\cos v_2 - 6\omega_1^4 y_1^2 y_2 - 3\omega_2^8 y_2^3}{8\Delta_2\omega_2 y_2}\right]$$
(4.2.18)

其中 $B_{1,2} = \dfrac{2\xi_2\omega_{1,2}^2 - \xi_1\omega_{1,2}^4 - \xi_2\omega_{1,2}^4 - \xi_2}{\Delta_{1,2}}$。由式(4.2.18)可知,方程右端已不含时间 t,分别令 $\dfrac{\mathrm{d}}{\mathrm{d}t}y_1(t) = 0,\dfrac{\mathrm{d}}{\mathrm{d}t}y_2(t) = 0,\dfrac{\mathrm{d}}{\mathrm{d}t}v_1(t) = 0,\dfrac{\mathrm{d}}{\mathrm{d}t}v_2(t) = 0$,可得

$$\cos(2v_1-v_2) = \frac{3\omega_1^7 y_1^2 + 6\omega_1^3\omega_2^4 y_2^2 - 8\Delta_1\sigma_1}{4\omega_1^3\omega_2^2\gamma y_2}, \quad \sin(2v_1-v_2) = \frac{B_1\Delta_1}{\omega_1^3\omega_2^2\gamma y_2}$$
(4.2.19)

令 $y_1 = \sqrt{Y_1}$,$y_2 = \sqrt{Y_2}$,由式(4.2.19)可得

$$\frac{(3\omega_1^7 Y_1 + 6\omega_1^3\omega_2^4 Y_2 - 8\Delta_1\sigma_1)^2}{16\omega_1^6\omega_2^4\gamma^2 Y_2} + \frac{B_1^2\Delta_1^2}{\omega_1^6\omega_2^4\gamma^2 Y_2} = 1$$
(4.2.20)

由式(4.2.20)可得 Y_1 和 Y_2 的关系如下:

$$Y_1 = \frac{-6\omega_1^3\omega_2^4 Y_2 + 8\Delta_1\sigma_1 + 4\sqrt{\omega_1^6\omega_2^4\gamma^2 Y_2 - B_1^2\Delta_1^2}}{3\omega_1^7}$$
(4.2.21)

令 $m^2 = \omega_1^6\omega_2^4\gamma^2 Y_2 - B_1^2\Delta_1^2$,得到

$$Y_1 = -\frac{2(B_1^2 \Delta_1^2 + m^2)}{\omega_1^{10} \gamma^2} + \frac{8\Delta_1 \sigma_1 + 4m}{3\omega_1^7}, \quad Y_2 = \frac{B_1^2 \Delta_1^2 + m^2}{\omega_1^6 \omega_2^4 \gamma^2} \quad (4.2.22)$$

同理可得

$$\cos v_2 = \frac{6\omega_2^8 Y_2^2 + 6\omega_1^4 \omega_2^4 Y_1 Y_2 + 8\omega_1 \Delta_1 Y_1 \sigma_1 - 3Y_1^2 \omega_1^8 - 16\Delta_2 Y_2 \omega_2 \sigma_2}{8f\sqrt{Y_2}}$$
$$\sin v_2 = \frac{B_1 \Delta_1 Y_1 \omega_1 + 2B_2 \Delta_2 Y_2 \omega_2}{2f\sqrt{Y_2}} \quad (4.2.23)$$

将式(4.2.22)代入式(4.2.23),可得式(4.2.18)的稳态解 $\sum_{i=1}^{7} b_i z^{7-i} = 0$,其中 b_i 的具体表达式见附录B。在任何一元高次方程中引入合适的平移变换技巧,能够消去方程中的次高次项。$\sum_{i=1}^{7} b_i z^{7-i} = 0$ 是单变量六次分岔方程,可以利用平移变换 $z = x + 4\gamma^2 \omega_1^3/9$,消去五次项,得到系统的分岔方程

$$G(x, \mu, \alpha_1, \alpha_2, \alpha_3, \alpha_4) = x^6 - \mu + \alpha_1 x^4 + \alpha_2 x^3 + \alpha_3 x^2 + \alpha_4 x = 0 \quad (4.2.24)$$

式中:$\alpha_1 \sim \alpha_4$ 是系统物理参数组合的开折参数;μ 是与激励力 f 有关的分岔参数,具体表达式见附录C。下面主要研究系统参数变化对系统动态行为的影响。

4.2.2 开折参数空间的局部分岔分析

根据奇异性理论,方程(4.2.24)为GS范式 $g = x^6 - \mu$ 的普适开折,且余维数为4,即所有范式 ($x^6 - \mu$) 的扰动函数均包含在式(4.2.24)中,$G(x, \mu, \alpha)$ 的静态分岔体现了芽 g 在扰动后可能产生的一切分岔性态,本小节主要分析开折参数 α 对普适开折 G 分岔图的影响规律,分为持久和非持久两类。下面首先对参数空间平面进行分类,由式(4.2.24)可得

$$\begin{aligned} G_x &= 6x^5 + 4\alpha_1 x^3 + 3\alpha_2 x^2 + 2\alpha_3 x + \alpha_4 \\ G_{xx} &= 30x^4 + 12\alpha_1 x^2 + 6\alpha_2 x + 2\alpha_3 \\ G_\mu &= -1 \end{aligned} \quad (4.2.25)$$

系统转迁集 $\Sigma = B \bigcup H \bigcup D$,包括分岔点集 B、滞后点集 H 和双极限点集 D。

分岔点集:$B = \{\alpha \in \mathbf{R}^4 : \exists (x, \mu) \text{ s.t. } G = G_x = G_\mu = 0\}$。由式(4.2.25)可知 $G_\mu = -1$,故 B 为空集。

滞后点集:$H = \{\alpha \in \mathbf{R}^4 : \exists (x, \mu) \text{ s.t. } G = G_{xx} = G_x = 0\}$。当 $\mu = 0$ 时,若 $\alpha_3 = \alpha_4 = 0$,则在 $(x = 0, \mu = 0)$ 处有 $G = G_{xx} = G_x = 0$,滞后点集 $H_0 = \{\alpha_1 \in \mathbf{R}, \alpha_3 = 0, \alpha_4 = 0, \alpha_2 \neq 0\}$;当 $x \neq 0$ 且 $\mu \neq 0$ 时,有 $G = G_{xx} = G_\mu = 0$,滞后点集 $H_1 = \left\{\alpha_2 = \frac{-10x^6 - 3\alpha_1 x^4 + \mu}{x^3}, \alpha_3 = \frac{15x^6 + 3\alpha_1 x^4 - 3\mu}{x^2}, \alpha_4 = \frac{-6x^6 - \alpha_1 x^4 - 3\mu}{x}\right\}$。

双极限点集：$D=\{\alpha\in\mathbf{R}^4:\exists(x_1,x_2,\mu)\text{s.t.}G=G_x=0,x_1\neq x_2\}$。根据 D 的定义，可知 $(x=0,\mu=0)$ 是一个极限点，由于问题的复杂性，这里仅对单参数方程(4.2.25)已有极限点 $(x=0,\mu=0)$ 的情况进行分析。由式(4.2.25)可得 $D_0=\{\alpha_2=-4x^3-2\alpha_1 x,\alpha_3=3x^4+\alpha_1 x^2,\alpha_4=0,x\neq 0\}$，而 $\mu\neq 0$ 时的双极限点集 D_1 将在二维平面转迁图集中具体讨论。

由此可得 $G(x,\mu,\alpha_1,\alpha_2,\alpha_3,\alpha_4)$ 的转迁集 $\Sigma=H_0\bigcup H_1\bigcup D_0$。方程(4.2.25)的余维数为4，四维参数空间内相应的转迁集和分岔图难以直观地表示，将四维参数空间向二维参数平面投影，得到6个二维参数平面转迁图集，即 $\alpha_1-\alpha_2$、$\alpha_1-\alpha_3$、$\alpha_1-\alpha_4$、$\alpha_2-\alpha_3$、$\alpha_2-\alpha_4$ 和 $\alpha_3-\alpha_4$，据此深入而全面探索系统的局部分岔特性。限于篇幅，本书以 $\alpha_1-\alpha_2$ 平面和 $\alpha_3-\alpha_4$ 平面为例给出二维参数平面转迁图集的具体分析过程。

$\alpha_1-\alpha_2$ 平面：当 $\alpha_3=\alpha_4=0$ 时，可得 $G(x,\mu,\alpha_1,\alpha_2)=x^6-\mu+\alpha_1 x^4+\alpha_2 x^3=0$，首先考虑 $\mu\neq 0$，由 $\alpha_3=\alpha_4=0$ 可得 $H_1=\{\alpha_2^2=-128\alpha_1^3/729\}$，$D_1=\{\alpha_1\leqslant 0,\alpha_2=0\}$；再考虑 $\mu=0$，$H_0=\{\alpha_1\in\mathbf{R},\alpha_2\neq 0\}$，除了 α_1 轴，整个 $\alpha_1-\alpha_2$ 平面均为 H_0，$D_0=\{\alpha_2^2/4=-\alpha_1^3/27\}$。$\alpha_1-\alpha_2$ 平面的转迁集和不同区域内的分岔模式如图4.2所示，由图可知，转迁集将平面分成6个不同的保持域，分别代表6种不同的分岔模式，柔性基础高静低动刚度隔振系统在二阶主共振和1∶2内共振下表现出复杂的分岔特性。开折参数 α_1 和 α_2 在平面内逆时针变化时，Ⅰ-H_1^+-Ⅱ-D_1^+-Ⅲ 的分岔图与 Ⅵ-H_1^--Ⅴ-D_1^--Ⅳ 的分岔图关于 μ 轴对称。当参数 α_1 和 α_2 落在滞后点集 H_1^+ 和 H_1^- 上时，系统存在 $(x=0,\mu=0)$ 和一个 $\mu\neq 0$ 的滞后点；当参数 α_1 和 α_2 落在双极限点集 D_1^+ 和 D_1^- 时，分岔曲线在 $\mu=0$ 时存在两个极限点。转迁集是保持域分岔曲线具有不同拓扑结构的边界，比如当参数落在区域Ⅰ时，系统只有 $(x=0,\mu=0)$ 一个滞后点，落在区域Ⅱ时，属于 H_1^+ 的 $\mu\neq 0$ 滞后点变为两个极限点，落在区域Ⅲ时，属于 D_1^+ 的一个极限点开始进入 μ 轴负平面。

$\alpha_3-\alpha_4$ 平面：当 $\alpha_1=\alpha_2=0$ 时，可得 $G(x,\mu,\alpha_3,\alpha_4)=x^6-\mu+\alpha_3 x^2+\alpha_4 x=0$；当 $\mu=0$ 时，H_0 和 D_0 均为空集；当 $\mu\neq 0$ 时，$H_1=\{(-\alpha_3/15)^5=(\alpha_4/24)^4\}$，$D_1=\{\alpha_4=0,\alpha_3\leqslant 0\}$。$\alpha_3-\alpha_4$ 平面的转迁集和不同区域内的分岔模式如图4.3所示。

由图4.2和图4.3分析可知，柔性基础高静低动刚度隔振系统在二阶主共振和1∶2内共振情况下，存在多种复杂的分岔行为，反映了系统在不同参数区间的运动特性。在不同的转迁集和保持域上分岔图具有质的区别，而同一区域内的拓扑结构不变。当开折参数落在转迁集上时，任何小的扰动都可能使分岔图发生质的改变，分岔是退化的和结构不稳定的；当开折参数落在保持域内时，若扰动在一定范围内，分岔图的定性性质不会发生改变，这部分分岔是通有的。

第 4 章 高静低动刚度隔振系统分岔特性

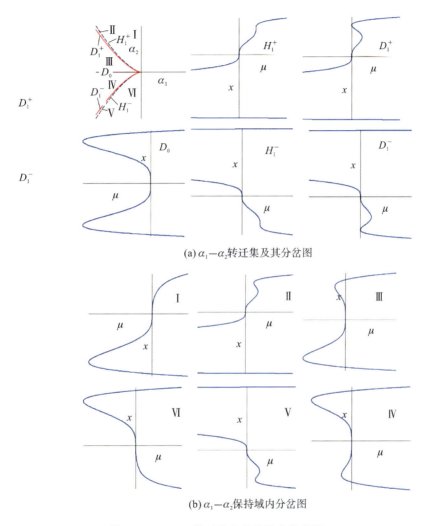

(a) $\alpha_1 - \alpha_2$ 转迁集及其分岔图

(b) $\alpha_1 - \alpha_2$ 保持域内分岔图

图 4.2 $\alpha_1 - \alpha_2$ 转迁集和保持域内分岔图

4.2.3 物理参数空间的局部分岔分析

在上述分析中,开折参数和分岔参数并无物理意义,得到的分岔模式也不一定在实际系统中均会发生。考虑实际工程背景下的非线性系统,开折参数会受到约束限制,利用奇异性理论在非约束的开折参数空间去研究带约束条件的物理参数分岔方程是不全面的,所以有必要通过分岔参数和开折参数所包含的工程参数解耦,将开折参

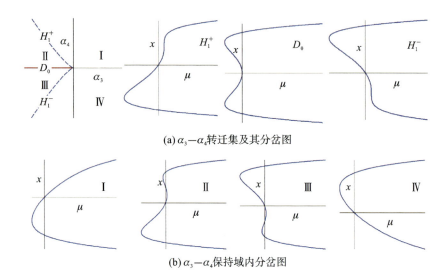

(a) $\alpha_3-\alpha_4$ 转迁集及其分岔图

(b) $\alpha_3-\alpha_4$ 保持域内分岔图

图 4.3 $\alpha_3-\alpha_4$ 转迁集和保持域内分岔图

数空间的分岔分析转化到物理参数空间,为工程实际系统分岔参数的优化提供依据。

下面以 $\alpha_3-\alpha_4$ 平面的转迁集为例,对由 σ_1、σ_2、ξ_1、ξ_2 组成的物理参数空间的转迁集进行分析。令附录 C 中 $\alpha_1=\alpha_2=0$,可得

$$\sigma_1=\frac{243B_1^2\Delta_1^2-32\gamma^4\omega_1^6}{216\omega_1^3\gamma^2\Delta_1}, \quad \sigma_2=\frac{\omega_2^3(16\omega_1^6\gamma^4+243B_1^2\Delta_1^2)}{432\omega_1^6\gamma^2\Delta_2} \quad (4.2.26)$$

将式(4.3.23)代入附录 C 中 α_3 和 α_4 的表达式,可得

$$\alpha_3=\frac{64\omega_1^6\omega_2^6\gamma^4B_1^2\Delta_1^2-128\omega_1^9\omega_2^3\gamma^4B_1B_2\Delta_1\Delta_2+64\omega_1^{12}\gamma^4B_2^2\Delta_2^2-243\omega_2^6B_1^4\Delta_1^4}{324\omega_2^6}$$

$$\alpha_4=\frac{64\omega_1^{12}\gamma^6B_2\Delta_2(2\omega_1^3B_2\Delta_2-\omega_2^3B_1\Delta_1)}{729\omega_2^6}$$

(4.2.27)

结合 $\alpha_3-\alpha_4$ 平面在开折参数空间的转迁集:$H_1=\{(-\alpha_3/15)^5=(\alpha_4/24)^4\}$,可以得到用 σ_1、σ_2、k_2、γ 表示的 H_1 和 D_1(其中 D_1 为空集)

$$H_1=\left\{\sigma_1=\frac{243B_1^2\Delta_1^2-32\gamma^4\omega_1^6}{216\omega_1^3\gamma^2\Delta_1}, \quad \sigma_2=\frac{\omega_2^3(16\omega_1^6\gamma^4+243B_1^2\Delta_1^2)}{432\omega_1^6\gamma^2\Delta_2}\right.$$

$$B_1=\frac{2\xi_2\omega_1^2-\xi_1\omega_1^4-\xi_2\omega_1^4-\xi_2}{\Delta_1}, \quad B_2=\frac{2\xi_2\omega_2^2-\xi_1\omega_2^4-\xi_2\omega_2^4-\xi_1}{\Delta_2}$$

$$(64\omega_1^6\omega_2^6\gamma^4B_1^2\Delta_1^2-128\omega_1^9\omega_2^3\gamma^4B_1B_2\Delta_1\Delta_2+64\omega_1^{12}\gamma^2B_2^2\Delta_2^2-243\omega_2^6B_1^4\Delta_1^4)^5$$

$$= -\frac{13107200000}{27} \left[\omega_1^{48} \omega_2^6 \gamma^{24} B_2^4 \Delta_2^4 \left(B_1 \Delta_1 \omega_2^3 - 2B_2 \Delta_2 \omega_1^3 \right)^4 \right] \right\} \quad (4.2.28)$$

设定物理参数 $w = 0.3, \gamma = 0.1$，由 $\omega_2 = 2\omega_1$ 可得 $k_2 = 10.3529, \omega_1 = 0.9387$，$\omega_2 = 1.8774$，从而计算可得：$\Delta_1 = 1.0471, \Delta_2 = 22.2469, B_1 = -0.7417\xi_1 - 0.0135\xi_2, B_2 = -0.5584\xi_1 - 0.2865\xi_2$。将上述参数分别代入式(4.2.28)，可得如图 4.4 所示的柔性基础高静低动刚度隔振系统在阻尼比平面上的转迁集。

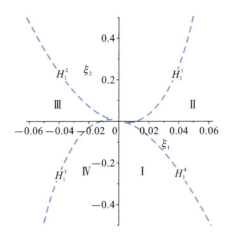

图 4.4 阻尼比平面上的转迁集

工程实际中阻尼比满足 $\xi_1 \geqslant 0$ 且 $\xi_2 \geqslant 0$，所以转迁集只取第一象限的 H_1^1。下面将分岔图(图 4.5)也转换到物理参数空间内，主要分两步进行，首先将 $x - \mu$ 平面分岔图转换到 $x - f$ 平面上，再将 $x - f$ 平面上的分岔图转换到 $y_2 - f$ 平面上。以 H_1^1 上的点为例阐述上述过程，设 $\xi_1 = 0.05$，将其代入(4.2.28)可得 $\xi_2 = 0.49, B_1 = -0.0437, B_2 = -0.1696, \sigma_1 = 0.2713, \sigma_2 = 0.0514$，可以得到 $\mu = -9.234 \times 10^{-9} + 5.093 \times 10^{-9} f^2$，得到 $x - f$ 平面上的分岔图；然后利用 x 和 y_2 的关系，即 $(x + 4\gamma^2 \omega_1^3/9)^2 = \omega_1^6 \omega_2^4 \gamma^2 y_2^2 - B_1^2 \Delta_1^2$，同时考虑 $y_2 \geqslant |B_1 \Delta_1/(\gamma \omega_1^3 \omega_2^2)|$，将 $x - f$ 平面上的分岔图转换到 $y_2 - f$ 平面上。

在物理参数空间内系统有 3 种不同的分岔模式，当 ξ_1 和 ξ_2 落在滞后点集 H_1^1 和保持域Ⅱ时，系统同一个 f 对应两个振幅值，而落在保持域Ⅲ上时系统不存在响应多值性和突跳现象，滞后的产生增加了解的数目，即产生了幅值的跳跃现象，表明在这种外激励频率下，某些扰动可能导致系统响应的不稳定突变。因此，通过调整参数可以选择有利于实际情况的动态行为模式，为系统参数选择和振动控制提供了理论基础。

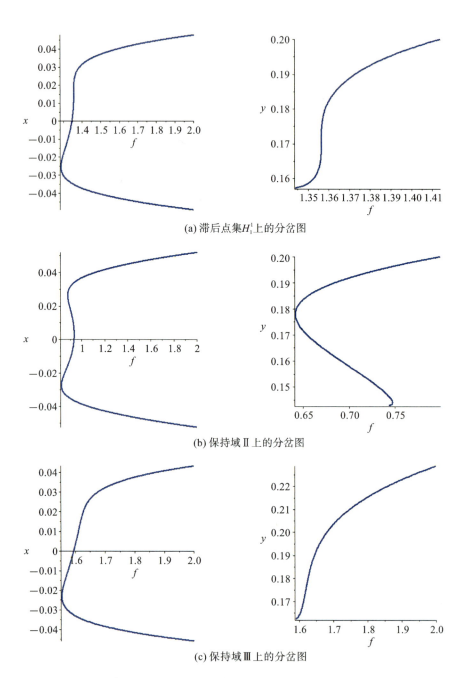

(a) 滞后点集H_1^1上的分岔图

(b) 保持域Ⅱ上的分岔图

(c) 保持域Ⅲ上的分岔图

图 4.5 物理参数空间的分岔图

第 4 章 高静低动刚度隔振系统分岔特性

4.3 高静低动刚度隔振系统全局性态分析

上节主要分析了高静低动刚度隔振系统局部分岔特性,分析范围仅限于某个奇异点附近,而"线谱混沌化控制技术"更需要对大参数范围内和整个相空间系统的全局性态进行研究。

4.3.1 分岔分析

Poincaré 映射是一种定性分析非线性系统动力学特性及拓扑性质的有效手段,最早由法国数学家、天文学家 Poincaré 于 19 世纪提出。其基本思想是基于微分同胚概念对 n 维连续系动力学系统进行离散系降维,通过构造一个 $n-1$ 维离散时间系统的闪频映射取代原连续时间系统的流,从而在离散空间内通过观察离散流的周期性来判断动力学系统的运动状态。

考察如下任意 n 维非自治动力学系统

$$\frac{\mathrm{d}\boldsymbol{x}}{\mathrm{d}t} = \boldsymbol{F}(\boldsymbol{x},t), \quad \boldsymbol{x} \in \boldsymbol{R}^n, t \in \boldsymbol{R}^1 \tag{4.3.1}$$

式中:$\boldsymbol{F}(\boldsymbol{x},t)$ 为具有周期性的向量函数,存在 $\boldsymbol{F}(\boldsymbol{x},t+T_0)=\boldsymbol{F}(\boldsymbol{x},t)$。依据光滑微分同胚拓扑等价理论,对于连续光滑函数 $\boldsymbol{F}(\boldsymbol{x},t)$,通过引入新循环变量 θ 可将 $\boldsymbol{R}^n \times \boldsymbol{R}^1$ 非自治系统[见式(4.3.1)]转化为圆柱相空间 $\boldsymbol{R}^n \times S^1$ 的自治系统,其中 θ 满足 $\dot{\theta}=1$,且与 $\boldsymbol{x}$ 为等价变量,若在圆柱相空间 $\boldsymbol{R}^n \times S^1$ 某个环面上构造 Poincaré 截面

$$\Sigma^{\theta_0} = \{(\boldsymbol{x},\theta) \in \boldsymbol{R}^n \times S^1: \theta = \theta_0\} \tag{4.3.2}$$

则经过一个周期 T_0,相轨线就与截面 Σ^{θ_0} 相交一次,故 Poincaré 映射可定义

$$f^P: \Sigma^{\theta_0} \to \Sigma^{\theta_0}, \quad \varphi(t,\boldsymbol{x}_0) \mapsto \varphi(t+T_0,\boldsymbol{x}_0) \tag{4.3.3}$$

式中:$\varphi(t,\boldsymbol{x}_0)$ 为非自治系统生成的连续流,$\boldsymbol{x}_0$ 为初值。显然,截面 Σ^{θ_0} 上的不动点与式(4.3.1)的 T_0 周期闭轨拓扑等价,相轨线在 $\boldsymbol{R}^n \times S^1$ 内 k 次通过截面 Σ^{θ_0} 则对应于微分同胚的 kT_0 周期闭轨;若在 Poincaré 映射 f^P 下的截点在 $\boldsymbol{R}^n$ 拓扑等价圆周上稠密,那么这些点对应于微分同胚的运动状态是准周期的,且在相空间 $\boldsymbol{R}^n \times S^1$ 的某个环面上处处稠密。因此 Poincaré 映射不动点的样貌可用来定性分析周期、准周期或混沌等不同响应机制。此外,李雅普诺夫(Lyapunov)指数是定量分析非线性系统动力学特性的有力工具之一,当最大 Lyapunov 指数大于 0 时,系统处于混沌运动状态;最大 Lyapunov 指数小于 0 时,系统处于周期运动状态;而最大 Lyapunov 指数在 0 附近时,系统处于准周期运动状态。

Poincaré 映射关键之处在于构造合理的 Poincaré 截面从而获得映射点集信息,该方法与系统是否存在小的摄动量无关。考察式(4.3.3),采用 Runge-Kutta 积分法构造 Poincaré 映射,为增加计算精度,截取状态稳定后的系统响应作为数据来源,记系统初始条件为 x_0,稳定后任意时刻系统状态向量为 $x(t)$,则 Poincaré 映射点集为

$$x_k = x\left(\frac{2\pi k}{\omega}\right), \quad k = 0, 1, 2, \cdots \quad (4.3.4)$$

按照上述原理,若将时间序列对应的所有映射点集位移分量作为纵坐标,控制参数作为横坐标,便构成了二维平面内系统的全局性态图。

为研究简谐激励的幅值 f 和频率 ω 对系统全局分岔特性的影响,采用最简单的参数分岔跟踪延拓算法,即 $f_{k+1} = f_k + \Delta f$ 的初始条件为 f_k 求得的解。设定系统参数:$\xi_1 = 0.1, \gamma = 2, \xi_2 = 0.1, w = 0.5, k_2 = 1$。由于篇幅所限,本书仅分析激励力幅值 f 对系统全局分岔特性的影响,即固定系统激励频率 $\omega = 1.6$,同时由于基座是舰船动力机械振动向船体传递的主要途径,因此,本书主要分析基座的分岔特性。将 f 在 $0 \sim 30$ 范围内、步长为 $\Delta f = 0.01$ 的向前延拓(f 由小变大)和向后延拓(f 由大变小)的所有解值均画在同一图上,具体系统随 f 变化的全局分岔图和相应最大 Lyapunov 指数如图 4.6 所示,由图可知,系统分岔特性非常复杂,周期运动(包括周期 1、周期 2、周期 3、周期 4 等)、准周期运动和混沌运动均出现在系统中,可以通过改变激励幅值 f 使柔性基础高静低动刚度隔振系统实现不同运动状态的转迁。同时,系统的混沌状态仅仅产生于某些特定的参数设置和激励条件,而对于大部分参数范围,系统的运动均为周期或准周期运动。

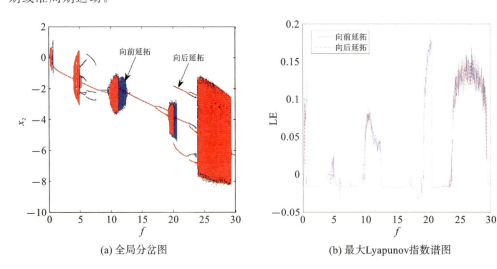

(a) 全局分岔图　　(b) 最大 Lyapunov 指数谱图

图 4.6　基座响应随激励力幅值变化的全局分岔图和最大 Lyapunov 指数谱图($0 \leqslant f \leqslant 30$)

由图 4.6 可知，在多个参数区间内出现吸引子共存的现象，比如在 $8.44 \leqslant f \leqslant 9.46$ 之间存在两个周期 1（P-1）吸引子，在 $6.06 \leqslant f \leqslant 7.61$ 之间存在一个 P-1 和一个 P-3 吸引子，在 $22.57 \leqslant f \leqslant 23.61$ 之间存在两个 P-3 吸引子，在 $0.67 \leqslant f \leqslant 0.77$ 和 $11.23 \leqslant f \leqslant 12.51$ 之间存在一个 P-1 吸引子和一个混沌吸引子，在 $20.08 \leqslant f \leqslant 20.64$ 之间存在一个 P-3 吸引子和一个混沌吸引子。为了进一步得到系统吸引子的数目、位置和吸引域的分形边界等全局空间结构，分析整个相空间内周期解的位置、性态及变化过程，得到任意初始条件下动力学方程解的发展和最终结局。利用多自由度胞映射法（multi-degrees-of-freedom cell mapping，MDCM）将柔性基础高静低动刚度隔振系统多吸引子共存现象形象地呈现在多初始点分岔图上，PMUCR 方法基于 Poincaré 点映射原理、马尔科夫链概率模型和相空间重构理论，而 MDCM 方法是在简单胞映射方法的基础上引入了分析平面的概念，通过选取相空间中所关心的二维平面来近似展现系统的全局性态，在高维非线性系统中得到了广泛应用。在此法基础上，本书通过引入并行计算扩展控制方程对 MDCM 法胞处理过程进行改进，拓展了一种并行多自由度胞映射法（parallelized multi-degrees-of-freedom cell mapping，PMDCM）。

4.3.2 并行多自由度胞映射法

吸引子的迁移控制需要已知吸引子的大小、位置及吸引域的强弱等全局性态，全局性态很难解析刻画，一般采用数值计算来进行定量分析，有力工具为胞映射方法。

为便于描述，将式（4.3.3）写为分量形式

$$\dot{x}_i = F_i(x_1, x_2, \cdots, x_n, t), \quad i = 1, 2, \cdots, n \tag{4.3.5}$$

胞映射法的基本思想是通过引入胞的概念将连续相空间离散化，从而将胞状态用胞化空间内一系列有间隔整数唯一标识，记元胞 $z = [z_1, z_2, \cdots, z_n], z_i \in \mathbf{Z}$。元胞的数值称为胞中心点，在每个维度上引入常数尺度参数 h_i，则胞中心点坐标为

$$c_i = h_i z_i, \quad i = 1, 2, \cdots, n \tag{4.3.6}$$

那么，每一个元胞边界所包含的原相空间状态向量为

$$(z_i - 1/2)h_i \leqslant x_i \leqslant (z_i + 1/2)h_i, \quad i = 1, \cdots, n \tag{4.3.7}$$

若 h_i 满足精度要求，则胞中心点的最终性态代表了落于此胞范围所有状态向量的最终性态。引入二维分析平面概念，则对于相空间中所感兴趣的区域 Ω'

$$\Omega' = \{ \boldsymbol{x} \in \mathbf{R}^n \mid x_i^{(l)} \leqslant x_i \leqslant x_i^{(u)}, i = 1, 2 \wedge x_i = 0, i = 3, \cdots, n \} \tag{4.3.8}$$

可用二维胞化空间重构，元胞子集 $\boldsymbol{S}$ 满足

$$\boldsymbol{S} = \{ z \in \mathbf{Z}^n \mid z_i^{(l)} \leqslant z_i \leqslant z_i^{(u)}, i = 1, 2 \wedge z_i = 0, i = 3, \cdots, n \} \tag{4.3.9}$$

其中，$z_i^{(l)}$、$z_i^{(u)}$ 表示分析平面中胞化空间的上下限。那么子集 $\boldsymbol{S}$ 包括的元胞总数为

$$M = (1+z_1^{(u)}-z_1^{(l)})(1+z_2^{(u)}-z_2^{(l)}) \qquad (4.3.10)$$

经过上述过程,从原相空间任意一点出发,沿相轨迹数值积分一段时长后的终点坐标 x_i^* 可用胞化空间中离散状态变量 z_i^* 替代,从而将欧几里得空间 $\mathbf{R}^n$ 的点映射关系 $\boldsymbol{x}(k+1)=\boldsymbol{g}(\boldsymbol{x}(k))$ 转化为胞化空间 $\mathbf{Z}^n$ 的胞映射关系 $z(k+1)=\zeta(z(k))$。前者 $\boldsymbol{x}(k)$ 为时刻 $t=k\tau$(τ 为离散时间)的 n 维状态向量,$\boldsymbol{g}$ 为 Poincaré 映射函数,$\boldsymbol{g}:\mathbf{R}^n\to\mathbf{R}^n$;而后者 $z(k)$ 为 n 元整数,ζ 为胞映射函数,$\zeta:\boldsymbol{S}\to\boldsymbol{S}$,$z(n)$ 又称为原胞,$z(n+1)$ 称为像胞。

MDCM 法在具体实施过程中,将子集 $\boldsymbol{S}$ 中的原胞分为原始胞、正在处理胞、已处理胞和再次被处理的已处理胞四类,实质是从所选分析平面中某一胞中心点出发,在胞化空间中不断向前映射,直至映射轨迹再次经过已处理胞时映射过程终止,并依次从新的胞中心点重新开始映射,直至所有元胞计算完毕。每条完整映射序列可记为

$$z \to \zeta(z) \to \zeta^2(z) \to \cdots \to \zeta^m(z) \qquad (4.3.11)$$

其中,m 为映射步数。

通过逐一分析每条映射序列的演化过程,获取每个元胞的周期信息,最终可得到整个胞化空间的全部吸引子和对应吸引域。PMDCM 法则是对 MDCM 法的胞映射过程和胞处理过程进行改进,现以二维分析平面中 3×3 大小的子集 $\boldsymbol{S}$ 为例,通过示意图来直观描述两种计算方法的区别,如图 4.7 所示。由图可知,PMDCM 法并行计算数 $N_s=3$,元胞 $[-1,-1]$、$[0,-1]$、$[1,-1]$ 为已处理胞,分别对应周期数组 g_1、g_1 和 g_2,虚线表示剩余未处理胞映射过程并用相应字母标识,相同字母不同下标代表同时进行的映射步骤,如 a_1、a_2、a_3 等,图中省略的字母如 b、d 等则代表元胞扫描判定过程。从图中可知,这两种方法在计算过程存在以下两点明显区别。

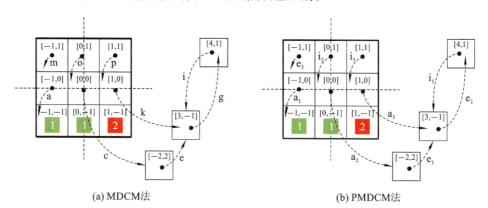

图 4.7 MDCM 法与 PMDCM 法计算过程示意图

一是在 MDCM 法中,每次只能处理一个元胞并向前持续映射,直至映射轨迹收敛于吸引子时终止,且映射过程与扫描处理过程是交替进行的;而在 PMDCM 法中,多条

第 4 章 高静低动刚度隔振系统分岔特性

映射序列可并行向前映射,一旦当前映射轨迹经过已处理胞时映射过程随即终止,不再向前映射,且映射过程与扫描过程是同时进行的。

二是 PMDCM 法可能存在两条或两条以上映射轨迹相互交叉的情形,因此需要增加新的胞扫描判定过程,其功能在于将交叉映射序列合并,避免元胞被重复计算。

虽然两种胞映射方法最终计算结果一致,但显然前者存在被重复处理的元胞,而后者能保证每个元胞只被计算一次,从而能够极大地节省计算时间。

首先,在 PMDCM 法中定义的主要变量及含义如下。

Z:矩阵,用于存储胞化空间子集 S 中的所有元胞,$Z \in M(M, N)$。

Z_s:矩阵,用于存储并行计算的正在处理胞,$Z_s \in M(N_s, N)$。

pc:有序数组,用于存储所有已处理胞,$\mathbf{pc} \in M(N_{pc}, N)$。

op:向量,用于标识 Z_s 中的空行,$\mathbf{op} \in \overline{Z}^R, 0 \leqslant R \leqslant N_s$,$\overline{Z}$ 为整数集合。

g:数组,用于标识 **pc** 中已处理胞的周期数,$\mathbf{g} \in \overline{Z}^{N_{pc}}$。

inds:数组,用于标识 **pc** 正在处理胞序列中胞的步号,$\mathbf{inds} \in M(N_s, \max(Ks(r)))$。

M:子集 S 中元胞的个数,$M \in \overline{N}$,$\overline{N}$ 为自然数集合。

N:动力学系统维数,$N \in \overline{N}$,对于动力学系统而言,$N = 4$。

N_s:自定义的并行计算元胞个数,$N_s \in \overline{N}$,本文取 $N_s = 100$。

N_g:周期数组个数,$N_g \in \overline{N}$。

N_{pc}:已处理胞个数,$N_{pc} \in \overline{N}$。

N_{per}:自定义的数值积分时长。

Ks:每条映射序列元胞个数,$Ks \in \overline{N}^{N_s}$。

Ls:每条映射序列最长轨迹长度,$Ls \in \overline{N}^{N_s}$。

$\max$:自定义的映射序列最长步数,$\max \in \overline{N}$,本文取 $\max = 20$。

r:矩阵 Z_s 的行标索引。

ri:矩阵 Z 中未处理胞的最小行标。

其次,PMDCM 法包括 6 个关键步骤,具体计算流程如图 4.8 所示。

步骤①:选定分析平面,建立元胞矩阵。将动力学系统连续相空间离散化为胞化空间,并在选定分析平面内得到元胞矩阵 Z。

步骤②:参数初始化。建立 **op** 向量用于标识矩阵 Z_s 中的空行,并将映射序列轨迹长度初始化为 $Ls=0$,为后续填充矩阵 Z_s 做准备。

步骤③:元胞前处理及填充矩阵 Z_s。根据行标索引递增顺序依次从元胞矩阵 Z 中筛选尚未处理元胞用于填充 Z_s 矩阵的空行。这里涉及流程图中的 SCAN 子程序,通过扫描矩阵 **pc**,若返回值 $B=1$,则判定元胞为已处理胞,并赋予相同的全局性态标识

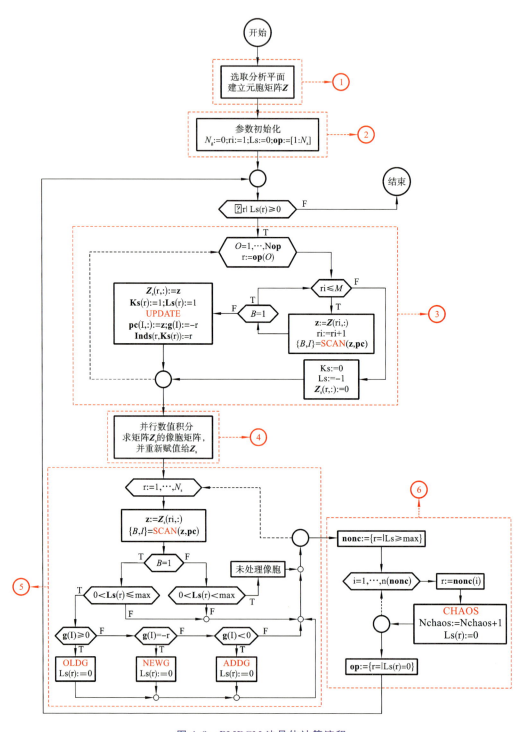

图 4.8　PMDCM 法具体计算流程

数 I,若 $B=0$,则判定元胞为未处理胞,并填充至矩阵 $\mathbf{Z}_s$ 中。当所有待处理胞的返回值 $B=0$ 时,表明矩阵 $\mathbf{Z}_s$ 填充完毕,并更新矩阵 $\mathbf{pc}$ 的周期数号和步号。

步骤④:并行数值积分计算。将填充完毕的矩阵 $\mathbf{Z}_s$ 并行数值计算得到胞映射的像胞,并重新赋值给矩阵 $\mathbf{Z}_s$。此外,在并行计算过程中需引入如下扩展控制方程

$$\begin{cases} \dot{\boldsymbol{x}}^1 = \boldsymbol{F}^1(\boldsymbol{x}^1, t) \\ \quad \vdots \\ \dot{\boldsymbol{x}}^{N_s} = \boldsymbol{F}^N(\boldsymbol{x}^{N_s}, t) \end{cases} \tag{4.3.12}$$

其中, $\boldsymbol{x}^k = [x_1^k, \cdots, x_N^k]^{\mathrm{T}}$, $\boldsymbol{F}^k = [F_1^k, \cdots, F_N^k]^{\mathrm{T}}$, $k = 1, \cdots, N_s$, 上标 T 表示向量转置。另外,初始条件 $\mathbf{IC} = [\boldsymbol{c}^1, \cdots, \boldsymbol{c}^{N_s}]$, $\boldsymbol{c}^k \in \mathbf{R}^N$, $\mathbf{IC} \in \mathbf{R}^{N \times N_s}$, $\boldsymbol{c}^k$ 为元胞 $\mathbf{Z}_s(k,:)$ 的中心点坐标,积分时长选取为 $N_{\mathrm{per}} = 800 \times 2\pi/\omega$, ω 为激励频率。

步骤⑤:像胞扫描及处理过程。进一步通过 SCAN 子程序对像胞矩阵 $\mathbf{Z}_s$ 进行扫描判定。若像胞为新的未处理胞,将其添加到矩阵 $\mathbf{pc}$ 中,并形成新的周期序列;若像胞为已处理胞,其演化过程对应三种情形:

a. 像胞对应矩阵 $\mathbf{pc}$ 中一条已完成映射序列,则赋予该像胞相同周期号与步号;

b. 像胞与原胞为同一个周期胞,则将其添加到矩阵 $\mathbf{pc}$ 中,形成一条新的周期序列,并赋予新的周期组号;

c. 像胞与另一条正在处理映射序列相交叉,则将其添加至交叉映射序列中,更新交叉映射序列元胞个数 Ks,清空像胞所在行,并从此行开始一条新的映射序列。

步骤⑥:映射序列后处理。检查映射序列轨迹长度并识别运动状态,当映射序列轨迹大于最长步数 max 时,则终止映射,将其视为混沌运动。当所有元胞被遍历计算时,则可依据每个元胞的周期号组及步数号组标识数,得到完整的吸引子及吸引域信息。

4.3.3 吸引子共存研究

当 $f = 6.8$ 时,选择 $-6 \leqslant x_1 \leqslant 6$, $-10 \leqslant y_1 \leqslant 10$ 为分析平面,固定 x_2 和 y_2 的初始值均为 0,胞的数目为 100×100,总共有 10000 个正规胞,得到系统的吸引子及其吸引域如图 4.9(a)所示;选择 $-6 \leqslant x_2 \leqslant 6$, $-10 \leqslant y_2 \leqslant 10$ 为分析平面,固定 x_1 和 y_1 的初始值均为 0,得到系统的吸引子及其吸引域如图 4.9(b)所示,图中蓝色"■"为 P-1 吸引子,灰色区域为其吸引域,红色"▲"为 P-3 吸引子,黑色区域为其吸引域。由图可知,系统存在一个 P-1 吸引子和一个 P-3 吸引子,它们对应的吸引域形态复杂且相互交错缠绕。在分析平面 $x_1 - \dot{x}_1$ 上,P-1 吸引子的吸引域占胞空间的 24.75%,P-3 吸引子的吸引域占胞空间的 75.25%;而在分析平面 $x_2 - \dot{x}_2$ 上,P-1 吸引子的吸引域占胞空间的 27.15%,P-3 吸引子的吸引域占胞空间的 72.85%。

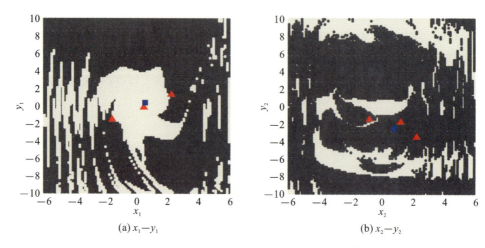

图 4.9 $f=6.8$ 时共存的吸引子及其吸引域

当 $f=11.8$ 时,选择 $-6\leqslant x_2\leqslant 6$、$-10\leqslant y_2\leqslant 10$ 为分析平面,固定 x_1 和 y_1 的初始值均为 0,得到系统的吸引子及其吸引域如图 4.10(a)所示;此时系统存在一个 P-1 吸引子和一个混沌吸引子,图中蓝色"■"为 P-1 吸引子,灰色区域为其吸引域,红色"+"为混沌吸引子,黑色区域为其吸引域。当 $f=20.5$ 时,同样选择 $-6\leqslant x_2\leqslant 6$、$-10\leqslant y_2\leqslant 10$ 为分析平面,固定 x_1 和 $\dot{x}_1$ 的初始值均为 0,得到系统的吸引子及其吸引域如图 4.10(b)所示;此时系统存在一个 P-3 吸引子和一个混沌吸引子,图中蓝色"■"为 P-3 吸引子,灰色区域为其吸引域,红色"+"为混沌吸引子,黑色区域为其吸引域。由图可知,当激励力较小时,系统以周期吸引域为主,图 4.10(a)中 P-1 吸引域占胞空间的 69.60%,混沌吸引域占胞空间的 30.40%;而当激励力较大时,整个相空间

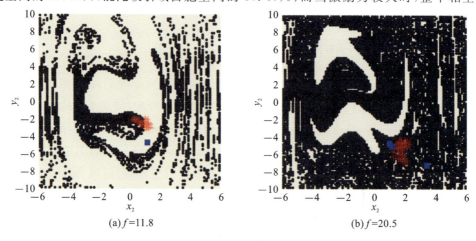

图 4.10 $f=11.8$ 和 $f=20.5$ 时的吸引子及其吸引域

以混沌吸引域为主,图 4.10(b)混沌吸引域占胞空间的 72.82%,而 P-3 吸引域仅占胞空间的 27.18%。

固定 $x_1 = y_1 = 0$,分别取 $x_2 = 0$ 和 $y_2 = 0$,$x_2 = -1$ 和 $y_2 = 5$,系统在不同激励力作用下的相图如图 4.11 所示,可以清楚地看出系统存在不同周期吸引子(图 4.11(a)和图 4.11(b))、周期和混沌吸引子(图 4.11(c)和图 4.11(d))共存现象,并且共存吸引子的振幅有时相差较大,系统稳定于哪一个吸引子由初始条件决定。因此,从理论上来说,可以通过运动状态的主动调整(即重新选择初始状态)来实现不同吸引子之间的迁移控制,使得当系统运行在大振幅吸引子时迅速迁移至小振幅吸引子,而原本运行于小振幅吸引子时,则尽可能保持。

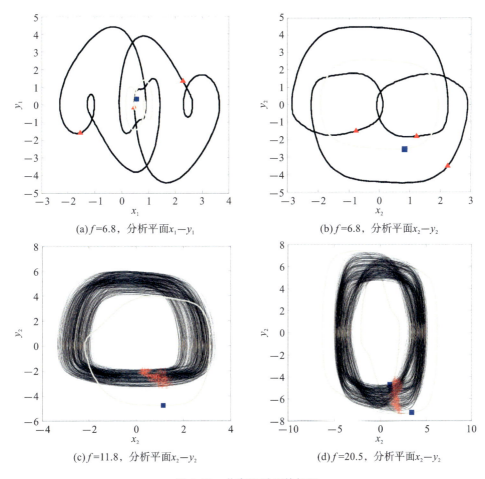

图 4.11 共存吸引子的相图

4.4 本章小结

本章利用奇异性理论,分析了柔性基础高静低动刚度隔振系统在二阶主共振和 1∶2 内共振下的余维 4 分岔拓扑结构,给出了系统参数与运动模式之间的关系,并在物理参数空间得到了具有工程应用价值的局部分岔图;通过并行多自由度胞映射法,对系统的全局性态进行了分析,揭示和发现了不同类型的吸引子共存规律,为吸引子的输运与迁移控制提供了必要的先验信息。

第 5 章 高静低动刚度隔振系统吸引子迁移控制

5.1 引　　言

柔性基础高静低动刚度隔振系统存在周期吸引子共存、周期吸引子和混沌吸引子共存的现象,而且不同共存吸引子之间的振幅存在较大差异,初始条件的改变可能使原本处于小振幅吸引子上的系统突然跳到大振幅吸引子上。本章利用无源控制理论,通过迁移控制方法,实现当系统运行于大振幅吸引子上时迅速迁移至振幅较小的吸引子上,而原本运行于振幅较小的吸引子上时,则尽可能保持,使系统保持在基础振动和线谱强度最小的运动状态,为降低潜艇水下辐射噪声线谱强度、隐匿线谱信息奠定理论基础,所得结论对潜艇动力机械的振动控制也具有一定的借鉴价值。

5.2 迁移控制方法

非线性系统普遍存在多值性,属于多重吸引子系统,即由于外部参数的变化和扰动的影响,系统可能具有多个吸引子,且每个吸引子都有自己的吸引域,实现不同吸引子之间转换的传输控制称为迁移控制。迁移控制算法由最初的开环控制,发展到开环加线性闭环(open-plus-closed-loop,OPCL)控制以及开环加非线性闭环(open-plus-nonlinear-closed-loop,OPNCL)控制,从而避免了有关确定传输域范围的烦琐计算。

考虑带控制项的连续非线性动力学系统

$$\frac{\mathrm{d}\boldsymbol{x}}{\mathrm{d}t} = \boldsymbol{F}(\boldsymbol{x},t) + S(t)\boldsymbol{K}(\boldsymbol{g},\boldsymbol{x},t), \quad (\boldsymbol{x}\in \mathbf{R}^n, \boldsymbol{g}\in \mathbf{R}^n) \tag{5.2.1}$$

其中 $F_i(\boldsymbol{x},t) = \sum\limits_{j_1+j_2+\cdots+j_n=0}^{m} b_{j_1,j_2,\cdots,j_n}^{(i)}(t) x_1^{j_1} x_2^{j_2} \cdots x_n^{j_n} (i=1,2,\cdots,n)$,$m$ 为 $\boldsymbol{F}(\boldsymbol{x},t)$ 的多项式次数,至少有一个系数 $b_{j_1,j_2,\cdots,j_n}^{(i)}(t) \neq 0 (1\leqslant i\leqslant n, j_1+j_2+\cdots+j_n=m)$;$S(t)$ 为适当选定的开关函数,$S(t)=0(t<t_0), 0<S(t)\leqslant 1(t\geqslant t_0)$,$t_0$ 为起始时间,$S(t)$ 的作用是缓和系统加入控制时产生的剧烈反应,$t<t_0$ 表示未施加控制,$t\geqslant t_0$ 表示施加控制;$\boldsymbol{K}(\boldsymbol{g},\boldsymbol{x},t)$ 为控制项。假定系统有吸引集 $A_k(k=1,2,\cdots)$ 及其吸引域 BA_k,

在相空间中定义一簇目标域 $\{g(t) \mid t \geqslant t_0, g(t) \in \mathbf{R}^n\} \in G, g(t)$ 可以是具有任何拓扑特性的动态行为,如果存在

$$\lim_{t \to \infty} \| x(t) - g(t) \| = \lim_{t \to \infty} \| e(t) \| = 0 \tag{5.2.2}$$

则称系统被传输至目标轨道 $g(t)$,其中 $e(t) = x(t) - g(t)$,为 $x(t)$ 和 $g(t)$ 之间的误差变量,G_k 为目标域,$g(t) \in G_k, G_k \cap BA_k \neq \varnothing$。系统能够被传输至 $g(t)$ 的连续初始条件的集合称为传输域 $BE(g)$,即 $BE(g \mid t_0) = \{x(t_0) \mid \lim_{t \to \infty} \| x(t) - g(t) \| = 0\}$,$G_k \subset BE(g)$,且 $BE(g)$ 为凸域。一旦选择的初始点 $x(t_0) \in BE(g)$,则不需要进一步监视系统的动态行为,也不需要反馈信息来镇定行为。$g(t)$ 不必为系统的固定轨道,要实现多重吸引子系统中不同吸引子 A_1 和 A_2 的迁移,只需保证 $g(t_0)$ 位于吸引子 A_1 中,而 $g(t)$ 的终点位于吸引子 A_2 中;即系统轨道进入目标轨道 $g(t_0)$ 的邻域内启动传输控制,使系统沿着目标轨道 $g(t)$ 运行,在 $g(t)$ 进入 A_2 的吸引域后关闭控制,系统就能稳定运行在吸引子 A_2 上,即目标轨道函数必须连接两个共存吸引子的吸引域。下面具体给出不同迁移控制方法的数学表达式。

5.2.1 开环加线性闭环控制

若利用开环控制使得式(5.2.2)成立,控制形式为

$$\lim_{t \to +\infty} K(g, t) = \frac{\mathrm{d}g}{\mathrm{d}t} - F(g, t) \tag{5.2.3}$$

最简单的控制方式是式(5.2.3)对任何时间 t 均成立,即 Hübler 和 Lüscher 提出的如下控制规律

$$K(g, t) = H(\mathrm{d}g/\mathrm{d}t, g, t) = \frac{\mathrm{d}g}{\mathrm{d}t} - F(g, t) \tag{5.2.4}$$

作变量代换 $e(t) = x(t) - g(t)$,将式(5.2.4)代入式(5.2.1),并令 $S(t) = 1$,可得

$$\frac{\mathrm{d}e}{\mathrm{d}t} = F(e+g, t) - F(g, t) = \sum_{k=1}^{n} \frac{1}{k!} \frac{\partial^k F(g, t)}{\partial g^k} e^k \tag{5.2.5}$$

式(5.2.5)为非自治非线性的复杂方程组,它的零解稳定性判别非常复杂,即使存在 $BE(g) \neq \varnothing$,也仅在 $e(t) = 0$ 的较小邻域内,而且开环控制方法只有在 $\mathrm{d}g/\mathrm{d}t \neq F(g, t)$ 的情形下才起作用,否则 $H(\mathrm{d}g/\mathrm{d}t, g, t) = 0$ 对所有 t 成立,失去了迁移控制的意义。

利用线性反馈的闭环控制方法使得式(5.2.2)成立,控制形式为

$$K(g, x, t) = A(x - g) \tag{5.2.6}$$

其中 A 是负定的对角常数阵,将式(5.2.6)代入式(5.2.1),并令 $S(t) = 1$,可得

第 5 章　高静低动刚度隔振系统吸引子迁移控制

$$\frac{d\boldsymbol{e}}{dt} = \boldsymbol{A}\boldsymbol{e} + \boldsymbol{F}(\boldsymbol{e}+\boldsymbol{g},t) - \frac{d\boldsymbol{g}}{dt} \tag{5.2.7}$$

由于 $\boldsymbol{F}(\boldsymbol{e}+\boldsymbol{g},t)$ 是 m 次多项式,将其关于 $\boldsymbol{e}+\boldsymbol{g}$ 在 $\boldsymbol{e}(t)=0$ 附近展开得

$$\frac{d\boldsymbol{e}}{dt} = \boldsymbol{A}\boldsymbol{e} + \sum_{k=1}^{n} \frac{1}{k!} \frac{\partial^k \boldsymbol{F}(\boldsymbol{g},t)}{\partial \boldsymbol{g}^k} \boldsymbol{e}^k \tag{5.2.8}$$

当 $t \to +\infty$ 时要满足 $\boldsymbol{e}(t)=0$,须有 $d\boldsymbol{g}/dt - \boldsymbol{F}(\boldsymbol{g},t)=0$,因此,闭环控制方法 $\boldsymbol{g}(t)$ 必须限制为方程 $d\boldsymbol{g}/dt = \boldsymbol{F}(\boldsymbol{g},t)$ 的某个解,在混沌吸引子中通常取式(5.2.1)的某个嵌入不稳定的周期解或非周期轨道;而且式(5.2.8)也是非自治非线性的复杂方程组,它的零解稳定性判别也非常复杂,因此,线性反馈算法也很难确定传输域 $BE(\boldsymbol{g})$ 的范围及存在性。

综上所述,开环控制和闭环控制的初值限制均非常苛刻,前者 $\boldsymbol{g}(t)$ 必须不满足 $d\boldsymbol{g}/dt = \boldsymbol{F}(\boldsymbol{g},t)$,而后者又必须满足,而且两者均很难确定传输域 $BE(\boldsymbol{g})$ 的范围及存在性。考虑到线性反馈的闭环控制和开环控制各有利弊,Jackson 和 Grosu 提出了 OPCL 复合控制算法,开环控制部分全部由目标轨道的变量组成,其作用是建立一个期望的目标轨道,而闭环控制部分由一个控制矩阵乘上目标轨道变量和受控系统变量之差组成,其作用是让目标轨道稳定,从而避免了单一开环或线性闭环控制的一些限制因素。

定理 1　设 $\boldsymbol{g}(t)$ 是关于 t 的任意光滑函数,$\boldsymbol{x}(t)$ 是式(5.2.1)的解,且 $\boldsymbol{F}(\boldsymbol{x},t)$ 关于 $\boldsymbol{x}$ 处处满足 Lipshitz 条件,则存在关于 $\boldsymbol{x}(t)$ 是线性的函数向量 $\boldsymbol{K}(\boldsymbol{g},\boldsymbol{x},t)$,使得传输域 $BE(\boldsymbol{g})$ 为非空集合,并且是全局的。证明过程如下。

OPCL 算法的控制项 $\boldsymbol{K}(\boldsymbol{g},\boldsymbol{x},t)$ 为 Hübler 开环控制和线性闭环控制的组合形式

$$\boldsymbol{K}(\boldsymbol{g},\boldsymbol{x},t) = \frac{d\boldsymbol{g}}{dt} - \boldsymbol{F}(\boldsymbol{g},t) + \boldsymbol{C}(\boldsymbol{g},t)\boldsymbol{e}(t) \tag{5.2.9}$$

其中 $\boldsymbol{C}(\boldsymbol{g},t) = \partial \boldsymbol{F}(\boldsymbol{g},t)/\partial \boldsymbol{g} - \boldsymbol{A}$,$\boldsymbol{A} = (a_{ij})$,为任意 n 阶负定的实常数对角矩阵。设 $S(t)=1$,将式(5.2.9)代入式(5.2.1),同时关于小的 $\boldsymbol{e}(t)$ 展开 $\boldsymbol{F}(\boldsymbol{g}(t)+\boldsymbol{e}(t),t)$,可得

$$\frac{d\boldsymbol{g}}{dt} + \frac{d\boldsymbol{e}}{dt} = \boldsymbol{F}(\boldsymbol{g}+\boldsymbol{e},t) + \boldsymbol{K}(\boldsymbol{g},\boldsymbol{g}+\boldsymbol{e},t) = \boldsymbol{F}(\boldsymbol{g}+\boldsymbol{e},t) + \frac{d\boldsymbol{g}}{dt}\boldsymbol{F}(\boldsymbol{g},t) - \boldsymbol{C}(\boldsymbol{g},t)\boldsymbol{e}(t) \tag{5.2.10}$$

假设由于 $\boldsymbol{e}(t_0)$ 很小,将 $\boldsymbol{e}(t)$ 在 $\boldsymbol{e}(t_0)$ 的邻域内进行线性化,可得近似的线性变分方程

$$\frac{d\boldsymbol{e}}{dt} = \frac{\partial \boldsymbol{F}(\boldsymbol{g},t)}{\partial \boldsymbol{g}}\boldsymbol{e}(t) - \boldsymbol{C}(\boldsymbol{g},t)\boldsymbol{e}(t) = \boldsymbol{A}\boldsymbol{e}(t) \tag{5.2.11}$$

注意到 $\boldsymbol{A}$ 的所有特征值均具有负实部,则式(5.2.11)的解是渐进稳定的,故

$BE(\boldsymbol{g}) \neq \varnothing$,而且 $\boldsymbol{e}(t)$ 是否渐进稳定与初始点选择无关,故 $BE(\boldsymbol{g})$ 是全局的。

定理 1 没有严格要求 $\boldsymbol{g}(t)$ 是否为 $\mathrm{d}\boldsymbol{g}/\mathrm{d}t = \boldsymbol{F}(\boldsymbol{g},t)$ 的解,也未限制 $\boldsymbol{g}(t)$ 在相空间的位置,这有利于实现吸引子的迁移控制,将式(5.2.10)中的 $\boldsymbol{F}(\boldsymbol{g}(t)+\boldsymbol{e}(t),t)$ 关于小的 $\boldsymbol{e}(t)$ 泰勒级数展开,得到以误差分量表示的非线性方程组

$$\frac{\mathrm{d}e_i}{\mathrm{d}t} = \sum_{j=1}^{n} a_{ij}e_j + \sum_{k=2}^{n} \frac{1}{k!}\frac{\partial^k F_i(\boldsymbol{g},t)}{\partial \boldsymbol{g}^k}\boldsymbol{e}^k, \quad i=1,2,\cdots,n \qquad (5.2.12)$$

其中

$$\sum_{k=2}^{n}\frac{1}{k!}\frac{\partial^k F_i(\boldsymbol{g},t)}{\partial \boldsymbol{g}^k}\boldsymbol{e}^k = \frac{1}{2!}\sum_{j,k=1}^{n}\frac{\partial^2 F_i(\boldsymbol{g},t)}{\partial g_j\partial g_k}e_je_k + \frac{1}{3!}\sum_{j,k,l=1}^{n}\frac{\partial^3 F_i(\boldsymbol{g},t)}{\partial g_j\partial g_k\partial g_l}e_je_ke_l + \cdots,$$

$$\sum_{j,k=1}^{n}\frac{\partial^2 F_i(\boldsymbol{g},t)}{\partial g_j\partial g_k}e_je_k = \frac{\partial^2 F_i(\boldsymbol{g},t)}{\partial g_1\partial g_1}e_1^2 + \frac{\partial^2 F_i(\boldsymbol{g},t)}{\partial g_1\partial g_2}e_1e_2 + \cdots + \frac{\partial^2 F_i(\boldsymbol{g},t)}{\partial g_1\partial g_n}e_1e_n$$

$$+ \frac{\partial^2 F_i(\boldsymbol{g},t)}{\partial g_2\partial g_1}e_2e_1 + \frac{\partial^2 F_i(\boldsymbol{g},t)}{\partial g_2\partial g_2}e_2^2 + \cdots + \frac{\partial^2 F_i(\boldsymbol{g},t)}{\partial g_2\partial g_n}e_2e_n + \cdots$$

$$+ \frac{\partial^2 F_i(\boldsymbol{g},t)}{\partial g_n\partial g_1}e_ne_1 + \frac{\partial^2 F_i(\boldsymbol{g},t)}{\partial g_n\partial g_2}e_ne_2 + \cdots + \frac{\partial^2 F_i(\boldsymbol{g},t)}{\partial g_n\partial g_n}e_n^2$$

$$= \begin{bmatrix} \frac{\partial^2 F_i(\boldsymbol{g},t)}{\partial g_1\partial g_1}e_1 + \frac{\partial^2 F_i(\boldsymbol{g},t)}{\partial g_1\partial g_2}e_2 + \cdots + \frac{\partial^2 F_i(\boldsymbol{g},t)}{\partial g_1\partial g_n}e_n \\ \frac{\partial^2 F_i(\boldsymbol{g},t)}{\partial g_2\partial g_1}e_1 + \frac{\partial^2 F_i(\boldsymbol{g},t)}{\partial g_2\partial g_2}e_2 + \cdots + \frac{\partial^2 F_i(\boldsymbol{g},t)}{\partial g_2\partial g_n}e_n \\ \vdots \\ \frac{\partial^2 F_i(\boldsymbol{g},t)}{\partial g_n\partial g_1}e_1 + \frac{\partial^2 F_i(\boldsymbol{g},t)}{\partial g_n\partial g_2}e_2 + \cdots + \frac{\partial^2 F_i(\boldsymbol{g},t)}{\partial g_n\partial g_n}e_n \end{bmatrix} \begin{Bmatrix} e_1 \\ e_2 \\ \vdots \\ e_n \end{Bmatrix}$$

$$= \frac{1}{2}\boldsymbol{e}^{\mathrm{T}}\nabla^2 F_i(\boldsymbol{g},t)\boldsymbol{e}, \quad i=1,2,\cdots,n$$

其中 $\nabla^2 F_i(\boldsymbol{g},t)$ 是 $F_i(\boldsymbol{g},t)$ 的 Hessian 矩阵,对于 $\sum_{j,k,l=1}^{n}\frac{\partial^3 F_i(\boldsymbol{g},t)}{\partial g_j\partial g_k\partial g_l}e_je_ke_l,\cdots$,可依次推出。

由上述分析可知,当 $m\leqslant 2$ 时,式(5.2.12)与目标 $\boldsymbol{g}(t)$ 的选择无关,比如 Lorenz 系统和 Rössler 系统,式(5.2.12)的具体表达式如下:

$$\frac{\mathrm{d}e_i}{\mathrm{d}t} = \sum_{j=1}^{n} a_{ij}e_j + \frac{1}{2}\boldsymbol{e}^{\mathrm{T}}\nabla^2 F_i(\boldsymbol{g},t)\boldsymbol{e}, \quad i=1,2,\cdots,n \qquad (5.2.13)$$

而当 $m \geqslant 3$ 时,式(5.2.12)的右端系数可能含有 $\boldsymbol{g}(t)$,比如 Chua 系统和 Duffing 系统,因此,$BE(\boldsymbol{g})$ 的范围取决于系统 $\boldsymbol{F}$ 和目标 $\boldsymbol{g}(t)$,确定较为复杂和困难。

5.2.2 开环加非线性闭环控制

OPCL 控制方法对于式(5.2.1)的右端为 $m(m\leqslant 2)$ 阶多项式的系统具有较高的

第 5 章 高静低动刚度隔振系统吸引子迁移控制

控制效果,但当 $m \geqslant 2$ 时方法失效,且 m 的增加使得式(5.2.12)右端将可能含有 $g(t)$,导致 $BE(g)$ 的确定非常困难,而实际系统大都是高阶多项式形式。为了克服上述困难,王杰等将 OPCL 算法中的闭环部分由"控制矩阵乘上目标轨道变量与受控变量之差"的线性反馈变为"目标轨道变量与受控系统变量之差的非线性函数"的非线性反馈,提出了 OPNCL 算法,并证明了任意给定目标轨道,系统传输域非空且是全局的。

定理 2 设 $g(t)$ 是关于 t 的任意光滑函数,$x(t)$ 是方程(5.2.1)的解,$F(x,t)$ 是关于 x 的 m 次多项式,则存在关于 $x(t)$ 是非线性的函数向量 $K(g,x,t)$,使得传输域 $BE(g)$ 为非空集合,并且是全局的。证明过程如下:

OPNCL 的控制项为

$$K(g,x,t) = \frac{dg}{dt} - F(g,t) - C(g,t)e(t) - N(g,x,t) \quad (5.2.14)$$

其中 $C(g,t) = \frac{\partial F(g,t)}{\partial g} - A$,$A = (a_{ij})$,为任意 $n \times n$ 的实常数矩阵,它的所有特征值均具有负实部,$N(g,x,t)$ 是非线性的闭环控制函数,$N_i(g,x,t)$ 的具体表达式如下

$$N_i(g,x,t) = \frac{1}{2!}\sum_{j,k=1}^{n}\frac{\partial^2 F_i(g,t)}{\partial g_j \partial g_k}e_j e_k + \frac{1}{3!}\sum_{j,k,l=1}^{n}\frac{\partial^3 F_i(g,t)}{\partial g_j \partial g_k \partial g_l}e_j e_k e_l + \cdots$$

$$+ \frac{1}{m!}\sum_{j,k,\cdots,p=1}^{n}\frac{\partial^m F_i(g,t)}{\partial g_j \partial g_k \cdots \partial g_p}e_j e_k \cdots e_p, \quad m \geqslant 2, i = 1,2,\cdots,n$$

$$(5.2.15)$$

设 $S(t) = 1$,将式(5.2.14)和式(5.2.15)代入式(5.2.1),可得

$$\frac{de_i}{dt} = F_i(g+e,t) - F_i(g,t) - \left[\frac{dF_i(g,t)}{dg} - A_i\right]e - N_i(g,x,t) \quad (5.2.16)$$

设 $e(t_0)$ 任意小,当 $t \geqslant t_0$ 时,将 $F(g+e,t)$ 关于小的 $e(t)$ 泰勒级数展开,可得

$$\frac{de_i}{dt} = A_i e + \frac{1}{(m+1)!}\sum_{j,k,\cdots,q=1}^{n}\frac{\partial^{m+1} F_i(g,t)}{\partial g_j \partial g_k \cdots \partial g_q}e_j e_k \cdots e_q + \cdots \quad (5.2.17)$$

设 $F(x,t)$ 为 p 阶多项式,则当 $m = p - 1$ 时,OPNCL 控制的误差方程为

$$\frac{de_i}{dt} = A_i e + \frac{1}{p!}\sum_{j,k,\cdots,q=1}^{n}\frac{\partial^{m+1} F_i(g,t)}{\partial g_j \partial g_k \cdots \partial g_q}e_j e_k \cdots e_q \quad (5.2.18)$$

式(5.2.18)与 $g(t)$ 的选择无关,当 $m \geqslant p$ 时,得到关于 e 的线性方程组 $\dot{e} = Ae(t)$,注意到 A 的所有特征值均具有负实部,利用 Lyapunov 直接法可证明该方程的零解渐进稳定且 $BE(g) \neq \varnothing$,即对任何光滑有界或无界的目标函数而言,其传输域均是全局的。

5.3 高静低动刚度隔振系统共存吸引子迁移控制

由 3.2 节的分析可知,柔性基础高静低动刚度隔振系统的无量纲动力学方程为

$$\begin{aligned}
\dot{x}_1 &= F_1 = y_1 \\
\dot{y}_1 &= F_2 = -\xi_1(y_1 - y_2) - (x_1 - x_2) + \gamma(x_1 - x_2)^2 - (x_1 - x_2)^3 + f\cos\omega t \\
\dot{x}_2 &= F_3 = y_2 \\
\dot{y}_2 &= F_4 = -w\xi_2 y_2 - wk_2 x_2 + w\xi_1(y_1 - y_2) + w(x_1 - x_2) - w\gamma(x_1 - x_2)^2 \\
&\quad + w(x_1 - x_2)^3
\end{aligned}$$
(5.3.1)

设目标轨道函数为 $\boldsymbol{g} = (g_1, g_2, g_3, g_4)^\mathrm{T}$,$\boldsymbol{e} = (e_1, e_2, e_3, e_4)^\mathrm{T}$,$\Delta_1 = g_1 - g_3$,$\Delta_2 = e_1 - e_3$,并令 $S(t) = 1$。对式(5.3.1)施加 Hübler 开环控制作用,得到

$$\begin{Bmatrix} \dot{x}_1 \\ \dot{y}_1 \\ \dot{x}_2 \\ \dot{y}_2 \end{Bmatrix} = \begin{Bmatrix} y_1 \\ F_2(x,y,t) \\ y_2 \\ F_4(x,y,t) \end{Bmatrix} + \begin{Bmatrix} \dot{g}_1 - g_2 \\ \dot{g}_2 - F_2(g,t) \\ \dot{g}_3 - g_4 \\ \dot{g}_4 - F_4(g,t) \end{Bmatrix}$$
(5.3.2)

$$\frac{\mathrm{d}\boldsymbol{e}}{\mathrm{d}t} = \frac{\partial \boldsymbol{F}(\boldsymbol{g},t)}{\partial \boldsymbol{g}} \begin{Bmatrix} e_1 \\ e_2 \\ e_3 \\ e_4 \end{Bmatrix} + \begin{Bmatrix} 0 \\ \gamma\Delta_2^2 - 3g_1\Delta_2^2 + 3g_3\Delta_2^2 - \Delta_2^3 \\ 0 \\ -w\gamma\Delta_2^2 + 3wg_1\Delta_2^2 - 3wg_3\Delta_2^2 + w\Delta_2^3 \end{Bmatrix}$$
(5.3.3)

其中

$$\frac{\partial \boldsymbol{F}(\boldsymbol{g},t)}{\partial \boldsymbol{g}} = \begin{bmatrix} 0 & 1 & 0 & 0 \\ -1 + 2\gamma\Delta_1 - 3\Delta_1^2 & -\xi_1 & 1 - 2\gamma\Delta_1 + 3\Delta_1^2 & \xi_1 \\ 0 & 0 & 0 & 1 \\ w - 2w\gamma\Delta_1 + 3w\Delta_1^2 & w\xi_1 & -w(1+k_2) + 2w\gamma\Delta_1 - 3w\Delta_1^2 & -w(\xi_1+\xi_2) \end{bmatrix}$$

设 n 阶实常数对角矩阵 $\boldsymbol{A} = \mathrm{diag}(a_{11}, a_{22}, \cdots, a_{nn})$,且 $a_{ii} < 0$,对系统(5.3.1)施加闭环控制作用,得到

$$\begin{Bmatrix} \dot{x}_1 \\ \dot{y}_1 \\ \dot{x}_2 \\ \dot{y}_2 \end{Bmatrix} = \begin{Bmatrix} y_1 \\ F_2(x,y,t) \\ y_2 \\ F_4(x,y,t) \end{Bmatrix} - \boldsymbol{A} \begin{Bmatrix} g_1 - x_1 \\ g_2 - y_1 \\ g_3 - x_2 \\ g_4 - y_2 \end{Bmatrix}$$
(5.3.4)

$$\frac{\mathrm{d}\boldsymbol{e}}{\mathrm{d}t} = \left[A + \frac{\partial \boldsymbol{F}(\boldsymbol{g},t)}{\partial \boldsymbol{g}}\right]\boldsymbol{e} + \begin{Bmatrix} 0 \\ \gamma\Delta_2^2 - 3g_1\Delta_2^2 + 3g_3\Delta_2^2 - \Delta_2^3 \\ 0 \\ -w\gamma\Delta_2^2 + 3wg_1\Delta_2^2 - 3wg_3\Delta_2^2 + w\Delta_2^3 \end{Bmatrix} \quad (5.3.5)$$

对式(5.3.1)施加 OPCL 控制作用,得到

$$\begin{Bmatrix} \dot{x}_1 \\ \dot{y}_1 \\ \dot{x}_2 \\ \dot{y}_2 \end{Bmatrix} = \begin{Bmatrix} y_1 \\ F_2(x,y,t) \\ y_2 \\ F_4(x,y,t) \end{Bmatrix} + \begin{Bmatrix} \dot{g}_1 - g_2 \\ \dot{g}_2 - F_2(g,t) \\ \dot{g}_3 - g_4 \\ \dot{g}_4 - F_4(g,t) \end{Bmatrix} + \left[\frac{\partial \boldsymbol{F}(\boldsymbol{g},t)}{\partial \boldsymbol{g}} - A\right]\begin{Bmatrix} g_1 - x_1 \\ g_2 - y_1 \\ g_3 - x_2 \\ g_4 - y_2 \end{Bmatrix}$$

(5.3.6)

$$\frac{\mathrm{d}\boldsymbol{e}}{\mathrm{d}t} = a_{ii}e_i + \begin{Bmatrix} 0 \\ \gamma\Delta_2^2 - 3g_1\Delta_2^2 + 3g_3\Delta_2^2 - \Delta_2^3 \\ 0 \\ -w\gamma\Delta_2^2 + 3wg_1\Delta_2^2 - 3wg_3\Delta_2^2 + w\Delta_2^3 \end{Bmatrix}, \quad i = 1,2,3,4 \quad (5.3.7)$$

对式(5.3.1)施加 OPNCL 控制作用,得到

$$\begin{Bmatrix} \dot{x}_1 \\ \dot{y}_1 \\ \dot{x}_2 \\ \dot{y}_2 \end{Bmatrix} = \begin{Bmatrix} y_1 \\ F_2(x,y,t) \\ y_2 \\ F_4(x,y,t) \end{Bmatrix} + \begin{Bmatrix} \dot{g}_1 - g_2 \\ \dot{g}_2 - F_2(g,t) \\ \dot{g}_3 - g_4 \\ \dot{g}_4 - F_4(g,t) \end{Bmatrix} + \left[\frac{\partial \boldsymbol{F}(\boldsymbol{g},t)}{\partial \boldsymbol{g}} - A\right]\begin{Bmatrix} g_1 - x_1 \\ g_2 - y_1 \\ g_3 - x_2 \\ g_4 - y_2 \end{Bmatrix} - \boldsymbol{N}(\boldsymbol{g},\boldsymbol{x},t)$$

(5.3.8)

$$\frac{\mathrm{d}e_i}{\mathrm{d}t} = F_i(\boldsymbol{g}+\boldsymbol{e},t) - F_i(\boldsymbol{g},t) - \left[\frac{\partial F_i(\boldsymbol{g},t)}{\partial \boldsymbol{g}} - A_i\right]\boldsymbol{e} - N_i(\boldsymbol{g},\boldsymbol{x},t) = a_{ii}e_i, \quad i = 1,2,3,4$$

(5.3.9)

其中

$$\boldsymbol{N}(\boldsymbol{g},\boldsymbol{x},t) = \begin{Bmatrix} 0 \\ \gamma\Delta_2^2 - 3g_1\Delta_2^2 + 3g_3\Delta_2^2 - \Delta_2^3 \\ 0 \\ -w\gamma\Delta_2^2 + 3wg_1\Delta_2^2 - 3wg_3\Delta_2^2 + w\Delta_2^3 \end{Bmatrix}$$

因此,对于柔性基础高静低动刚度隔振系统,OPNCL 控制的误差方程相比开环控制、线性闭环控制和 OPCL 控制形式更简单,右端的系数不含有 $\boldsymbol{g}(t)$,$\|\boldsymbol{e}\|$ 能够很快收敛于零,说明 OPNCL 的控制作用与 $\boldsymbol{g}(t)$ 的选择无关,对柔性基础高静低动刚度隔振系统的传递域是全局的,传输能力最优越。

5.4 数值仿真分析

5.4.1 不同周期吸引子之间的迁移控制

由4.4.3节的分析可知,系统参数设置为 $\xi_1=0.1, \gamma=2, \xi_2=0.1, w=0.5, k_2=1, \omega=1.6, f=6.8$ 时,系统周期1吸引子 A_1 和周期3吸引子 A_2 共存。图5.1(a)是系统初始条件分别为(0,0,−3.78,0.5)(实线)和(0,0,−1.98,−6.5)(虚线)的时间历程图,这两条轨线经过一段过渡过程后均趋于 A_1 吸引子;图5.1(b)是系统初始条件分别为(0,0,−1.02,3.1)(实线)和(0,0,2.1,−1.5)(虚线)的时间历程图,这两条轨线(有相位延迟)经过一段过渡过程后均趋于 A_2 吸引子;因此,随着时间的推移,以吸引域中任意点为初始条件的相轨迹均会收敛于该吸引域所属的吸引子。由图可知,两个周期吸引子的振幅相差较大,下面通过不同控制算法实现将柔性基础高静低动刚度隔振系统的运行状态从振幅较大的 A_2 吸引子迁移至振幅较小的 A_1 吸引子上,从而实现减振降噪。

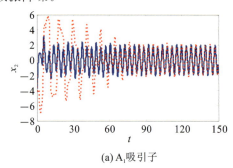
(a) A_1 吸引子

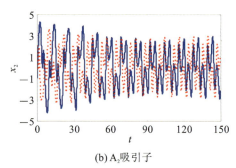
(b) A_2 吸引子

图 5.1 不同初始条件下的时间历程图

设 $A=\mathrm{diag}(-10,-10,-10,-10)$,目标轨道函数选择 $g_1=g_3=1.5+\sin 0.5t$, $g_2=g_4=0.5\cos 0.5t$,易知目标轨道的振幅均小于两个周期吸引子,$S(t)$ 设置为时间 $t>400$ s 后(此时系统已稳定运行),若系统运行于振幅较大的 A_2 吸引子则启动控制($S(t)=1$),而后一直施加控制。图5.2是不同控制作用下基座的相图,其中红色虚细线表示施加控制前系统的运行轨迹,黑色实细线表示施加控制时系统的运行轨迹,黄色粗线表示目标轨道。由图可知,开环控制下系统无法运行至目标轨道,而线性闭环控制下系统较为稳定地运行至目标轨道,由于目标函数中 $g_1=g_3$,使得 OPCL 误差方程的系数并未含有 $g(t)$,故 $\|e\|$ 能很快收敛于零,因此,OPCL 控制和 OPNCL 控制均能使系统准确运行至目标轨道。

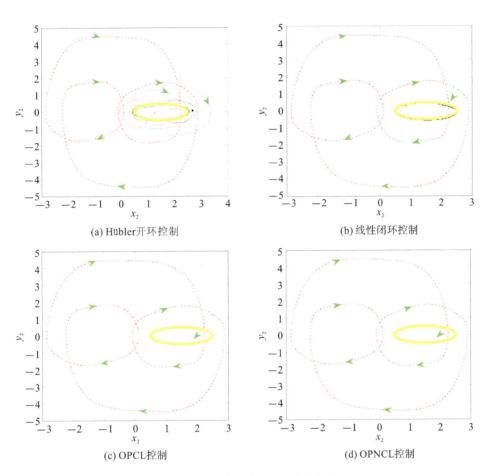

图 5.2　不同控制作用下基座的相图

上述控制方法虽然能大幅度降低系统振幅,但必须一直施加控制,需要较多的能源和较高的控制代价,下面采用另一种更经济的控制策略,即在两个吸引子的吸引域之间建立一条目标轨道。$f=6.8$ 时共存吸引子的吸引域如图 5.3 所示,红色区域表示 A_1 吸引子的吸引域,蓝色区域表示 A_2 吸引子的吸引域,黑色"▲"表示控制起点,绿色"■"表示控制终点,黄色粗线表示目标轨道,它连接了两个吸引子的吸引域。由图可知,当系统运行在大振幅 A_2 吸引子的吸引域,此时启动控制,即令 $S(t)=1$;当系统被迁移至目标轨道且运行在小振幅 A_1 吸引子的吸引域,此时关闭控制,即令 $S(t)=0$。

若无特殊说明,红色虚细线表示施加控制前系统的运行轨迹,蓝色细实线表示撤除控制后系统的运行轨迹,黑色细实线表示施加控制时系统的运动轨迹,黄色粗线表示目标轨道。图 5.4 是线性闭环和 OPCL 控制下基座的相图,由图可知,两种控制算法均能实现 A_2 吸引子到 A_1 吸引子之间的迁移控制,但 OPCL 控制的稳定性更好,

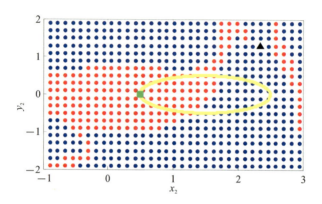

图 5.3　$f=6.8$ 时共存的吸引子及其吸引域

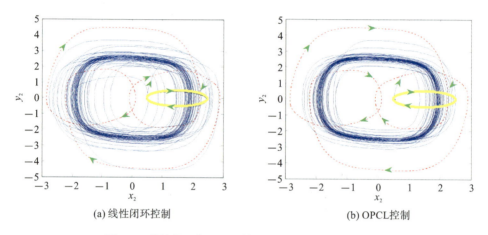

(a) 线性闭环控制　　　　　　　　(b) OPCL 控制

图 5.4　线性闭环和 OPCL 控制作用下基座的相图对比

OPCL 相比线性闭环控制效果更佳;同时由于目标函数中 $g_1=g_3$,使得 OPCL 误差方程的系数并未含有 $g(t)$,故 $\|e\|$ 能很快收敛于零,因此,OPCL 和 OPNCL 能达到相同的控制效果。

目标轨道选择 $g_1=1.5+\sin 0.5t, g_2=0.5\cos 0.5t, g_3=1+0.5\sin t, g_4=0.5\cos t$。由图 5.5 所示 OPCL 控制和 OPNCL 控制下基座的相图可知,虽然两种控制算法均能实现 A_2 吸引子到 A_1 吸引子之间的迁移控制,但 OPNCL 控制的稳定性更好,同时由于目标函数 $g_1 \neq g_3$,使得 OPCL 控制误差方程的系数含有 $g(t)$,故 $\|e\|$ 不能收敛于零,OPCL 控制不能迁移至目标轨道,但 OPNCL 控制依然可以准确迁移至目标轨道,并使得系统稳定运行在 A_1 吸引域,这表明了 OPNCL 控制方法的有效性和准确性。

由图 5.6 所示不同控制下基座的时间历程图可知,当 127 s$\leqslant t<$400 s 时系统稳定运行于 A_2 吸引子,当 $t=400$ s 施加控制后,OPNCL 下系统迅速迁移至目标轨道,而 OPCL 下系统经过一段瞬态过程才迁移至目标轨道;当 $t=550$ s 系统运行在 A_1 吸引子

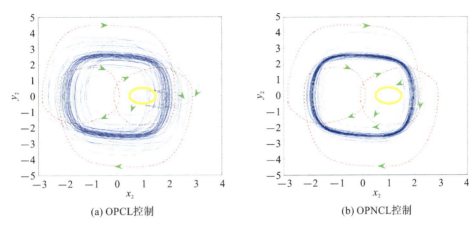

图 5.5 不同控制作用下基座的相图

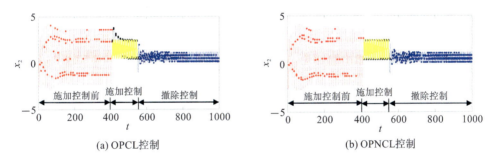

图 5.6 不同控制作用下基座的时间历程图

的吸引域内时,关闭控制,经过短暂的瞬态过程(OPCL 控制 $t=621$ s,OPNCL 控制 $t=601$ s)后稳定运行于 A_1 吸引子,因此,OPNCL 相比 OPCL 的瞬态时间更短,控制效果更好。

5.4.2 周期吸引子和混沌吸引子之间的迁移控制

系统参数设置为 $\xi_1=0.1, \gamma=2, \xi_2=0.1, w=0.5, k_2=1, \omega=1.6, f=20.5$ 时,系统周期 3 吸引子 A_1 和混沌吸引子 A_2 共存。图 5.7(a)是系统初始条件分别为(0,0,-2.82,6.1)(蓝实线)和(0,0,-1.02,-1.7)(红虚线)的时间历程图,这两条轨线(有相位延迟)经过一段过渡过程以后均趋于 A_1 吸引子;图 5.7(b)是系统初始条件分别为(0,0,-0.9,0.3)(蓝实线)和(0,0,-3.54,-2.1)(红虚线)的时间历程图,这两条轨线均趋于 A_2 吸引子,而且每个吸引子都有其各自所属的吸引域。

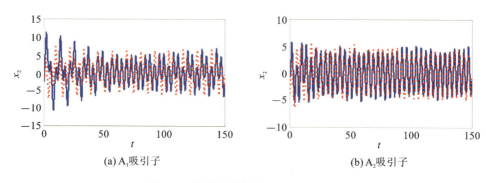

图 5.7　不同初始条件下的时间历程图

下面通过控制算法实现当系统运行在 A_1 吸引子上时迅速迁移至 A_2 吸引子上,将离散线谱转化为宽频连续谱,从而削弱低频线谱特征。目标轨道选择 $g_1 = 1 + \sin 0.5t, g_2 = 0.5\cos 0.5t, g_3 = 0.5 + 2\sin t, g_4 = 2\cos t$。如图 5.8 所示,红色区域表示 A_1 吸引子的吸引域,蓝色区域表示 A_2 吸引子的吸引域,黑色"▲"表示控制起点,绿色"■"表示控制终点,黄色粗线表示目标轨道,它连接了两个吸引子的吸引域。

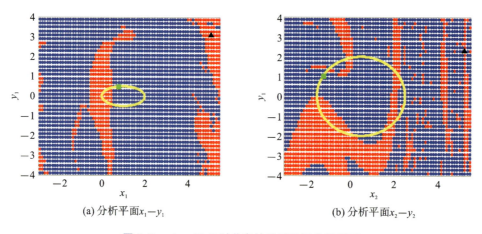

图 5.8　$f = 20.5$ 时共存的吸引子及其吸引域

图 5.9 和图 5.10 分别是 OPNCL 控制下系统的相图和时间历程图,由图可知,OPNCL 方法可以实现大振幅周期吸引子 A_1 到小振幅混沌吸引子 A_2 之间的迁移控制。

图 5.11 是 OPNCL 控制前后系统的功率谱图,由图可知,系统由 A_1 吸引子迁移至 A_2 吸引子,从周期运动变为混沌运动,柔性基础高静低动刚度隔振系统不仅振幅降低,且其功率谱呈连续谱特征,平均线谱强度由 -38.03 dB 降低至 -45.21 dB,实现了系统在小振幅下进入混沌运动,达到了降低线谱强度和隔离振动的双重目的;同时,图 5.11(b) 中由于嵌入了不稳定周期轨道,混沌功率谱图中含有线谱强度较低的尖峰。

第 5 章 高静低动刚度隔振系统吸引子迁移控制

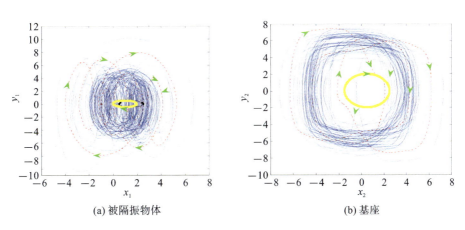

图 5.9 OPNCL 控制作用下系统的相图

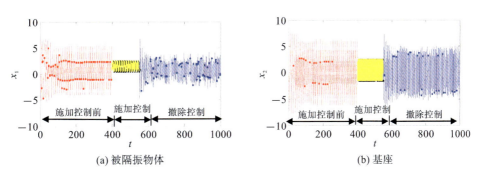

图 5.10 OPNCL 控制作用下系统的时间历程图

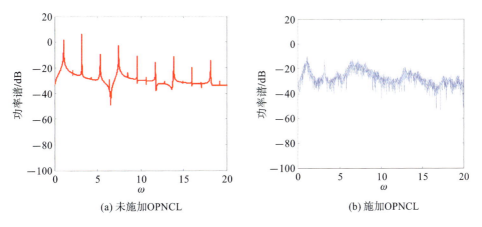

图 5.11 OPNCL 控制前后基座的功率谱图

5.5 本章小结

本章通过不同迁移控制方法实现了柔性基础高静低动刚度隔振系统不同吸引子之间的迁移控制，使其始终工作在隔振效果最优的运动状态。OPNCL方法相比Hübler开环、线性闭环和OPCL，微分方程右端为任意多项式形式时，传递域是全局稳定的，且不受目标函数变动的影响，能准确实现不同吸引子之间的迁移控制，避免了其他三种方法的一些限制因素和确定传递域范围的烦琐计算。OPNCL方法能使系统始终运行在振幅较小的混沌吸引子上，一方面可以显著降低线谱强度，提升振动隔离能力；另一方面可以利用混沌功率谱为连续谱的特性，重构水声频谱，隐匿线谱信息，从而达到隔振和线谱混沌化的双重目的。

第6章 高静低动刚度隔振系统主动控制

6.1 引　　言

本书在前述章节深入研究可调式高静低动刚度隔振器结构优化及有限元仿真计算、单自由度及两自由隔振系统动态特性分析、时滞对隔振系统的影响特性等内容。而在工程实际应用中，如何克服时滞因素带来的不利影响，以及在变工况条件下如何保证隔振系统优良的低频隔振性能，是可调式高静低动刚度隔振系统工程应用研究中必须解决的关键问题。针对这些问题，本章主要围绕高静低动刚度隔振系统主动控制技术开展研究。

6.2　时滞离线预估与补偿

考虑时滞因素对系统动态特性影响较为复杂，且在一定程度上可能对主动控制的稳定性和收敛性具有较大影响，针对时滞问题，需要通过时滞离线预估并设计合适的时滞补偿环节，降低时滞对系统隔振效果的影响。

6.2.1　时滞离线预估算法与相位超前补偿设计

隔振系统时滞来源主要有三个：一是作动器时滞，即作动器执行信号到作动器到达指定位移时多物理场能量转换时滞问题；二是采集信号从传感器到控制器时滞，即数据采集及处理过程所引入的时滞；三是自适应算法运算过程中产生的时滞，主要受处理器运算速度、控制精度及程序代码效率影响。主动控制虽然具有一定的自适应能力，但时滞问题对其稳定性和收敛速度具有较大影响，有可能导致系统控制效果恶化。

为了对系统时滞进行有效补偿，首先采用时滞离线预估算法得出系统时滞量，根据所得相位差进行相位超前补偿。时滞离线预估算法是系统进行主动控制之前，对输入信号到控制输出整个路径所致时滞进行预先离线估计。时滞离线估计可视为自适应控制策略信号预处理过程，通过时滞补偿可降低时滞对控制系统的影响。相对于时滞在线估计与补偿算法，时滞离线估计简化了控制算法，减少了系统运算量，本节所设计时滞离线预估算法流程如图 6.1 所示。

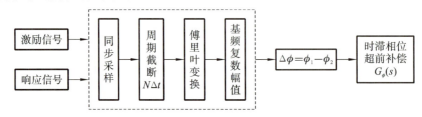

图 6.1　时滞离线预估框图

首先对所采集信号进行傅里叶变换,假设采集时域信号为 $y_1(n),n=1,2,\cdots N,n$ 为采样序列,N 为采样点数,经过傅里叶变换处理后表达式为

$$Y_1(t) = \sum_{n=0}^{N-1} y_1(n) \mathrm{e}^{-\mathrm{j}\frac{2\pi}{N}nt} \tag{6.2.1}$$

系统输入为简谐激励力,经过控制通道后输出信号也将为固定频率信号。将输入输出信号分别截断一个周期 $N\Delta t$,即对 N 个采样数量的截断信号进行分析,其基频谱线均含有幅值和相位

$$Y_1(t) = \overline{y_1} \mathrm{e}^{-\mathrm{j}\phi_1} \mathrm{e}^{\omega t} \tag{6.2.2}$$

$$Y_2(t) = \overline{y_2} \mathrm{e}^{-\mathrm{j}\phi_2} \mathrm{e}^{\omega t} \tag{6.2.3}$$

式中:$\omega = 2\pi/N$ 为基频;$\overline{y_1}$ 为信号进行傅里叶变换后在基频谱线的幅值,其初始相位为 ϕ_1;$\overline{y_2}$ 为信号进行傅里叶变换后在基频谱线的幅值,其初始相位为 ϕ_2。相位差 $\Delta\phi$ 为

$$\Delta\phi = \phi_1 - \phi_2 \tag{6.2.4}$$

可得系统产生的时滞量为

$$\tau = \Delta\phi/2\pi t \tag{6.2.5}$$

通过相位超前补偿,可使得输出响应与激励同步。本节所设计的相位超前补偿环节,其结构为

$$G_\phi(s) = \frac{Ts+1}{\alpha Ts+1} \tag{6.2.6}$$

根据相位差 $\Delta\phi$,可确定补偿系数 α。式(6.2.6)中存在的相位补偿角为

$$\phi_c = \arctan\omega T - \arctan\alpha\omega T \tag{6.2.7}$$

对上式求导可得

$$\frac{\mathrm{d}\phi_c}{\mathrm{d}\omega} = \frac{T}{1+(\omega T)^2} - \frac{T}{1+(\alpha\omega T)^2} \tag{6.2.8}$$

令式(6.2.8)为零,可求得对应的 $\omega_{\max} = \dfrac{1}{T\sqrt{\alpha}}$,代入式(6.2.7)并利用三角函数,可得最大时滞补偿角度为

$$\phi_{\max} = \arctan\frac{1-\alpha}{2\sqrt{\alpha}} \tag{6.2.9}$$

将 $\Delta\phi$ 代入式(6.2.9),即可得补偿系数 α。

6.2.2 算例分析

为了对相位超前补偿控制进行验证,选取典型的两自由度高静低动刚度隔振系统速度反馈控制模型进行仿真分析。仿真参数选取为:上层质量块为 100 kg,上层弹簧刚度为 30000 N/m,阻尼为 1200 N·s/m,下层质量块为 3000 kg,下层弹簧刚度为 60000 N/m,阻尼为 1300 N·s/m,反馈增益为 10,外界激励频率为 3 rad/s,幅值为 500 N。

当时滞为 0.2 s 时,未进行相位超前补偿控制系统的反馈控制效果如图 6.2(a)所示,图中实线为激励信号,虚线为反馈控制输出。从图中可以看出,由于时滞造成了输出响应与激励信号之间存在相位差,使得反馈控制输出力不能与激励源反相同步,不仅没有减弱系统的振动,在某些时刻反而增强了振动。若在系统中添加了时滞相位超前补偿环节,根据式(6.2.4)~式(6.2.9),可计算出相位超前补偿环节为 $3.5939(s+71.48)/(s+256.9)$,相位超前补偿后的系统控制效果如图 6.2(b)所示,相位时滞补偿曲线如图 6.3 所示。仿真结果表明:经过时滞相位超前补偿控制后,能够减小时滞对系统的不利影响,使得系统的控制效果达到最优。

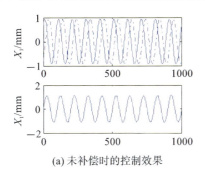
(a) 未补偿时的控制效果

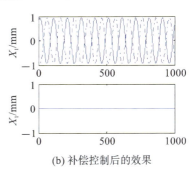
(b) 补偿控制后的效果

图 6.2 时滞补偿控制

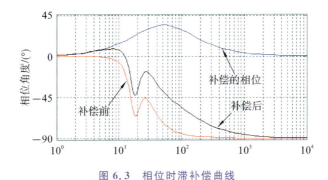

图 6.3 相位时滞补偿曲线

6.3 单自由度高静低动刚度隔振系统主动控制

电磁正刚度及电磁负刚度装置电磁力具有非常明显的非线性特征,传统基于状态反馈的 PID 等控制算法并不能满足系统控制要求,而滑模控制作为非线性控制的一种方法,具有对外界干扰、参数摄动不敏感及鲁棒性较强等优点。本节将对滑模变结构主动控制策略进行研究,并结合神经网络对其存在的"抖振"问题进行平滑处理,进而获得较好的复合型控制策略。

6.3.1 单自由度系统控制模型

高静低动刚度隔振系统单自由度控制模型如图 6.4 所示,隔振块质量为 M,弹簧的刚度为 K,阻尼为 C,电磁正刚度装置及电磁负刚度装置的电磁力为控制力 f^e,外界激励为 $F\cos\omega t$,z、$\dot{z}$、$\ddot{z}$ 分别为隔振块的位移、速度及加速度。由受力分析可得,额定承载下单自由度高静低动刚度隔振系统的动力学方程为

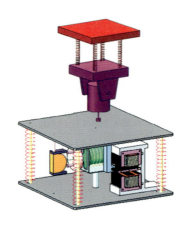

图 6.4 单自由度控制模型

$$M\ddot{z} + C\dot{z} + Kz = F\cos\omega t - f^e \tag{6.3.1}$$

变工况情况假设为承载质量发生 ΔM 变化时,此时的系统动力学方程为

$$(M+\Delta M)\ddot{z} + C\dot{z} + Kz = F\cos\omega t - f^e \tag{6.3.2}$$

以 $\boldsymbol{X} = [z, \dot{z}]^\mathrm{T}$ 为状态变量,以传递到基础的力为系统输出。状态方程可表示为

$$\begin{cases} \dot{\boldsymbol{X}}(t) = \boldsymbol{A}\boldsymbol{X}(t) + \boldsymbol{B}u(t) + \boldsymbol{B}_1 w_1(t) + \boldsymbol{B}_2 w_2(t) \\ Y = \boldsymbol{C}\boldsymbol{X}(t) + \boldsymbol{D}u(t) \end{cases} \tag{6.3.3}$$

其中，$\boldsymbol{A} = \begin{bmatrix} 0 & 1 \\ -\dfrac{K}{M} & -\dfrac{C}{M} \end{bmatrix}$，$\boldsymbol{B} = \begin{bmatrix} 0 \\ -\dfrac{1}{M} \end{bmatrix}$，$\boldsymbol{B}_1 = \begin{bmatrix} 0 \\ \dfrac{1}{M} \end{bmatrix}$，$\boldsymbol{B}_2 = \begin{bmatrix} 0 \\ -\dfrac{1}{M} \end{bmatrix}$，$\boldsymbol{C} = \begin{bmatrix} K & C \\ 0 & 0 \end{bmatrix}$，$\boldsymbol{D} = \begin{bmatrix} 1 \\ 0 \end{bmatrix}$，$u(t) = [f^e]$，$w_1(t) = [F\cos\omega t]$，$w_2(t) = [\Delta M \ddot{z}]$。

将承载质量扰动作为外界激励，令 $U = u - w_1 + w_2$，式(6.3.3)变为

$$\dot{X}(t) = AX(t) + B[u(t) - w_1(t) + w_2(t)] = AX(t) + BU(t) \quad (6.3.4)$$

6.3.2 滑模变结构控制器设计及稳定性分析

滑模变结构控制的原理为：根据系统位移、速度等状态变量的反馈，强制进行跃变切换控制，使得系统能够运动在已设定的滑模面上。由此可知，滑模面的设计至关重要，假设系统的切换函数为

$$S(t) = \boldsymbol{\Psi} \boldsymbol{X} \quad (6.3.5)$$

其中，S 为切换函数，$\boldsymbol{\Psi}$ 为 1×2 维待定切换矩阵，$\boldsymbol{X} = [z, \dot{z}]^\mathrm{T}$ 为状态变量。

滑模面采用指数趋近，形式如下

$$\dot{S}(t) = -\kappa \mathrm{sign}(S(t)) - \delta S(t); \quad \kappa > 0, \delta > 0 \quad (6.3.6)$$

为了减小不连续开关控制所造成的抖动，使用连续函数 sat 替代 sign 函数

$$\mathrm{sat}(S(t)) = \begin{cases} 1 & S(t) > \Delta \\ KS(t) & S(t) \leqslant \Delta \\ 1 & S(t) < -\Delta \end{cases}; \quad K = \dfrac{1}{\Delta} \quad (6.3.7)$$

联合式(6.3.4)和式(6.3.5)，滑模控制器为

$$u(t) = -(\boldsymbol{\Psi B})^{-1}[\boldsymbol{\Psi A} X(t) + \kappa \mathrm{sat}(S(t)) + \delta S(t)] \quad (6.3.8)$$

以下将对 $\boldsymbol{\Psi}$ 进行计算，对式(6.3.5)进行正则化处理，非奇异转换矩阵取为 $\boldsymbol{\Gamma} \in \mathbf{R}^{2\times 2}$，坐标变换为

$$X(t) = \boldsymbol{\Gamma}^{-1} Z(t) \quad (6.3.9)$$

其中，$\boldsymbol{\Gamma} = \begin{bmatrix} 1 & -\widetilde{B}_1 \widetilde{B}_2 \\ 0 & 1 \end{bmatrix}$，$\boldsymbol{B} = \begin{bmatrix} \widetilde{B}_1 \\ \widetilde{B}_2 \end{bmatrix}$。

将式(6.3.9)代入式(6.3.4)和式(6.3.5)，系统的正则形式及切换面为

$$\begin{cases} \dot{Z}(t) = \widehat{\boldsymbol{A}} Z(t) + \widehat{\boldsymbol{B}} U(t) \\ S(t) = \widehat{\boldsymbol{\Psi}} Z(t) \end{cases} \quad (6.3.10)$$

其中，$\widehat{\boldsymbol{A}} = \boldsymbol{\Gamma} \boldsymbol{A} \boldsymbol{\Gamma}^{-1}$，$\widehat{\boldsymbol{B}} = [0 \quad \widetilde{B}_2]^\mathrm{T}$，$\widehat{\boldsymbol{\Psi}} = \boldsymbol{\Psi} \boldsymbol{\Gamma}^{-1}$，令 $Z(t) = \begin{bmatrix} Z_1(t) \\ Z_2(t) \end{bmatrix}$，$\widehat{\boldsymbol{A}} = \begin{bmatrix} \widehat{A}_{11} & \widehat{A}_{12} \\ \widehat{A}_{21} & \widehat{A}_{22} \end{bmatrix}$，

$$\widehat{\boldsymbol{\Psi}} = \begin{bmatrix} \widehat{\boldsymbol{\Psi}}_1 \\ \widehat{\boldsymbol{\Psi}}_2 \end{bmatrix}^{\mathrm{T}} 。$$

式(6.3.10)可以分解为

$$\begin{cases} \dot{Z}_1(t) = \widehat{A}_{11} Z_1(t) + \widehat{A}_{12} Z_2(t) \\ S(t) = \widehat{\boldsymbol{\Psi}}_1 Z_1(t) + \widehat{\boldsymbol{\Psi}}_2 Z_2(t) \end{cases} \tag{6.3.11}$$

令式(6.3.11)中 $S=0$ 及 $\widehat{\boldsymbol{\Psi}}_2 = 1$ 有

$$\begin{cases} Z_2(t) = -\widehat{\boldsymbol{\Psi}}_1 Z_1(t) \\ \dot{Z}_1(t) = (\widehat{A}_{11} - \widehat{A}_{12} \widehat{\boldsymbol{\Psi}}_1) Z_1(t) \end{cases} \tag{6.3.12}$$

运用最优控制法设计 $\widehat{\boldsymbol{\Psi}}_1$,目标函数设为

$$T = \int_{t_0}^{+\infty} \boldsymbol{X}^{\mathrm{T}} \boldsymbol{P} \boldsymbol{X} \, \mathrm{d}t \tag{6.3.13}$$

其中,$\boldsymbol{P}$ 为正定矩阵。将式(6.3.9)代入式(6.3.13),可得

$$\begin{aligned} T &= \int_{t_0}^{+\infty} \begin{bmatrix} Z_1(t) & Z_2(t) \end{bmatrix} \boldsymbol{J} \begin{bmatrix} Z_1(t) \\ Z_2(t) \end{bmatrix} \mathrm{d}t \\ &= \int_{t_0}^{+\infty} [Z_1(t) J_{11} Z_1(t) + Z_2(t) J_{21} Z_1(t) + Z_1(t) J_{12} Z_2(t) + Z_2(t) J_{22} Z_2(t)] \mathrm{d}t \end{aligned}$$
$$\tag{6.3.14}$$

其中,$\boldsymbol{J} = (\boldsymbol{\Gamma}^{-1})^{\mathrm{T}} \boldsymbol{P} \boldsymbol{\Gamma}^{-1} = \begin{bmatrix} J_{11} & J_{12} \\ J_{21} & J_{22} \end{bmatrix}$。为使得目标函数 T 在满足式(6.3.12)的同时取得最小值,根据极大值定律可得

$$Z_2(t) = -0.5 J_{22}^{-1} (\widehat{A}_{12} Q + 2 J_{21}) Z_1(t) \tag{6.3.15}$$

其中,Q 为以下方程的解

$$\begin{cases} \overline{A} Q + Q \overline{A} - 0.5 Q \widehat{A}_{12} J_{22}^{-1} Q = -2(J_{11} - J_{12} J_{22}^{-1} J_{12}) \\ \overline{A} = \widehat{A}_{11} - \widehat{A}_{12} J_{22}^{-1} J_{21} \end{cases} \tag{6.3.16}$$

对比式(6.3.12)和式(6.3.15),可得

$$\widehat{\boldsymbol{\Psi}}_1 = -0.5 J_{22}^{-1} (\widehat{A}_{12} Q + 2 J_{21}) \tag{6.3.17}$$

$$\boldsymbol{\Psi} = \widehat{\boldsymbol{\Psi}} \boldsymbol{\Gamma} = \begin{bmatrix} \widehat{\boldsymbol{\Psi}}_1 & 1 \end{bmatrix} \boldsymbol{\Gamma} \tag{6.3.18}$$

利用 Lyapunov 理论对滑模控制器的稳定性进行分析,取 Lyapunov 函数为

$$V = \frac{1}{2} S^2(t) \tag{6.3.19}$$

Lyapunov 函数的一阶导数为

$$\dot{V} = S(t) \dot{S}(t) \tag{6.3.20}$$

将式(6.3.6)代入可得

$$\dot{V} = S(t)[-\kappa \mathrm{sign}(S(t)) - \delta S(t)] = -[\kappa S(t)\mathrm{sign}(S(t)) + \delta S^2(t)]$$
(6.3.21)

由于 κ、δ 都为正数,当 $S(t) > 0$ 时,$\mathrm{sign}S(t) > 0$,此时,$\dot{V} < 0$;当 $S(t) < 0$ 时,$\mathrm{sign}S(t) < 0$,此时,$\dot{V} < 0$,故而总有 $\dot{V} < 0$。由于 $\dot{V} \leqslant 0$ 且 $S(t) = 0$ 是系统的唯一平衡点,依据 Lyapunov 渐进稳定性条件可判定本节所设计的滑模控制器稳定。

6.3.3 神经网络滑模控制器设计

上节所设计滑模变结构控制器虽然采用连续函数 sat 替代开关切换 sign,但"抖振"现象依然存在。为了进一步减小抖振对系统控制效果及稳定性的影响,本节采用神经网络对滑模控制器参数进行平滑处理。传统的神经网络映射函数参数为固定值,在运算学习和训练过程中仅调整网络连接权值系数。而多层感知神经网络由于采用了参数可调的 Sigmoid 映射函数,在训练和学习中可同时对权值系数和映射函数参数进行调整,其学习能力与收敛速度更好。

建立输入 $s_i = [S(t) \quad \mathrm{sat}(S(t))]^\mathrm{T}$ 与输出 $O_l^{(3)} = [\kappa \quad \delta]^\mathrm{T}$ 之间结构为 $2 \times r \times 2$ 的多层感知神经网络,如图 6.5 所示。图中,输入层与隐含层之间的连接权矩阵为 $\boldsymbol{W} = \begin{bmatrix} w_{11} & w_{12} & w_{13} & \cdots & w_{1r} \\ w_{21} & w_{22} & w_{23} & \cdots & w_{2r} \end{bmatrix}$,隐含层的阈值矢量为 $\boldsymbol{D}_1 = [d_{11} \quad d_{12} \quad d_{13} \quad \cdots \quad d_{1r}]^\mathrm{T}$,隐含层的参数矢量为 $\boldsymbol{A} = [a_1 \quad a_2 \quad a_3 \quad \cdots \quad a_r]^\mathrm{T}$,隐含层与输出层之间的连接权矢量为 $\boldsymbol{V} = \begin{bmatrix} v_{11} & v_{21} & v_{31} & \cdots & v_{r1} \\ v_{12} & v_{22} & v_{32} & \cdots & v_{r2} \end{bmatrix}^\mathrm{T}$,输出层的阈值矢量为 $\boldsymbol{D}_2 = [d_{21} \quad d_{22}]^\mathrm{T}$,输出层的参数矢量为 $\boldsymbol{E}_2 = [e_1 \quad e_2]^\mathrm{T}$。

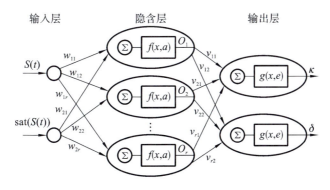

图 6.5 神经网络模型

隐含层与输出层的映射函数为

$$\begin{cases} f(x_j,a_j)=\dfrac{1-\mathrm{e}^{-2x_j a_j}}{a_j(1+\mathrm{e}^{-2x_j a_j})}, & j=1,2,\cdots,r \\ g(x_l,e_l)=\dfrac{2|e_l|}{1+\mathrm{e}^{-|2|e_l|x_l}}, & l=1,2 \end{cases} \quad (6.3.22)$$

则输入层、隐含层以及输出层的输入和输出可分别表示为

$$\begin{cases} x_i^{(1)}(t)=x \\ O_i^{(1)}(t)=x \end{cases} \quad (6.3.23)$$

$$\begin{cases} x_j^{(2)}(t)=w_{1j}\cdot S(t)+w_{2j}\cdot \mathrm{sat}(S(t))+d_{1j} \\ O_j^{(2)}(t)=f[x_j^{(2)}(t),a_j] \end{cases} \quad (6.3.24)$$

$$\begin{cases} x_l^{(3)}(t)=\sum_{j=1}^{r}O_j^{(2)}(t)\cdot v_{jl}+d_{2l} \\ O_l^{(3)}(t)=g[x_l^{(3)}(t),e_l] \end{cases} \quad (6.3.25)$$

将位移 z 视为调整指标，则目标函数为

$$D=\frac{1}{2}z^2 \quad (6.3.26)$$

利用梯度下降法，调整输出层网络权值的算法为

$$\Delta v_{jl}=-\rho\frac{\partial D}{\partial v_{jl}}=-\rho\frac{\partial D}{\partial z}\frac{\partial z}{\partial u}\frac{\partial u}{\partial O_l^{(3)}(t)}\frac{\partial O_l^{(3)}(t)}{\partial x_l^{(3)}(t)}\frac{\partial x_l^{(3)}(t)}{\partial v_{jl}} \quad (6.3.27)$$

其中，ρ 为学习速率，$\dfrac{\partial D}{\partial z}=z$，$\dfrac{\partial z}{\partial u}=\mathrm{sgn}\left(\dfrac{\partial z}{\partial u}\right)$，一般可取为 1，$\dfrac{\partial O_l^{(3)}(t)}{\partial x_l^{(3)}(t)}=\dfrac{\partial g[x_l^{(3)}(t),e_l]}{\partial x_l^{(3)}(t)}$，$\dfrac{\partial x_l^{(3)}(t)}{\partial v_{jl}}=O_j^{(2)}(t)$，由式(6.3.8)可得

$$\frac{\partial u}{\partial O_1^{(3)}(t)}=-(\boldsymbol{\Psi B})^{-1}S(t),\quad \frac{\partial u}{\partial O_2^{(3)}(t)}=-(\boldsymbol{\Psi B})^{-1}\mathrm{sat}(S(t)) \quad (6.3.28)$$

输出层权值调整为

$$\begin{cases} \Delta v_{j1}=-\rho z\,\mathrm{sgn}\left(\dfrac{\partial z}{\partial u}\right)(\boldsymbol{\Psi B})^{-1}S(t)\dfrac{\partial g(x_1^{(3)}(t),e_1)}{\partial x_1^{(3)}(t)}O_j^{(2)}(t) \\ \Delta v_{j2}=-\rho z\,\mathrm{sgn}\left(\dfrac{\partial z}{\partial u}\right)(\boldsymbol{\Psi B})^{-1}\mathrm{sat}(S(t))\dfrac{\partial g(x_2^{(3)}(t),e_2)}{\partial x_2^{(3)}(t)}O_j^{(2)}(t) \end{cases} \quad (6.3.29)$$

同理，输出层调整映射函数参数的算法为

$$\begin{cases} \Delta e_1=-\rho z\,\mathrm{sgn}\left(\dfrac{\partial z}{\partial u}\right)(\boldsymbol{\Psi B})^{-1}S(t)\dfrac{\partial g(x_1^{(3)}(t),e_1)}{\partial e_1} \\ \Delta e_2=-\rho z\,\mathrm{sgn}\left(\dfrac{\partial z}{\partial u}\right)(\boldsymbol{\Psi B})^{-1}\mathrm{sat}(S(t))\dfrac{\partial g(x_2^{(3)}(t),e_2)}{\partial e_2} \end{cases} \quad (6.3.30)$$

神经网络隐含层的网络权值调整为

$$\Delta w_{ij} = -\rho \frac{\partial D}{\partial w_{ij}} = -\rho \frac{\partial D}{\partial z} \frac{\partial z}{\partial u} \sum_{l=1}^{2} \left\{ \frac{\partial u}{\partial O_l^{(3)}(t)} \frac{\partial O_l^{(3)}(t)}{\partial x_l^{(3)}(t)} \frac{\partial x_l^{(3)}(t)}{\partial O_j^{(2)}(t)} \right\} \frac{\partial O_j^{(2)}(t)}{\partial x_j^{(2)}(t)} \frac{\partial x_j^{(2)}(t)}{\partial w_{ij}}$$
(6.3.31)

其中, $\frac{\partial x_l^{(3)}(t)}{\partial O_j^{(2)}(t)} = v_{jl}$, $\frac{\partial O_j^{(2)}(t)}{\partial x_j^{(2)}(t)} = \frac{\partial f(x_j^{(2)}(t), a_j)}{\partial x_j^{(2)}(t)}$, $\frac{\partial x_j^{(2)}(t)}{\partial w_{ij}} = s_i$, $s_1 = S(t)$, $s_2 =$ sat$(S(t))$, 则隐含层的网络权值调整算法可表示为

$$\Delta w_{ij} = -\rho z \sum_{l=1}^{2} \left\{ \frac{\partial u}{\partial O_l^{(3)}(t)} \frac{\partial g(x_l^{(3)}(t), e_l)}{\partial x_l^{(3)}(t)} v_{jl} \right\} \frac{\partial f(x_j^{(2)}(t), a_j)}{\partial x_j^{(2)}(t)} s_i \quad (6.3.32)$$

同理,隐含层调整映射函数参数的算法为

$$\Delta a_j = -\rho z \sum_{l=1}^{2} \left\{ \frac{\partial u}{\partial O_l^{(3)}(t)} \frac{\partial g(x_l^{(3)}(t), e_l)}{\partial x_l^{(3)}(t)} v_{jl} \right\} \frac{\partial f(x_j^{(2)}(t), a_j)}{\partial a_j} \quad (6.3.33)$$

由式(6.3.29)、式(6.3.30)、式(6.3.32)及式(6.3.33)可得,更新后的神经网络输出层、中间隐含层网络权值和映射函数参数为

$$\begin{cases} v_{jl}(t) = v_{jl}(t-1) + \Delta v_{jl}(t) + \eta[v_{jl}(t) - v_{jl}(t-1)] \\ e_l(t) = e_l(t-1) + \Delta e_l(t) + \eta[e_l(t) - e_l(t-1)] \\ w_{ij}(t) = w_{ij}(t-1) + \Delta w_{ij}(t) + \eta[w_{ij}(t) - w_{ij}(t-1)] \\ a_j(t) = a_j(t-1) + \Delta a_j(t) + \eta[a_j(t) - a_j(t-1)] \end{cases} \quad (6.3.34)$$

其中,$\rho \in (0,1)$,惯性系数 $\eta \in (0,1)$。

神经网络滑模控制器通过式(6.3.34)可自适应调整权值矩阵和 Sigmoid 映射函数参数,从而实现 κ、δ 自动调节。因此,可得神经网络滑模控制器为

$$u = -(\boldsymbol{\Psi B})^{-1}[\boldsymbol{\Psi A X}(t) + O_1^{(3)}(t)S(t) + O_2^{(3)}(t)\text{sat}(S(t))] \quad (6.3.35)$$

6.3.4 仿真分析

本节基于上述控制理论,以传递至基础的力为评价指标,对单自由度高静低动刚度隔振系统进行仿真分析,模型如图 6.6 所示。在固定输入条件下,对比滑模变结构控制、神经网络滑模控制及被动系统传递力的大小,验证主动控制效果及算法的有效性。仿真相关参数为:质量块为 60 kg,弹簧刚度为 30000 N/m,阻尼为 280 N·s/m,$\rho = 0.5$,$\eta = 0.02$,外界激励频率为 3 rad/s,幅值为 300 N,工况变化为 $\Delta M = 10$ kg,20 kg。仿真结果如图 6.7~图 6.9 所示。

图 6.7 为系统在工况无变化时,单自由度高静低动刚度隔振系统的输出力曲线。图 6.8 和图 6.9 分别为负载增大 10 kg 和 20 kg 时,被动系统、滑模变结构控制及神经网络滑模控制系统的传递力曲线比较。由图可知,负载变化为 10 kg 时,被动系统的传递力为 324 N,滑模变结构控制系统传递力为 280 N,相对于被动系统减少了

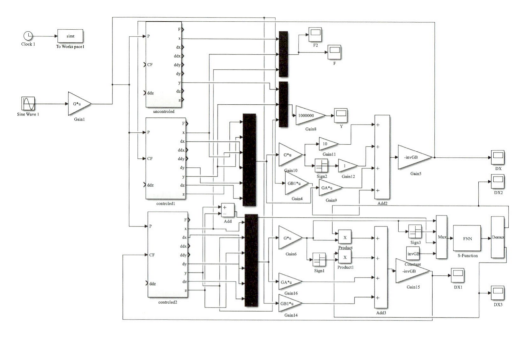

图 6.6　神经网络滑模控制 Simulink 模型

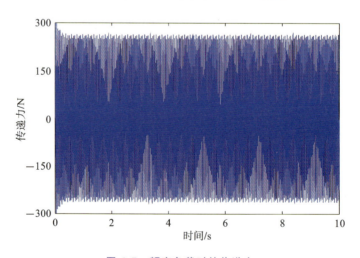

图 6.7　额定负载时的传递力

13.6%,神经网络滑模控制传递力为 240 N,相对于被动系统减少了 25.9%;负载变化为 20 kg 时,被动系统的传递力约为 345 N,滑模变结构控制系统传递力为 285 N,相对于被动系统减少了 17.4%,神经网络滑模控制传递力为 210 N,相对于被动系统减少了 39.1%。

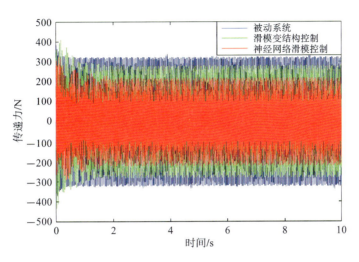

图 6.8　$\Delta M = 10$ kg 时的传递力

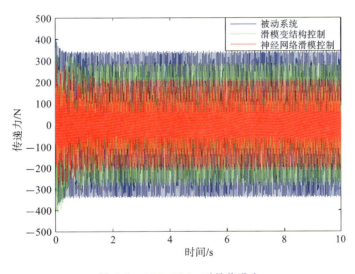

图 6.9　$\Delta M = 20$ kg 时的传递力

6.4　两自由度高静低动刚度隔振系统主动控制

神经网络滑模变结构控制算法中,虽然系统的外界干扰和参数摄动无关,但为了保持优良的控制效果,需获得系统全部的状态变量,对于高阶系统而言,其状态空间的表达式推导烦琐,且获得高阶微分相对较难。因此,本节针对两自由度高静低动刚度隔振系统,开展了基于自适应算法的主动控制技术研究。

受船用隔振系统刚柔耦合特性和复杂激励作用的影响,其各物理通道性能参数往往具有时变特性,为提高控制效果还需考虑各通道之间相互影响并予以在线辨识。此外,隔振系统主动执行机构一般与隔振元件并联安装,它将对主通道和次级通道同时产生相互作用的主动控制力。传统算法仅考虑该力对次级通道的作用,而忽略了对主通道参考信号的影响,这将有可能导致参考信号不稳定,进而影响算法收敛速度和控制精度。

6.4.1 两自由度系统控制模型

高静低动刚度隔振系统两自由度控制模型如图 6.10 所示,隔振块质量分别为 M_1、M_2,弹簧的刚度分别为 K、K_0,阻尼分别为 C、C_2,电磁正刚度装置及电磁负刚度装置的电磁力为控制力 f^e,外界激励为 F,x、$\dot{x}$、$\ddot{x}$ 分别为中层隔振块的位移、速度及加速度,y、$\dot{y}$、$\ddot{y}$ 分别为上层隔振块的位移、速度及加速度。

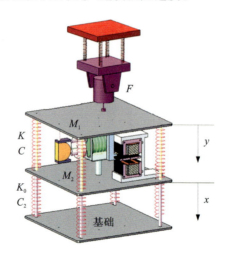

图 6.10 两自由度控制模型

上层隔振块质量存在 ΔM 时,系统的动力学方程为

$$\begin{cases} (M_1 + \Delta M)\ddot{y} + C(\dot{y} - \dot{x}) + K(y - x) = F - f^e \\ M_2\ddot{x} + C_2\dot{x} + K_0 x + C(\dot{x} - \dot{y}) + K(x - y) = f^e \end{cases} \quad (6.4.1)$$

对式(6.4.1)进行拉普拉斯变换,可得

$$\begin{cases} (M_1 + \Delta M)S^2 Y + CS(Y - X) + K(Y - X) = F_S - F_S^e \\ M_2 S^2 X + C_2 SX + K_0 X + CS(X - Y) + K(X - Y) = F_S^e \end{cases} \quad (6.4.2)$$

将式(6.4.2)中的 Y 消去,可得

第6章 高静低动刚度隔振系统主动控制

$$\{(M_1+\Delta M)M_2S^4+[(M_1+\Delta M)C+(M_1+\Delta M)C_2+M_2C]S^3$$
$$+[(M_1+\Delta M)K+(M_1+\Delta M)K_0+M_2K+CC_2]S^2+ \quad (6.4.3)$$
$$(CK_0+C_2K)S+KK_0\}X=(M_1+\Delta M)S^2F_S^e+(CS+K)F_S$$

令 $F_S=0$、$F_S^e=0$,可得位移 x 与外界激励力 F 和电磁控制力 f^e 之间的传递函数

$$\frac{X}{F_S}=(CS+K)/\{(M_1+\Delta M)M_2S^4+[(M_1+\Delta M)(C+C_2)+M_2C]S^3+$$
$$[(M_1+\Delta M)(K+K_0)+M_2K+CC_2]S^2+(CK_0+C_2K)S+KK_0\}$$
$$(6.4.4)$$

$$\frac{X}{F_S^e}=[(M_1+\Delta M)S^2]/\{(M_1+\Delta M)M_2S^4+[(M_1+\Delta M)(C+C_2)+M_2C]S^3$$
$$+[(M_1+\Delta M)(K+K_0)+M_2K+CC_2]S^2+(CK_0+C_2K)S+KK_0\}$$
$$(6.4.5)$$

将式(6.4.2)中的 X 消去,可得

$$\{(M_1+\Delta M)M_2S^4+[(M_1+\Delta M)(C+C_2)+M_2C]S^3+$$
$$[(M_1+\Delta M)(K+K_0)+M_2K+CC_2]S^2+(CK_0+C_2K)S+KK_0\}Y$$
$$=[M_2S^2+(C+C_2)S+K+K_0]F_S^e-(M_2S^2+C_2S+K_0)F_S$$
$$(6.4.6)$$

令 $F_S=0$、$F_S^e=0$,可得位移 y 与外界激励力 F 和电磁控制力 f^e 之间的传递函数

$$\frac{Y}{F_S^e}=[M_2S^2+(C+C_2)S+K+K_0]/\{(M_1+\Delta M)M_2S^4+[(M_1+\Delta M)$$
$$(C+C_2)+M_2C]S^3+[(M_1+\Delta M)(K+K_0)+M_2K+CC_2]S^2$$
$$+(CK_0+C_2K)S+KK_0\}$$
$$(6.4.7)$$

$$\frac{Y}{F_S}=[-(M_2S^2+C_2S+K_0)]/\{(M_1+\Delta M)M_2S^4+[(M_1+\Delta M)(C+C_2)+M_2C]S^3$$
$$+[(M_1+\Delta M)(K+K_0)+M_2K+CC_2]S^2+(CK_0+C_2K)S+KK_0\}$$
$$(6.4.8)$$

令 $a=(M_1+\Delta M)M_2$、$b=(M_1+\Delta M)(C+C_2)+M_2C$、$c=(M_1+\Delta M)(K+K_0)+M_2K+CC_2$、$d=CK_0+C_2K$、$e=KK_0$,则加速度与激励力 F 和电磁力 f^e 之间的传递函数可表示为

$$P(s)=\frac{X}{F_S}S^2=\frac{(CS+K)S^2}{aS^4+bS^3+cS^2+dS+e} \quad (6.4.9)$$

$$S(s) = \frac{X}{F_S^e} = \frac{(M_1 + \Delta M)S^4}{aS^4 + bS^3 + cS^2 + dS + e} \tag{6.4.10}$$

$$Q(s) = \frac{Y}{F_S^e}S^2 = \frac{(M_2 S^2 + (C+C_2)S + K + K_0)S^2}{aS^4 + bS^3 + cS^2 + dS + e} \tag{6.4.11}$$

$$G(s) = \frac{Y}{F_S}S^2 = \frac{-(M_2 S^2 + C_2 S + K_0)S^2}{aS^4 + bS^3 + cS^2 + dS + e} \tag{6.4.12}$$

式中：$P(s)$ 为中层质量块加速度 $\ddot{x}$ 与激励力 F 之间的传递函数，用于描述系统的主通道；$S(s)$ 为中层质量块加速度 $\ddot{y}$ 与控制力 f^e 之间的传递函数，用于描述系统的次级通道；$Q(s)$、$G(s)$ 为上层加速度 $\ddot{y}$ 与激励力 F 和控制力 f^e 之间的传递函数，被称为反馈通道。

6.4.2 FXLMS 算法

自适应算法分为递推最小二乘（recursive least square，简称 RLS）算法和最小均方（least mean square，简称 LMS）算法。前者因需进行大量的运算，且对硬件具有较高的要求，因此实际应用较少。而自适应 LMS 算法因其具有实现容易、控制通道稳定性强等优点，在振动控制领域被广泛应用。

考虑到实际隔振系统中功率放大器和执行机构等次级通道的影响，将 LMS 算法应用于振动主动控制之前应进行修正，经修正的控制算法结构如图 6.11 所示。该控制算法通过稳定性强的 FIR（Finite Impulse Response）滤波器产生控制信号 $u(n)$，经次级通道 $S(z)$ 后输出信号 $y(n)$，$y(n)$ 与振动信号 $d(n)$ 的相位相反、大小相等，利用次级输出 $y(n)$ 达到削减振动信号 $d(n)$ 的目的。

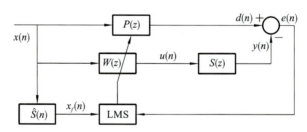

图 6.11 滤波自适应算法结构

结合图 6.11 滤波自适应算法和图 6.10 两自由度高静低动刚度隔振系统控制模型可知，当系统工况发生变化时，主动控制通过采集由上层质量块传递至中层力的信号及上层质量块加速度信号，经过控制算法产生电流信号，经过电磁正刚度装置输出上层质量块与中层质量块之间的作用力，从而抑制上层质量块传递至中层的振动，控制目标是工况变化时最快速地减小中层质量块的振动，维持系统的稳定性。

图 6.11 中变量的物理意义可表述为:由上层质量块的激励力或加速度到中层质量块加速度之间的传递函数称为主通道 $P(z)$,可看作外界扰动引起中层质量块振动的传递函数。主动控制力到中层质量块加速度之间的传递函数称为次级通道 $S(z)$,$\hat{S}(z)$ 为其估计值。$x(n)$ 为上层质量块激振力或加速度外界扰动,一般称为参考信号。$u(n)$ 为自适应滤波器 $W(z)$ 输出信号。$x_f(n)$ 为外界扰动 $x(n)$ 经过估计次级通道 $\hat{S}(z)$ 后的滤波信号。$d(n)$ 为主通道 $P(z)$ 在受到激励 $x(n)$ 时传递到中层质量块的加速度信号。$y(n)$ 为次级通道 $S(z)$ 在控制器输出 $u(n)$ 作用下形成的加速度信号。$e(n)$ 为主通道 $P(z)$ 输出和次级通道 $S(z)$ 输出之间叠加后的残差信号。$W(z)$ 为控制器中 FIR 滤波器的权值矢量。由图 6.11 可知,误差信号 $e(n)$ 为主通道 $P(z)$ 的输出 $d(n)$ 与次级通道 $S(z)$ 的输出 $y(n)$ 之差,即

$$e(n) = d(n) - y(n) \tag{6.4.13}$$

利用卷积运算,滤波器输出 $u(n)$ 可表示为

$$u(n) = \sum_{i=0}^{N-1} w_i(n)x(n-i) = \boldsymbol{W}^{\mathrm{T}}(n)\boldsymbol{X}(n) = \boldsymbol{X}^{\mathrm{T}}(n)\boldsymbol{W}(n) \tag{6.4.14}$$

$\boldsymbol{X}(n)$ 为滤波器在时刻 n 的参考采样序列,$\boldsymbol{W}(n)$ 为滤波器权值矢量,表达式分别为

$$\boldsymbol{X}(n) = \begin{bmatrix} x(n) & x(n-1) \cdots x(n-(N-1)) \end{bmatrix}^{\mathrm{T}} \tag{6.4.15}$$

$$\boldsymbol{W}(n) = \begin{bmatrix} w_0(n) & w_1(n) \cdots w_{N-1}(n) \end{bmatrix}^{\mathrm{T}} \tag{6.4.16}$$

利用 M 阶 FIR 滤波器替代次级通道 $S(z)$ 时,次级通道的权值系数为

$$\boldsymbol{S}(n) = \begin{bmatrix} s_0(n) & s_1(n) \cdots s_{M-1}(n) \end{bmatrix}^{\mathrm{T}} \tag{6.4.17}$$

$s_i(n)$ 为次级通道 $S(z)$ 在时刻 n 时第 i 个脉冲响应系数。$S(z)$ 的输出 $y(n)$ 为

$$y(n) = \sum_{i=0}^{M-1} s_i(n)u(n-i) = \boldsymbol{S}(n)^{\mathrm{T}}\boldsymbol{U}(n) = \boldsymbol{U}(n)^{\mathrm{T}}\boldsymbol{S}(n) \tag{6.4.18}$$

$\boldsymbol{U}(n)$ 为 $u(n)$ 组成的 $M \times 1$ 阶矢量序列

$$\boldsymbol{U}(n) = \begin{bmatrix} u(n) & u(n-1) \cdots u(n-M+1) \end{bmatrix}^{\mathrm{T}} \tag{6.4.19}$$

联立式(6.4.13),次级通道的输出 $y(n)$ 为

$$y(n) = \begin{bmatrix} \boldsymbol{X}^{\mathrm{T}}(n)\boldsymbol{W}(n) \end{bmatrix}^{\mathrm{T}} \boldsymbol{S}(n) = \boldsymbol{W}^{\mathrm{T}}(n)\boldsymbol{X}(n)\boldsymbol{S}(n) = \boldsymbol{W}^{\mathrm{T}}(n)\boldsymbol{X}_f(n) = \boldsymbol{X}_f^{\mathrm{T}}(n)\boldsymbol{W}(n) \tag{6.4.20}$$

$\boldsymbol{X}_f(n)$ 为 $\boldsymbol{X}(n)$ 经过估计次级通道 $\hat{S}(z)$ 后的参考信号,其表达式为

$$\boldsymbol{X}_f(n) = \begin{bmatrix} x_f(n) & x_f(n-2) \cdots x_f(n-N+1) \end{bmatrix}^{\mathrm{T}} \tag{6.4.21}$$

$$x_f(n) = \sum_{i=0}^{M-1} s_i(n)x(n-i) \tag{6.4.22}$$

振动主动控制目标是使得中层质量块的振动最小,因此定义目标函数为

$$T(n) = E(e^2(n)) \tag{6.4.23}$$

实际计算中期望误差 $E(e^2(n))$ 可用瞬时误差 $e^2(n)$ 替代,则

$$T(n) \approx e^2(n) = \Big[d(n) + \sum_{i=0}^{M-1} s_i(n) u(n-i)\Big]^2$$

$$= \Big[d(n) + \sum_{i=0}^{M-1} s_i(n) \sum_{j=0}^{N-1} w_j(n-i) x(n-i-j)\Big]^2 \tag{6.4.24}$$

目标函数 $T(n)$ 的瞬时梯度值可表示为

$$\frac{\partial T(n)}{\partial W(n)} = 2e(n) \frac{\partial e(n)}{\partial y(n)} \frac{\partial y(n)}{\partial W(n)} = 2e(n) \sum_{i=0}^{M-1} s_i(n) \frac{\partial u(n-i)}{\partial W(n)} = 2e(n) \sum_{i=0}^{M-1} s_i(n) \begin{bmatrix} \frac{\partial u(n-i)}{\partial w_0(n)} \\ \frac{\partial u(n-i)}{\partial w_1(n)} \\ \vdots \\ \frac{\partial u(n-i)}{\partial w_{N-1}(n)} \end{bmatrix}$$

$$\tag{6.4.25}$$

假设迭代步长较小,即在较小时间段内滤波器权值系数更新相对缓慢,则有

$$\frac{\partial u(n-i)}{\partial w_j(n)} \approx \frac{\partial u(n-i)}{\partial w_j(n-i)}, \quad j = 0, 1, \cdots, N-1 \tag{6.4.26}$$

因此,式(6.4.25)可改写为

$$\frac{\partial T(n)}{\partial W(n)} \approx 2e(n) \sum_{i=0}^{M-1} s_i(n) \begin{bmatrix} \frac{\partial u(n-i)}{\partial w_0(n-i)} \\ \frac{\partial u(n-i)}{\partial w_1(n-i)} \\ \vdots \\ \frac{\partial u(n-i)}{\partial w_{N-1}(n-i)} \end{bmatrix} = 2e(n) \begin{bmatrix} \sum_{i=0}^{M-1} s_i(n) x(n-i) \\ \sum_{i=0}^{M-1} s_i(n) x(n-i-1) \\ \vdots \\ \sum_{i=0}^{M-1} s_i(n) x(n-i-N+1) \end{bmatrix}$$

$$\tag{6.4.27}$$

联立式(6.4.21)、式(6.4.22)及式(6.4.27)可得

$$\frac{\partial T(n)}{\partial W(n)} = 2e(n) \boldsymbol{X}_f(n) \tag{6.4.28}$$

则自适应滤波控制算法的权值矢量迭代系数更新为

$$W(n+1) = w(n) - \delta e(n) \boldsymbol{X}_f(n) \tag{6.4.29}$$

式中:δ 为迭代步长。

次级通道的输出功率较大时,将会造成次级通道非线性失真的问题,为了防止此

类现象的发生,通过在式(6.4.29)中添加遗忘因子 β,对权值更新进行修正,修正后的表达式为

$$W(n+1) = \beta w(n) - \delta e(n) \boldsymbol{X}_f(n) \tag{6.4.30}$$

式中：β 值略小于 1。

滤波自适应算法一般采用归一化变步长,结构形式如下[180]

$$\delta(n) = \frac{\delta_0}{\boldsymbol{X}^{\mathrm{T}}(n)\boldsymbol{X}(n) + eps} \tag{6.4.31}$$

式中：δ_0 为初始选定步长;eps 为极小正数,作用是防止系统分母为零而发散。

式(6.4.31)未反映控制系统残余误差 $e(n)$ 变化情况。因此,引入残余误差 $e(n)$ 对其进行改进,具体如下

$$\delta(n) = \frac{\delta_0}{\boldsymbol{X}^{\mathrm{T}}(n)\boldsymbol{X}(n) + E(n) + eps} \tag{6.4.32}$$

式中：$E(n) = \alpha E(n-1) + (1-\alpha)e^2(n)$,为残余误差能量。

由式(6.4.32)可知,参考输入信号或残余误差 $e(n)$ 的幅值越大,变步长的值就越小。因此,这一改进可有效地解决定步长迭代收敛后期对算法控制精度的影响。但是初始状态 $\boldsymbol{X}^{\mathrm{T}}(n)\boldsymbol{X}(n) \to 0$、$E(n) \to 0$,$\mu(n)$ 将趋于较大正数,此时系统将会因为变步长过大而发散。为了防止这一现象的发生,采用函数 $\mathrm{sat}(\mu(n))$ 对变步长幅值进行约束。

$\boldsymbol{X}_f(n)$ 为 $\boldsymbol{X}(n)$ 经过估计次级通道 $\hat{S}(z)$ 滤波所得,替代了原参考输入信号,故这种自适应振动主动控制算法被称作滤波自适应(Filtered-x Least Mean Square,简称 F_xLMS)算法。具体计算步骤为：

① 获取初始参考信号 $x(n)$ 及误差信号 $e(n)$；
② 根据式(6.4.14)计算控制滤波器输出信号 $u(n)$；
③ 根据式(6.4.18)计算次级通道输出信号 $y(n)$；
④ 根据式(6.4.13)、式(6.4.22)计算残差信号 $e(n)$ 和 $\hat{S}(z)$ 滤波信号 $x_f(n)$；
⑤ 根据式(6.4.29)更新控制滤波器 $W(n)$。

6.4.3 F_xLMS 算法混合改进

滤波自适应算法具有自适应能力强、运算效率高等优点,已在振动主动控制领域被广泛应用。然而该算法仍然存在着一些不足,如对输入信号的自相关矩阵具有较大依赖性,若输入信号的自相关矩阵特征根发散,将降低滤波自适应算法的收敛速度;该算法采用定步长后,收敛速度及控制精度之间将存在矛盾;对于某些不易获取参考信号的情况,滤波自适应算法较难执行等。针对以上不足,本节将开展混合改进研究。

① 针对次级通道发生变化问题,进行在线辨识研究。

一般而言,当隔振系统物理通道相对稳定时,图 6.11 所示的离线辨识算法具有计

算量小、收敛速率快、控制效果良好等优点。而实际中,在长时间、变幅及变频工作条件下,由功率放大器、执行机构等部件组成的次级通道动态性能将受到温度、形变等因素影响。此时离线次级通道辨识算法无法满足自适应控制的稳定性和控制精度要求,因此需要进行在线辨识研究。最早的次级通道在线辨识算法结构如图 6.12 所示。

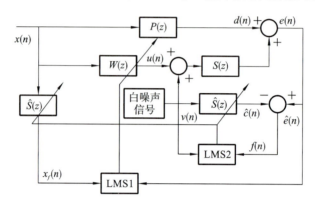

图 6.12 次级通道在线辨识结构

与图 6.11 相比,图 6.12 中的控制器由两个自适应 FIR 滤波器组成,在次级通道引入零均值、方差为 σ^2 的白噪声信号 $v(n)$,该信号与控制信号 $u(n)$ 叠加后输入次级通道 $S(z)$,输出响应由 $y(n)$ 变为 $y(n)+c(n)$,$y(n)$ 为原始控制信号 $u(n)$ 响应,而 $c(n)$ 为白噪声激励响应。当外界激励源 $x(n)$ 为零时,图 6.12 就将退化为离线辨识模型。

依据上述分析,次级通道在线辨识的计算步骤如下。

a. 原始离线辨识的残差信号 $e(n)$ 以卷积形式表现为

$$e(n) = d(n) + y(n) = p(n) * x(n) + s(n) * u(n) = [p(n) + s(n) * w(n)] * x(n)$$

(6.4.33)

b. 白噪声 $v(n)$ 与控制信号 $u(n)$ 叠加后驱动次级通道 $S(z)$,但前者同时也是估计次级通道 $\hat{S}(z)$ 和 LMS2 算法的参考输入信号。

c. 对估计次级通道 $\hat{S}(z)$ 的输出信号 $\hat{c}(n)$ 进行计算

$$\hat{c}(n) = \sum_{i=0}^{M-1} s_i(n) v(n-i)$$

(6.4.34)

d. 对加入白噪声 $v(n)$ 后的残差信号 $\hat{e}(n)$ 进行计算

$$\hat{e}(n) = d(n) + y(n) + c(n) = p(n) * x(n) + s(n) * u(n) + s(n) * v(n)$$
$$= [p(n) + s(n) * w(n)] * x(n) + s(n) * v(n)$$

(6.4.35)

如果 $v(n)$ 与 $x(n)$ 互不相干,$\hat{e}(n)$ 作为 LMS1 输入信号,不会对稳定性造成影响,但会降低收敛速度。

e. 自适应滤波器 LMS2 权值系数更新为

$$\begin{aligned}\hat{w}(n+1) &= \hat{w}(n) + \hat{\delta}f(n)v(n) = \hat{w}(n) + \hat{\delta}[d(n) + y(n) + c(n) - \hat{c}(n)]v(n) \\ &= \hat{w}(n) + \hat{\delta}[c(n) - \hat{c}(n)]v(n) + \hat{\delta}[d(n) + y(n)]v(n)\end{aligned}$$

(6.4.36)

由式(6.4.36)可知,由于 $d(n) + y(n)$ 的存在,将使 $\hat{w}(n)$ 收敛过程变慢。为了提高系统收敛速度,提出一种减小 $\hat{\delta}[d(n) + y(n)]v(n)$ 项的在线辨识方法。如图 6.13 所示,改进次级通道在线辨识结构中引入了 1 个离线估计主通道 $\hat{P}(z)$ 和 2 个在线估计次级通道 $\hat{S}(z)$。

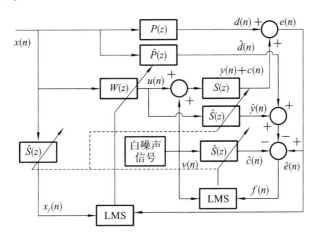

图 6.13 改进的次级通道在线辨识结构

改进后的在线辨识权值系数更新可表示为

$$\begin{aligned}\hat{w}(n+1) &= \hat{w}(n) + \hat{\delta}f(n)v(n) \\ &= \hat{w}(n) + \hat{\delta}[d(n) + y(n) + c(n) - \hat{c}(n) - \hat{d}(n) - \hat{y}(n)]v(n) \\ &= \hat{w}(n) + \hat{\delta}[c(n) - \hat{c}(n)]v(n) + \hat{\delta}[d(n) - \hat{d}(n)]v(n) + \hat{\delta}[y(n) - \hat{y}(n)]v(n)\end{aligned}$$

(6.4.37)

利用离线估计主通道 $\hat{P}(z)$ 趋近于主通道 $P(z)$,若辨识精度够高,在线估计次级通道 $\hat{S}(z)$ 将无限趋近于 $S(z)$,即可得到 $y(n) - \hat{y}(n) \to 0$、$d(n) - \hat{d}(n) \to 0$。因此,改进后的在线辨识算法能最大限度地还原次级通道信号 $v(n)$,这将大幅度提高自适应算法的收敛速度以及控制效果。

②针对激振力对参考信号的影响,引入内部反馈通道。

在图 6.11 和图 6.12 所示结构中,参考信号 $x(n)$ 常取上层质量块的加速度或者激励力信号,通过控制器和执行机构产生控制力抑制振源的振动。由于控制力介于上层质量块和中层质量块之间,对中层质量块产生力的同时也将对上层质量块产生一定的影响。图 6.12 及图 6.13 所示算法结构中仅考虑了控制力对次级通道 $S(z)$ 的影响,忽略了对参考信号 $x(n)$ 的作用,这将导致参考信号不稳定而影响自适应算法收敛速度和精度。将控制力到参考信号 $x(n)$ 之间的传递函数作为内部反馈通道,引入内部反馈通道的自适应算法,如图 6.14 所示。图中 $Q(z)$ 为激励力与上层质量块加速度之间的传递函数,$G(z)$ 为控制力与上层质量块加速度之间的传递函数,也是内部反馈通道。

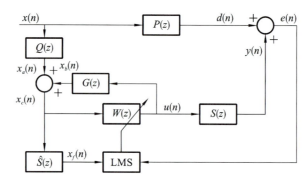

图 6.14 含有内部反馈通道的自适应算法结构

利用 M 阶 FIR 滤波器替代 $Q(z)$、$G(z)$ 时,其表达式为

$$\boldsymbol{Q}(n) = \begin{bmatrix} q_0(n) & q_1(n) \cdots q_{M-1}(n) \end{bmatrix}^{\mathrm{T}} \tag{6.4.38}$$

$$\boldsymbol{G}(n) = \begin{bmatrix} g_0(n) & g_1(n) \cdots g_{M-1}(n) \end{bmatrix}^{\mathrm{T}} \tag{6.4.39}$$

则激励力产生的加速度信号 $x_a(n)$、控制力产生加速信号 $x_b(n)$ 分别为

$$x_a(n) = \sum_{i=0}^{M-1} q_i(n) x(n-i) = \boldsymbol{Q}(n)^{\mathrm{T}} \boldsymbol{X}(n) = \boldsymbol{X}(n)^{\mathrm{T}} \boldsymbol{Q}(n) \tag{6.4.40}$$

$$x_b(n) = \sum_{i=0}^{M-1} g_i(n) u(n-i) = \boldsymbol{G}(n)^{\mathrm{T}} \boldsymbol{U}(n) = \boldsymbol{U}(n)^{\mathrm{T}} \boldsymbol{G}(n) \tag{6.4.41}$$

$\boldsymbol{X}(n)$、$\boldsymbol{U}(n)$ 为 $M \times 1$ 阶矢量序列

$$\boldsymbol{X}(n) = \begin{bmatrix} x(n) & x(n-1) \cdots x(n-M+1) \end{bmatrix}^{\mathrm{T}} \tag{6.4.42}$$

$$\boldsymbol{U}(n) = \begin{bmatrix} u(n) & u(n-1) \cdots u(n-M+1) \end{bmatrix}^{\mathrm{T}} \tag{6.4.43}$$

含内部反馈通道的参考信号为

$$x_c(n) = x_a(n) + x_b(n) = \sum_{i=0}^{M-1} q_i(n) x(n-i) + \sum_{i=0}^{M-1} g_i(n) u(n-i) \tag{6.4.44}$$

$\boldsymbol{X}_c(n)$ 为叠加信号采样序列,$\boldsymbol{X}_a(n)$ 为参考采样序列,$\boldsymbol{W}(n)$ 为滤波器权值矢量

$$\begin{cases} \boldsymbol{X}_c(n) = \begin{bmatrix} x_c(n) & x_c(n-1) \cdots x_c(n-(N-1)) \end{bmatrix}^{\mathrm{T}} \\ \boldsymbol{X}_a(n) = \begin{bmatrix} x_a(n) & x_a(n-1) \cdots x_a(n-(N-1)) \end{bmatrix}^{\mathrm{T}} \\ \boldsymbol{W}(n) = \begin{bmatrix} w_0(n) & w_1(n) \cdots w_{N-1}(n) \end{bmatrix}^{\mathrm{T}} \end{cases} \tag{6.4.45}$$

滤波器的输出 $u(n)$ 变为

$$u(n) = \sum_{i=0}^{N-1} w_i(n) x_c(n-i) \tag{6.4.46}$$

联立式(6.4.44)、式(6.4.46),得

$$U(n) = \boldsymbol{W}^{\mathrm{T}}(n)\boldsymbol{X}_c(n) = \boldsymbol{W}^{\mathrm{T}}(n)[\boldsymbol{Q}(n)^{\mathrm{T}}\boldsymbol{X}(n) + \boldsymbol{G}(n)^{\mathrm{T}}\boldsymbol{U}(n)] \tag{6.4.47}$$

整理可得,引入内部反馈后控制器的输出为

$$U(n) = \frac{\boldsymbol{W}^{\mathrm{T}}(n)\boldsymbol{Q}(n)^{\mathrm{T}}}{1 - \boldsymbol{W}^{\mathrm{T}}(n)\boldsymbol{G}(n)^{\mathrm{T}}} X(n) \tag{6.4.48}$$

引入反馈通道后,滤波器修正为

$$\hat{W}(z) = \frac{\boldsymbol{W}^{\mathrm{T}}(n)\boldsymbol{Q}(n)^{\mathrm{T}}}{1 - \boldsymbol{W}^{\mathrm{T}}(n)\boldsymbol{G}(n)^{\mathrm{T}}} \tag{6.4.49}$$

当 $Q(n)=1$、$G(n)=0$ 时,将 $\hat{W}(z)$ 变为图 6.11 所示无反馈通道滤波自适应算法。引入内部反馈通道使得滤波自适应算法具备了一定的反馈能力,进而形成"前馈＋反馈"的控制模式,使得该算法的收敛速度更快,稳态控制效果更好。

综合以上分析,针对传统滤波自适应算法的不足,提出了一种混合改进滤波自适应控制算法,其结构如图 6.15 所示。该混合改进算法综合了次级通道在线辨识、内部反馈通道等功能,进一步提高了控制系统的稳定性。

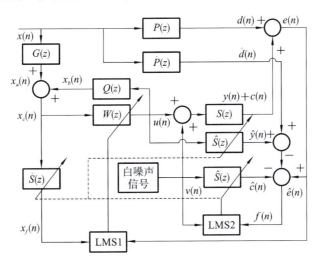

图 6.15　混合改进后滤波自适应算法结构

6.4.4　仿真分析

本节根据所建立的控制模型以及推导的控制算法,以中层质量块加速度信号为评价指标,应用 Matlab/Simulink 对系统进行仿真研究,仿真模型如图 6.16 所示。仿真

参数为:上层质量 $M_1=60$ kg,上层弹簧刚度 $K=30000$ N/m,阻尼 $C=280$ N·s/m,下层质量 $M_2=60$ kg,下层弹簧刚度 $K_0=60000$ N/m,阻尼 $C_2=300$ N·s/m,工况变化为 $\Delta M=10$ kg、20 kg。

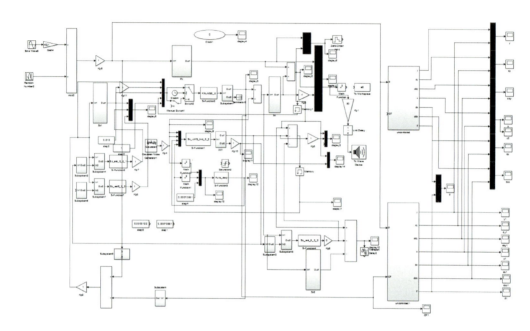

图 6.16　滤波自适应控制 Simulink 模型

①选取外界激励频率为 20 Hz,系统工况未发生变化时,对算法进行收敛特性分析。为了验证改进算法的有效性,将分别研究步长变化、次级通道阶数改变、次级通道突变等因素对其收敛特性的影响。

针对残差信号延时问题,将自适应算法与 6.2 节时滞补偿算法及相位超前补偿结合进行仿真研究,延时为 0.2 s 和 2 s 时的控制效果如图 6.17 和图 6.18 所示。由图可以明显看到:延时将导致系统控制效果变差,如果延时时间较大,控制算法可能发散。而含相位超前补偿的混合改进滤波自适应控制算法控制能力较好,在延时达到 2 s 时,仍无发散趋势,说明"相位超前补偿＋混合改进的滤波自适应控制算法"具有较强的稳定性。

次级通道阶数为 300 阶,步长 δ 为 0.005 和 0.05 时,控制效果如图 6.19、图 6.20 所示。步长 δ 为 0.04,次级通道阶数为 32 阶和 300 阶时的控制效果如图 6.21、图 6.22 所示。由图可知:在确保系统收敛条件下,增大步长及增加次级通道阶数能够提高控制算法的控制精度和收敛速度。此外,受控系统的残余误差均小于被动隔振效果,说明主动控制有效。

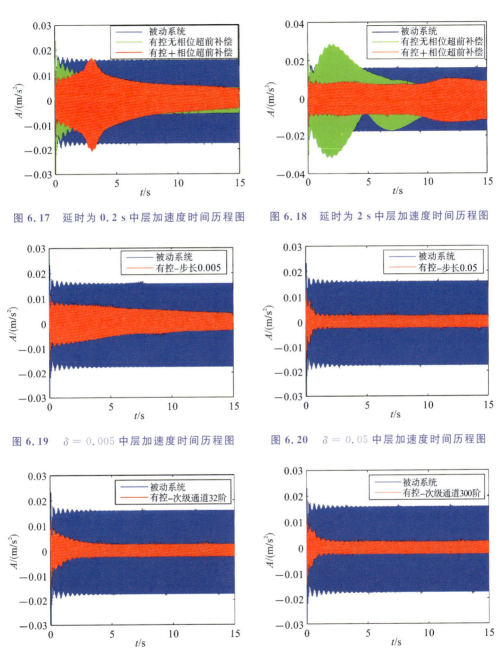

图 6.17 延时为 0.2 s 中层加速度时间历程图　　图 6.18 延时为 2 s 中层加速度时间历程图

图 6.19 $\delta = 0.005$ 中层加速度时间历程图　　图 6.20 $\delta = 0.05$ 中层加速度时间历程图

图 6.21 次级通道阶数 32 阶中层加速度历程图　　图 6.22 次级通道阶数 300 阶中层加速度历程图

假设次级通道在 8 s 时由 $S(z)$ 突变为 $0.6S(z)$,此时离线估计次级通道未发生改变,而在线辨识的次级通道仍然可以跟踪变化,在步长为 0.05、次级通道阶数为 300 阶时,控制效果如图 6.23 和图 6.24 所示。由图中可得:次级通道突变情况下,离线辨识

FXLMS 算法仅能依靠调整滤波器 $W(z)$ 来实现函数 $T(n) \to 0$ 的目标,而在线辨识的滤波自适应算法可动态跟踪次级通道 $S(z)$ 变化,迅速调整主动控制力抑制该突变,通过同步调整滤波器 $\hat{W}(z)$ 和 $\hat{S}(z)$ 以实现值 $T(n) \to 0$,因此改进算法具有较强的鲁棒性和实时性。

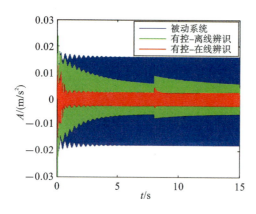 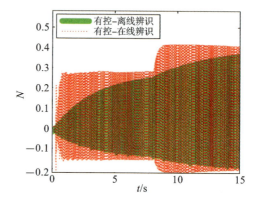

图 6.23 次级通道突变中层加速度时间历程图　　图 6.24 次级通道突变主动控制力时间历程图

②将"相位超前补偿＋改进自适应控制算法"应用于两自由度可调高静低动刚度隔振系统,进行负载变化条件下仿真分析。假设系统在第 10 s 时,负载发生了 ΔM 变化量,6 Hz、10 Hz 及 14 Hz 激励频率下中层质量块加速度时间历程图如图 6.25～图 6.27 所示。

由图 6.25(a)和(c)、图 6.26(a)和(c)及图 6.27(a)和(c)可知,当负载发生变化时,系统出现短暂失稳后逐渐稳定,稳定后的振幅大小负载变化前,此时无控制的高静低动刚度隔振系统隔振性能下降,且负载变化越大,稳定后的隔振性能越差。由图 6.25(b)和(d)、图 6.26(b)和(d)及图 6.27(b)和(d)可知,主动控制能够应对工况变化,经

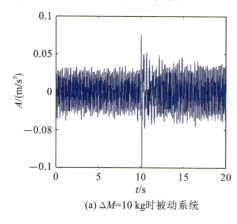 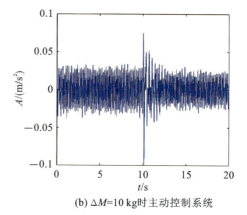

(a) $\Delta M=10$ kg 时被动系统　　　　　　　(b) $\Delta M=10$ kg 时主动控制系统

图 6.25　6 Hz 时变工况下的中层加速度时间历程图

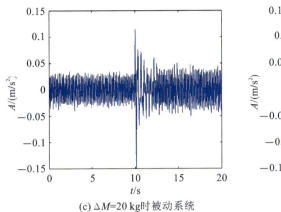
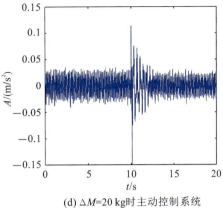

(c) ΔM=20 kg时被动系统　　　　　　　(d) ΔM=20 kg时主动控制系统

续图 6.25

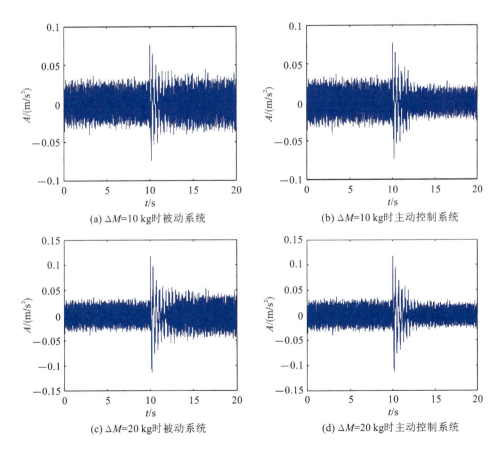

(a) ΔM=10 kg时被动系统　　　　　　　(b) ΔM=10 kg时主动控制系统

(c) ΔM=20 kg时被动系统　　　　　　　(d) ΔM=20 kg时主动控制系统

图 6.26　10 Hz 时变工况下的中层加速度时间历程图

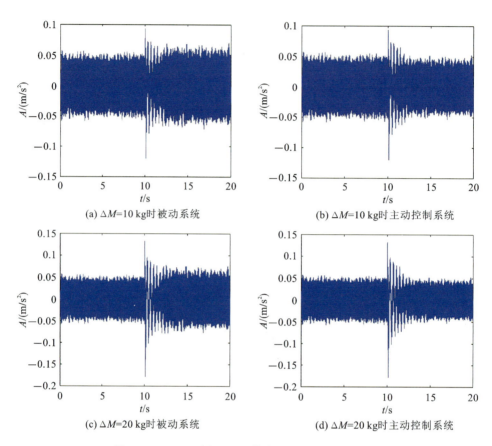

图 6.27 14 Hz 时变工况下的中层加速度时间历程图

过主动控制的高静低动刚度隔振系统在负载变化后能使中层质量块显著振幅降低。综合上述分析,可得以下结论。

①两自由度高静低动刚度隔振系统在无主动控制时,负载增大,将导致隔振性能下降,且负载越大,性能下降越明显。这是因为负载增大,系统偏离原平衡位置,负刚度不能发挥作用,导致系统隔振性能变差,且偏离平衡位置越远,其隔振性能下降越明显。

②从时域控制效果可以看出,两自由度高静低动刚度隔振系统主动控制在工况变化时具有一定的控制效果,相比于被动隔振系统,自适应主动控制系统通过控制电磁力使得工作位置回到平衡点,确保负刚度机构能够发挥作用,从而保持系统的隔振能力。

6.5 本章小结

为克服时滞的不利因素，以及在变工况条件下确保高静低动刚度隔振系统仍能具备优良的隔振性能，本章开展了振动主动控制研究。采用时滞离线预估算法，并设计相位超前补偿环节，显著减小时滞的不利影响。设计滑模变结构控制器，利用李雅普诺夫理论分析了控制器稳定性，并引入多层神经网络对滑模控制算法进行改进，降低了"抖振"的影响。通过引入估计主通道对在线辨识进行改进及应用内部反馈通道对前馈控制进行补偿等方法，设计了适用于两自由度高静低动刚度隔振系统的混合改进型滤波自适应控制算法，该算法具有较强的鲁棒性和实时性，在系统负载变化时能保持较好的高静低动刚度隔振特性，隔振效果明显优于被动隔振系统。

第 7 章　高静低动刚度隔振系统线谱混沌化控制

7.1　引　　言

　　船舶上的各种主、辅机机械振动产生的辐射水噪声线谱会导致振源的频率特征和信号强度两类识别危害,线谱混沌化控制技术能削弱其振动向艇体基座传递的线谱特征,提高潜艇的声隐身性能。但是,系统混沌化后振幅可能不一定比特定周期运动振幅小,存在削弱线谱特征和保持隔振性能之间的矛盾,迁移控制虽然可以解决该矛盾,但受限于系统共存吸引子须至少包含一个小振幅混沌吸引子;而且与被隔振设备主尺度相比,船舶动力机械隔振系统在正常工况下的振幅要小很多,工况的变化、外界环境的改变和突然的扰动等均会导致系统由混沌运动恢复至周期运动。因此,如何实现大参数范围内变工况下持续混沌化和小振幅混沌化是线谱混沌化控制技术从理论到工程应用需解决的技术难题。本章通过双时延反馈控制、基于状态反馈和基于耦合的广义混沌同步实现高静低动刚度隔振系统的高品质混沌化,将线谱混沌化与船舶动力机械隔振有机结合,达到降低线谱强度和隔离振动的双重目的,解决传统机械设计和一般意义的混沌化方法无法解决的削弱线谱特征和保持隔振性能之间的矛盾。

7.2　单自由度高静低动刚度隔振系统双时延反馈混沌化

　　由于时延反馈动力学系统本质上是无限维的,即使线性时延系统也可以出现复杂的混沌运动。本节以单自由度高静低动刚度隔振系统为研究对象,施加位移和速度双时延反馈控制,解决线谱混沌化方法的第一个难点,即变工况下的持续混沌化。首先,建立双时延反馈控制的单自由度高静低动隔振系统动力学模型;其次,分析系统全时延稳定性和稳定性切换;最后,实现基于双时延反馈控制的高静低动刚度隔振系统混沌化。

7.2.1 动力学建模

考虑双时延反馈控制的单自由度高静低动刚度隔振系统如图 7.1 所示。被隔振物体质量为 M,它由一个含一次刚度系数 k_1 和三次刚度系数 k_3 的弹簧及一个线性阻尼组成的隔振器支撑,在被隔振物体和基座之间有两个作动器,分别用来施加位移和速度时延反馈控制,K_{t1} 和 K_{t2} 分别为位移和速度反馈的时延控制增益,控制增益越小,相应输入能量也越小,且混沌化品质更高,τ_1 和 τ_2 分别为位移和速度反馈的延迟时间,且 $\tau_1 = \tau_2$。

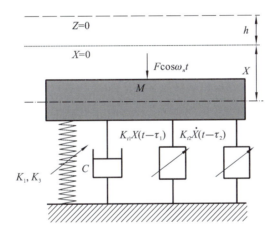

图 7.1 单自由度高静低动刚度隔振系统的双时延反馈模型

被隔振物体处于静平衡位置时弹簧压缩量为 h,令 $X = Z - h$,在简谐力激励 $F\cos\omega_n t$ 作用下,系统的动力学方程为

$$M\ddot{Z} + C\dot{Z} + k_1(Z-h) + k_3(Z-h)^3 = F\cos\omega_n t + K_{t1}X(t-\tau) + K_{t2}\dot{X}(t-\tau) \quad (7.2.1)$$

其中 $Mg = k_3 h^3 - k_1 h$,式(7.2.1)可进一步改写为

$$\ddot{x} + 2\xi\omega_0\dot{x} + \omega_0^2 x + \alpha\omega_0^2 x^3 = f\cos\omega_n t + k_{t1}\omega_0^2 x(t-\tau) + k_{t2}\omega_0 \dot{x}(t-\tau) \quad (7.2.2)$$

其中 $\xi = C/(2M\omega_0)$,$\omega_0 = \sqrt{k_1/M}$,$\alpha = k_3/k_1$,$f = F/M$,$k_{t1} = K_{t1}/k_1$,$k_{t2} = K_{t2}/(k_1\omega_0)$。

令 $x_1 = X$,$y_1 = \dot{X}$,降阶增维后式(7.2.2)的自治系统为

$$\begin{cases} \dot{x}_1 = y_1 \\ \dot{y}_1 = -2\xi\omega_0 y_1 - \omega_0^2 x_1 - \alpha\omega_0^2 x_1^3 + k_{t1}\omega_0^2 x_1(t-\tau) + k_{t2}\omega_0 y_1(t-\tau) \end{cases} \quad (7.2.3)$$

当 $k_{t1} = k_{t2} = 0$ 时,求得式(7.2.3)的唯一平衡点 $A(0,0)$。为了分析式(7.2.3)在平衡点附近的稳定性,在平衡点处施加一个小扰动 $(\Delta x_1, \Delta y_1)$,则其满足如下线性化方程

$$\begin{cases} \Delta \dot{x}_1 = \Delta y_1 \\ \Delta \dot{y}_1 = -2\xi\omega_0 \Delta y_1 - \omega_0^2 \Delta x_1 + k_{t1}\omega_0^2 \Delta x_1(t-\tau) + k_{t2}\omega_0 \Delta y_1(t-\tau) \end{cases} \quad (7.2.4)$$

7.2.2 线性时延系统的稳定性分析

线性时延系统稳定性分析主要分为全时延稳定和稳定性切换。系统全时延稳定是指对于任意时延系统皆稳定,而在实际系统中,全时延稳定的控制增益区间较小,实际控制增益常位于全时延稳定区域之外;稳定性切换是指当控制增益不属于全时延稳定区域时,参数的变化使得系统稳定性在稳定和不稳定之间来回切换的现象。时延动力学系统平衡点稳定性分析最基本的方法是研究特征根的分布,即利用超越方程基本分支上的特征值来判断系统的稳定性,从而得到难或易诱发混沌的具体参数范围。

考虑一类线性时延动力学系统,其特征方程为

$$D(\lambda, \tau) = P(\lambda) + Q(\lambda) e^{-\lambda \tau} = 0 \quad (7.2.5)$$

其中 $\tau \geqslant 0$ 为时延,$P(\lambda)$ 和 $Q(\lambda)$ 均为实系数多项式,其次数满足 $\deg[P(\lambda)] > \deg[Q(\lambda)]$,并假定 $P(i\omega)$ 和 $Q(i\omega)$ 无任何公共实根,其中 $i = \sqrt{-1}$,且 $P(0) + Q(0) \neq 0$。式(7.2.5)为含指数函数的超越方程,其零解的全时延稳定性可由下述定理判定。

定理 3 线性系统(7.2.4)零解是全时延稳定的当且仅当下列条件同时成立:

①当 $\tau = 0$ 时,特征多项式 $P(\lambda) + Q(\lambda)$ 是 Hurwitz 稳定的;

②对于任意的 $\tau \geqslant 0$,$D(i\omega, \tau) = 0$ 无非零实数根 ω。

令 $P_R(\omega) = \text{Re}[P(i\omega)]$,$P_I(\omega) = \text{Im}[P(i\omega)]$,$Q_R(\omega) = \text{Re}[Q(i\omega)]$,$Q_I(\omega) = \text{Im}[Q(i\omega)]$。为了求解 ω 和 τ,令 $\lambda = i\omega$,利用欧拉公式将 $D(i\omega, \tau) = 0$ 的实部和虚部分离,可得

$$\begin{cases} Q_R \cos\omega\tau + Q_I \sin\omega\tau = -P_R(\omega) \\ Q_I \cos\omega\tau + Q_R \sin\omega\tau = -P_I(\omega) \end{cases} \quad (7.2.6)$$

对于 $\tau \geqslant 0$,若方程(7.2.5)有纯虚根 $\pm i\omega$,则 $|P(i\omega)|^2 = |Q(i\omega)|^2$,即

$$F(\omega) = |P(i\omega)|^2 - |Q(i\omega)|^2 = \omega^{2n} + b_1\omega^{2(n-1)} + \cdots + b_{n-1}\omega^2 + b_n = 0 \quad (7.2.7)$$

若 $F(\omega) = 0$ 无实根,则系统不发生稳定性切换,如果 $\tau = 0$ 系统稳定,则系统是全时延稳定,如果 $\tau = 0$ 系统不稳定,则系统是全时延不稳定。

若 $F(\omega) = 0$ 存在一个正单根 $\omega_n > 0$,代入式(7.2.6)可以得到一系列临界时延点

$$\tau_k = \frac{\theta + 2k\pi}{\omega_n}, \quad k = 0, 1, 2, \cdots \quad (7.2.8)$$

其中 $\theta \in [0, 2\pi)$ 满足下列三角函数方程

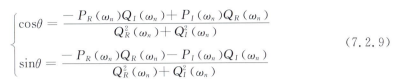

由于特征根 λ 是时延 τ 的函数,所以只要求出一对纯虚根 $\pm i\omega_n$ 和相应临界时延 τ_k,纯虚根的变化趋势就可由横截条件 $S = \text{sgn}\left[\text{Re}\left(\dfrac{d\lambda(\tau)}{d\tau}\right)\bigg|_{\lambda=i\omega_n}\right] = \text{sgn}\left[\dfrac{dF(\omega^2)}{d\omega}\bigg|_{\omega=\omega_n}\right]$ 确定,其中 sgn 为符号函数。

若 $F(\omega)=0$ 存在一系列正实根 $\omega_1<\omega_2<\cdots<\omega_p$,每个实根对应一系列的临界时延 $\tau_{i,k}$ ($i=1,2,\cdots,p, k=0,1,2,\cdots$)。由于 $F(\omega)$ 首项系数大于零,故 $\dot{F}(\omega_{2n-1})<0, \dot{F}(\omega_{2n})>0$,因此当 $\tau=0$ 时系统不稳定,则系统对任何 $\tau>0$ 均不稳定;当 $\tau=0$ 系统稳定时,随着 τ 增加,在 $\tau=\tau_{2(n-1),k}$ 处 $S<0$,时延由小到大每跨过临界时延一次,特征根的实部由正变负,从而减少一对具有正实部的共轭复根;在 $\tau=\tau_{2n,k}$ 处 $S>0$,表明时延由小到大每跨过临界时延一次,特征根的实部由负变正,从而增加一对具有正实部的共轭复根,而且因为 $\tau_{j,k+1}-\tau_{j,k}>\tau_{j+1,k+1}-\tau_{j,k+1}$ ($j=1,2,\cdots,p-1$),故 $\tau=\tau_{2(n-1),k}$ 处实部由正变负的特征根的个数小于 $\tau=\tau_{2n,k}$ 处特征根的个数,使得系统最后必有正实部特征根,所以系统最终不稳定。

采用如下定理,分析系统的时延稳定性切换。

定理 4 假设 $P(i\omega)$ 和 $Q(i\omega)$ 无任何公共实根,且 $P(0)+Q(0)\neq 0$,且多项式 $F(\omega)=0$ 无非零重根,则有:

① 若 $F(\omega)=0$ 无实根或仅有零根,则系统稳定性与无时延系统的稳定性相同;

② 若 $F(\omega)=0$ 仅有 1 个正单根(同时必有一个负单根),且 $\tau=0$ 时系统稳定,存在临界时延 τ_0,使得系统在 $\tau\in[0,\tau_0)$ 内是稳定的,而 $\tau\geqslant\tau_0$ 时不稳定,发生一次稳定性切换;而当 $\tau=0$ 时系统不稳定,则系统全时延不稳定;

③ 若 $F(\omega)=0$ 有两个或两个以上的正实根,随着 τ 的增大,系统发生有限次数的稳定性切换,最终系统不稳定。

对应于方程(7.2.4)的特征方程为

$$D(\lambda,\tau)=\lambda^2+2\xi\omega_0\lambda+\omega_0^2-k_{t1}\omega_0^2e^{-\lambda\tau}-k_{t2}\omega_0\lambda e^{-\lambda\tau}=0 \quad (7.2.10)$$

其中 $P(\lambda)=\lambda^2+2\xi\omega_0\lambda+\omega_0^2$,$Q(\lambda)=-k_{t1}\omega_0^2-k_{t2}\omega_0\lambda$。当 $\tau=0$ 时,由 Routh-Hurwitz 稳定性判据可知系统零解全时延稳定应满足 $k_{t1}<1, k_{t2}<2\xi$。在上述前提下,假设式(7.2.10)具有纯虚根 $\lambda=i\omega(\omega\geqslant0)$,则有

$$D(i\omega,\tau)=\omega_0^2-\omega^2+2i\xi\omega_0\omega-ik_{t2}\omega_0\omega e^{-i\omega\tau}-k_{t1}\omega_0^2 e^{-i\omega\tau}=0 \quad (7.2.11)$$

分离式(7.2.11)的实部和虚部,可得关于谐波函数的方程组

$$\begin{cases} \text{Re}[D(\mathrm{i}\omega,\tau)] = \omega_0^2 - \omega^2 - k_{t1}\omega_0^2\cos\omega\tau - k_{t2}\omega_0\omega\sin\omega\tau = 0 \\ \text{Im}[D(\mathrm{i}\omega,\tau)] = 2\xi\omega_0\omega + k_{t1}\omega_0^2\sin\omega\tau - k_{t2}\omega_0\omega\cos\omega\tau = 0 \end{cases} \quad (7.2.12)$$

由此得到

$$\begin{cases} \cos\omega\tau = \dfrac{k_{t1}\omega_0^4 + (2\xi k_{t2}\omega_0^2 - k_{t1}\omega_0^2)\omega^2}{k_{t1}^2\omega_0^4 + k_{t2}^2\omega_0^2\omega^2} = \dfrac{k_{t1}\omega_0^2 + (2\xi k_{t2} - k_{t1})\omega^2}{k_{t1}^2\omega_0^2 + k_{t2}^2\omega^2} \\ \sin\omega\tau = \dfrac{\omega[-2\xi k_{t1}\omega_0^3 + k_{t2}\omega_0(\omega_0^2 - \omega^2)]}{k_{t1}^2\omega_0^4 + k_{t2}^2\omega_0^2\omega^2} = \dfrac{\omega[-2\xi k_{t1}\omega_0^2 + k_{t2}(\omega_0^2 - \omega^2)]}{k_{t1}^2\omega_0^3 + k_{t2}^2\omega_0\omega^2} \end{cases}$$

$$(7.2.13)$$

消去式(7.2.13)的谐波项,可得一个关于 ω 的四次代数方程

$$F(\omega) = \omega^4 + p\omega^2 + q = 0 \quad (7.2.14)$$

其中 $p = (4\xi^2 - k_{t2}^2 - 2)\omega_0^2, q = (\omega_0^2 - k_{t1}^2\omega_0^2)\omega_0^2$。根据不同的参数组合,方程(7.2.14)有 4 个以下形式的根

$$\omega = \mp\dfrac{\sqrt{-2p \pm 2\sqrt{p^2 - 4q}}}{2} = \mp\omega_0\sqrt{\dfrac{2 + k_{t2}^2 - 4\xi^2}{2} \pm \sqrt{\left(\dfrac{2 + k_{t2}^2 - 4\xi^2}{2}\right)^2 + k_{t1}^2 - 1}}$$

$$(7.2.15)$$

根据不同的参数组合形式,可以得到 $D(\mathrm{i}\omega,\tau) = 0$ 无正实根的条件为: $p \geqslant 0, q \geqslant 0$ 或 $p < 0, p^2 - 4q < 0$,即

$$\begin{cases} k_{t2}^2 \leqslant 4\xi^2 - 2, \quad k_{t1}^2 \leqslant \omega_0^2 \\ k_{t2}^2 > 4\xi^2 - 2, \quad 4k_{t1}^2 + (k_{t2}^2 + 2 - 4\xi^2)^2 < 4\omega_0^2 \end{cases} \quad (7.2.16)$$

因此,根据阻尼比 ξ 的不同,全时延稳定区域可分为以下两种情况:

① 当 $0 < \xi < \sqrt{1/2}$ 时,全时延稳定区域可表示为

$$4k_{t1}^2 + (k_{t2}^2 + 2 - 4\xi^2)^2 < 4\omega_0^2 \quad (7.2.17)$$

② 当 $\xi \geqslant \sqrt{1/2}$ 时,全时延稳定区域可表示为

$$\begin{cases} k_{t1}^2 \leqslant \omega_0^2, & k_{t2}^2 \leqslant 4\xi^2 - 2 \\ 4k_{t1}^2 + (k_{t2}^2 + 2 - 4\xi^2)^2 < 4\omega_0^2, & k_{t2}^2 > 4\xi^2 - 2 \end{cases} \quad (7.2.18)$$

由式(7.2.15)可知方程(7.2.10)最多有两个正实根 ω_1、ω_2,将其代入式(7.2.13)可求出两组临界时延

$$\tau_{c,k}^+ = \dfrac{2k\pi}{\omega_c} + \dfrac{1}{\omega_c}\arccos\left[\dfrac{(2\xi k_{t2} - k_{t1})\omega_c^2 + k_{t1}\omega_0^2}{k_{t1}^2\omega_0^2 + k_{t2}^2\omega_c^2}\right], \quad k_{t2}(\omega_0^2 - \omega_c^2) - 2\xi k_{t1} > 0$$

$$\tau_{c,k}^- = \dfrac{2(k+1)\pi}{\omega_c} - \dfrac{1}{\omega_c}\arccos\left[\dfrac{(2\xi k_{t2} - k_{t1})\omega_c^2 + k_{t1}\omega_0^2}{k_{t1}^2\omega_0^2 + k_{t2}^2\omega_c^2}\right], \quad k_{t2}(\omega_0^2 - \omega_c^2) - 2\xi k_{t1} < 0$$

$$(7.2.19)$$

其中 $c = 1, 2, k = 0, 1, 2, \cdots$,$\arccos(\cdot)$ 为反余弦函数。在 ω_1、ω_2 处,有

$$S = \frac{\mathrm{d}F}{\mathrm{d}\omega}\bigg|_{\omega=\omega_{1,2}} = \mp 2\omega_{1,2}\sqrt{p^2-4q} \qquad (7.2.20)$$

令 $(k_{t1})_{\min} = \omega_0^2 \sqrt{(4\xi^2-k_{t2}^2)\left(\dfrac{4-4\xi^2-k_{t2}^2}{4}\right)}$,表 7.1 给出了不同参数组合下系统发生稳定性切换的临界时延计算公式。

表 7.1 不同参数组合下系统临界时延的计算公式

速度反馈增益和阻尼	位移反馈增益		分岔频率	临界时延	
$k_{t2}^2 < 4\xi^2$	$\lvert k_{t1}\rvert \geqslant 1$	$\lvert k_{t1}\rvert \geqslant \sqrt{4\xi^2-k_{t2}^2}$	$\omega_2 > \omega_0$	$k_{t1} \leqslant -1$	$\tau_{2,k}^{+}$
		$\lvert k_{t1}\rvert \leqslant \sqrt{4\xi^2-k_{t2}^2}$	$\omega_2 \leqslant \omega_0$	$k_{t1} \geqslant 1$	$\tau_{2,k}^{-}$
$4\xi^2-k_{t2}^2-2<0$ 且 $k_{t2}^2 < 4\xi^2$	$-1 < k_{t1}$ $< -(k_{t1})_{\min}$	$k_{t1} < -\sqrt{4\xi^2-k_{t2}^2}$	$\omega_1 < \omega_0$, $\omega_2 > \omega_0$		$\tau_{1,k}^{+}$
		$k_{t1} \geqslant -\sqrt{4\xi^2-k_{t2}^2}$	$\omega_1 < \omega_0$, $\omega_2 \leqslant \omega_0$		$\tau_{2,k}^{+}$
	$(k_{t1})_{\min} < k_{t1} < 1$	$k_{t1} < -\sqrt{4\xi^2-k_{t2}^2}$	$\omega_1 < \omega_0$, $\omega_2 > \omega_0$		$\tau_{1,k}^{-}$
		$k_{t1} \geqslant -\sqrt{4\xi^2-k_{t2}^2}$	$\omega_1 < \omega_0$, $\omega_2 \leqslant \omega_0$		$\tau_{2,k}^{-}$
$k_{t2}^2 \geqslant 4\xi^2$	$k_{t2} > 0$	$\lvert k_{t1}\rvert \geqslant 1$	$\omega_2 > \omega_0$		$\tau_{2,k}^{+}$
		$\lvert k_{t1}\rvert < 1$	$\omega_1 < \omega_0$, $\omega_2 > \omega_0$		$\tau_{1,k}^{+}$, $\tau_{2,k}^{-}$
	$k_{t2} < 0$	$\lvert k_{t1}\rvert \geqslant 1$	$\omega_2 > \omega_0$		$\tau_{2,k}^{+}$
		$\lvert k_{t1}\rvert < 1$	$\omega_1 < \omega_0$, $\omega_2 > \omega_0$		$\tau_{1,k}^{-}$, $\tau_{2,k}^{+}$

7.2.3 数值仿真分析

将无量纲控制增益 k_{t1}、k_{t2} 和时延 τ 作为控制参数,根据特征根对时延的连续依赖性来分析系统全时延稳定和稳定性切换的各时延区间。设定系统的参数为:$\xi=0.2$, $\omega_0=1, \alpha=0.1$,初始条件为 $(0.001,0)$。为满足定理 3 的第一个条件,控制增益应满足 $k_{t1}<1, k_{t2}<0.4$。本节主要对 $k_{t1}\in[-2,2], k_{t2}\in[-1,1]$ 的系统稳定性临界时延进行分析,从而为混沌化提供依据。为验证 7.2.2 节相关结论的准确性,进行下列算例计算。

算例 1：$k_{t1}=-1.5, k_{t2}=0.1$。

$F(\omega)=0$ 有一个实根 $\omega_2=1.5415>\omega_0$，且满足 $\dot{F}(\omega_2)=8.9471>0$，相应临界时延 $\tau_{2,k}^+$：$\tau_{2,0}^+=0.2068, \tau_{2,1}^+=4.2830, \tau_{2,2}^+=8.3591, \tau_{2,3}^+=12.4353, \tau_{2,4}^+=16.5114, \cdots$

根据定理 4，系统在 $\tau \in [0, \tau_{2,0}^+)$ 内稳定，在 $\tau \geqslant \tau_{2,0}^+$ 时不稳定，系统发生一次稳定性切换。双时延反馈控制的单自由度高静低动刚度隔振系统的响应如图 7.2 所示，由图可知，系统在 $\tau=0.15 \in [0, \tau_{2,0}^+)$ 时稳定，在 $\tau=0.35>\tau_{2,0}^+$ 时不稳定。

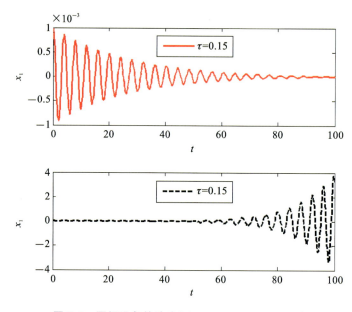

图 7.2 隔振设备的响应（$k_{t1}=-1.5, k_{t2}=0.1$）

算例 2：$k_{t1}=-0.5, k_{t2}=0.1$。

$F(\omega)=0$ 有两个不同实根 $\omega_1=0.7746<\omega_0<\omega_2=1.1180$，且 $\dot{F}(\omega_1)=-1.0070<0, \dot{F}(\omega_2)=1.4534>0$，相应临界时延 $\tau_{1,k}^+$ 和 $\tau_{2,k}^+$：

$\tau_{1,0}^+=3.0065, \quad \tau_{1,1}^+=11.1181, \quad \tau_{1,2}^+=19.2296, \quad \tau_{1,3}^+=27.3412, \quad \tau_{1,4}^+=35.4527, \cdots$

$\tau_{2,0}^+=0.7523, \quad \tau_{2,1}^+=6.3721, \quad \tau_{2,2}^+=11.9920, \quad \tau_{2,3}^+=17.6118, \quad \tau_{2,4}^+=23.2317, \cdots$

按升序可排列为：$\tau_{2,0}^+<\tau_{1,0}^+<\tau_{2,1}^+<\tau_{1,1}^+<\tau_{2,2}^+<\tau_{2,3}^+<\tau_{1,2}^+<\tau_{2,4}^+<\tau_{1,3}^+<\cdots$

根据定理 4，系统在 $\tau \in [0, \tau_{2,0}^+)$ 内稳定，当时延逐渐增大到 $\tau_{1,k}^+$ 时，特征根的实部从复平面的右边穿到左边；当时延逐渐增大到 $\tau_{2,k}^+$ 时，特征根的实部从复平面的左边穿到右边，经过 5 次稳定性切换系统最终不稳定，且在两组临界时延处系统都会发生 Hopf 分岔。双时延反馈控制的单自由度高静低动刚度隔振系统的响应如图 7.3 所示，由图可知，系统在 $\tau=0.5 \in [0, \tau_{2,0}^+)$、$\tau=3.5 \in (\tau_{1,0}^+, \tau_{2,1}^+)$ 和 $\tau=11.5 \in (\tau_{1,1}^+, \tau_{2,2}^+)$ 时稳定，在 $\tau=2.5 \in (\tau_{2,0}^+, \tau_{1,0}^+)$、$\tau=7.5 \in (\tau_{2,1}^+, \tau_{1,1}^+)$ 和 $\tau=14.5>\tau_{2,2}^+$ 时不稳定。

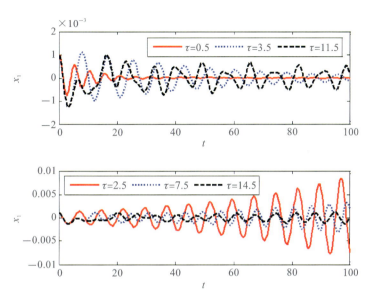

图 7.3 隔振设备的响应($k_{t1}=-0.5,k_{t2}=0.1$)

算例 3：$k_{t1}=0.5, k_{t2}=0.1$。

$F(\omega)=0$ 有两个不同实根 $\omega_1=0.7746<\omega_0<\omega_2=1.1180$，且 $\dot{F}(\omega_1)=-1.0070<0$，$\dot{F}(\omega_2)=1.4534>0$，相应临界时延 $\tau_{1,k}^-$ 和 $\tau_{2,k}^-$：

$\tau_{1,0}^-=7.4591$，$\tau_{1,1}^-=15.5707$，$\tau_{1,2}^-=23.6823$，$\tau_{1,3}^-=31.7938$，$\tau_{1,4}^-=39.9054$，…

$\tau_{2,0}^-=3.9557$，$\tau_{2,1}^-=9.5756$，$\tau_{2,2}^-=15.1954$，$\tau_{2,3}^-=20.8153$，$\tau_{2,4}^-=26.4351$，…

按升序可排列为：$\tau_{2,0}^-<\tau_{1,0}^-<\tau_{2,1}^-<\tau_{2,2}^-<\tau_{1,1}^-<\tau_{2,3}^-<\tau_{1,2}^-<\tau_{2,4}^-<\tau_{1,3}^-<\cdots$ 根据定理 4，系统在 $\tau\in[0,\tau_{2,0}^-)$ 内稳定，当时延逐渐增大到 $\tau_{1,k}^-$ 时，特征根的实部从复平面的右边穿到左边；当时延逐渐增大到 $\tau_{2,k}^-$ 时，特征根的实部从复平面的左边穿到右边，经过 3 次稳定性切换系统最终不稳定，且在两组临界时延处均会发生 Hopf 分岔。双时延反馈控制的单自由度高静低动刚度隔振系统响应如图 7.4 所示，由图可知，系统在 $\tau=3.5\in[0,\tau_{2,0}^-)$ 和 $\tau=8.5\in(\tau_{1,0}^-,\tau_{2,1}^-)$ 时稳定，在 $\tau=5.5\in(\tau_{2,0}^-,\tau_{1,0}^-)$ 和 $\tau=12.5>\tau_{2,1}^-$ 时不稳定。

算例 4：$k_{t1}=-1.5, k_{t2}=0.2$。

$F(\omega)=0$ 有一个实根 $\omega_2=1.5494>\omega_0$，且满足 $F'(\omega_2)=9.0528>0$，相应临界时延 $\tau_{2,k}^+$：

$\tau_{2,0}^+=0.1374, \tau_{2,1}^+=4.1926, \tau_{2,2}^+=8.2478, \tau_{2,3}^+=12.3030, \tau_{2,4}^+=16.3582$，…

根据定理 3，系统在 $\tau\in[0,\tau_{2,0}^+)$ 内稳定，在 $\tau\geqslant\tau_{2,0}^+$ 时不稳定，系统发生 1 次稳定性切换。双时延反馈控制的单自由度高静低动刚度隔振系统的响应如图 7.5 所示，由图可知，系统在 $\tau=0.1\in[0,\tau_{2,0}^+)$ 时稳定，在 $\tau=0.15>\tau_{2,0}^+$ 时不稳定。

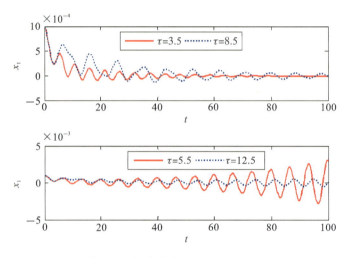

图 7.4 隔振设备的响应($k_{t1}=0.5, k_{t2}=0.1$)

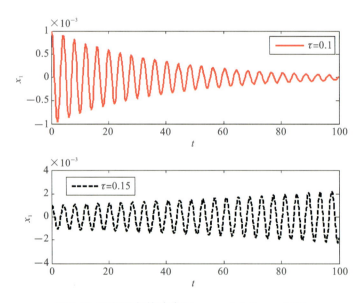

图 7.5 隔振设备的响应($k_{t1}=-1.5, k_{t2}=0.2$)

算例 5：$k_{t1}=0.5, k_{t2}=-0.2$。

$F(\omega)=0$ 有两个不同实根 $\omega_1=0.7579<\omega_0<\omega_2=1.1426$，且 $\dot{F}(\omega_1)=-1.1082<0, \dot{F}(\omega_2)=1.6705>0$，相应临界时延 $\tau_{1,k}^-$ 和 $\tau_{2,k}^+$：

$\tau_{1,0}^-=7.0846, \quad \tau_{1,1}^-=15.3743, \quad \tau_{1,2}^-=23.6640, \quad \tau_{1,3}^-=31.9537, \quad \tau_{1,4}^-=40.2435,\cdots$

$\tau_{2,0}^+=2.2657, \quad \tau_{2,1}^+=7.7647, \quad \tau_{2,2}^+=13.2638, \quad \tau_{2,3}^+=18.7629, \quad \tau_{2,4}^+=24.2619,\cdots$

按升序可排列为：$\tau_{2,0}^+<\tau_{1,0}^-<\tau_{2,1}^+<\tau_{2,2}^+<\tau_{1,1}^-<\tau_{2,3}^+<\tau_{1,2}^-<\tau_{2,4}^+<\cdots$ 系统在

第 7 章 高静低动刚度隔振系统线谱混沌化控制

$\tau \in [0, \tau_{2,0}^+)$ 内稳定,当时延逐渐增大到 $\tau_{1,k}^-$ 时,特征根的实部从复平面的右边穿到左边;当时延逐渐增大到 $\tau_{2,k}^+$ 时,特征根实部从复平面左边穿到右边,经过 3 次稳定性切换系统最终不稳定。双时延反馈的单自由度高静低动刚度隔振系统的响应如图 7.6 所示,由图可知,系统在 $\tau=1.5 \in [0, \tau_{2,0}^+)$ 和 $\tau=7.5 \in (\tau_{1,0}^-, \tau_{2,1}^+)$ 时稳定,在 $\tau=5.5 \in (\tau_{2,0}^+, \tau_{1,0}^-)$ 和 $\tau=10.5 > \tau_{2,1}^-$ 不稳定。

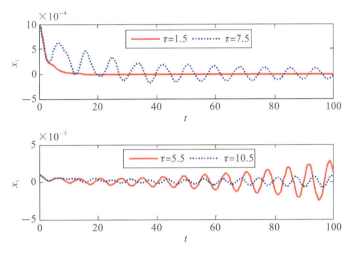

图 7.6　隔振设备的响应($k_{t1}=0.5, k_{t2}=-0.2$)

算例 6：$k_{t1}=0.1, k_{t2}=0.1$。

由式(7.2.17)可知,$k_{t1}=0.1$ 和 $k_{t2}=0.1$ 满足全时延稳定性条件：$4k_{t1}^2 + (k_{t2}^2+2-4\xi^2)^2 < 4\omega_0^2$。因此系统对任何时延均稳定。双时延反馈的单自由度高静低动刚度隔振系统的响应如图 7.7 所示,由图可知,系统在 $\tau=2.5$、$\tau=7.5$ 和 $\tau=12.5$ 时均稳定。

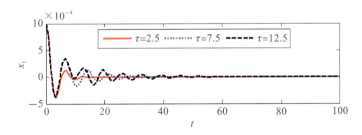

图 7.7　隔振设备的响应($k_{t1}=0.1, k_{t2}=0.1$)

7.2.4　双时延反馈混沌化

稳定性分析表明,通过调整控制增益和时延,可以使单自由度高静低动刚度隔振系统稳定或者失稳。设简谐力激励的幅值 $f=0.5, \omega_n=3$,隔振系统的参数设为 $\xi=0.2, \omega_0=1, \alpha=0.1$,下面分析时延、位移控制增益 k_{t1} 和速度控制增益 k_{t2} 对系统混沌化控制的影响,对系统混沌化过程中的控制参数进行优化。图 7.8(a)是 $k_{t1}=-1.5$, $k_{t2}=0.1$ 时系统响应关于时延的分岔图,无特殊说明,周期运动用单线点或多线点表示,而混沌运动或准周期运动用云点表示。由图可知,系统在 $\tau=0.2$ 时第一次发生 Hopf 分岔,这与算例 1 的临界时延 $\tau_{2,0}^+=0.2068$ 吻合,当 $\tau>\tau_{2,0}^+$ 时,系统做持续的混沌运动;图 7.8(b)是 $k_{t1}=-0.5, k_{t2}=0.1$ 时系统响应关于时延的分岔图,由图可知,系统周期运动与混沌运动交替出现,出现阵发性混沌,这与算例 2 的稳定性切换结论一致;图 7.8 分析表明:不稳定区域相比稳定区域,更容易实现时延混沌化,较大的时延可以降低混沌响应峰值。

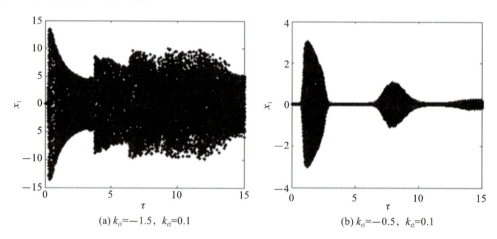

图 7.8 关于时延 τ 的分岔图

图 7.9 是时延取 $\tau=50$ 时系统响应随控制增益的分岔图,由图可知,正反馈($k_{t1}>0$)可以降低系统响应幅值。图 7.9(a)中 $k_{t2}=0, k_{t1}\in[-2,2]$,由图可知,当控制增益位于全时延稳定区域时,即使时延取较大值,系统也未出现混沌;图 7.9(b)中 $k_{t1}=k_{t2}=k_t, k_t\in[-2,2]$,由图可知,含时延位移和时延速度联合反馈的高静低动刚度隔振系统相比仅含时延位移反馈的高静低动刚度隔振临界控制增益更小,混沌云点更稠密,表明时延位移和时延速度联合反馈控制更容易实现系统微扰混沌化,且混沌化品质更高。

图 7.10 是不同时延和不同控制增益下隔振设备的相图,由图可知,当时延控制参数在全时延稳定区域时,系统对应图 7.10(a)所示的周期运动或图 7.10(c)所示的准周期运动,当时延控制参数在不稳定区域时,系统的相轨迹发生质的变化,系统对应图 7.10(b)和图 7.10(d)所示的混沌运动,但双时延反馈混沌化并未有效抑制被隔振设备

第 7 章 高静低动刚度隔振系统线谱混沌化控制

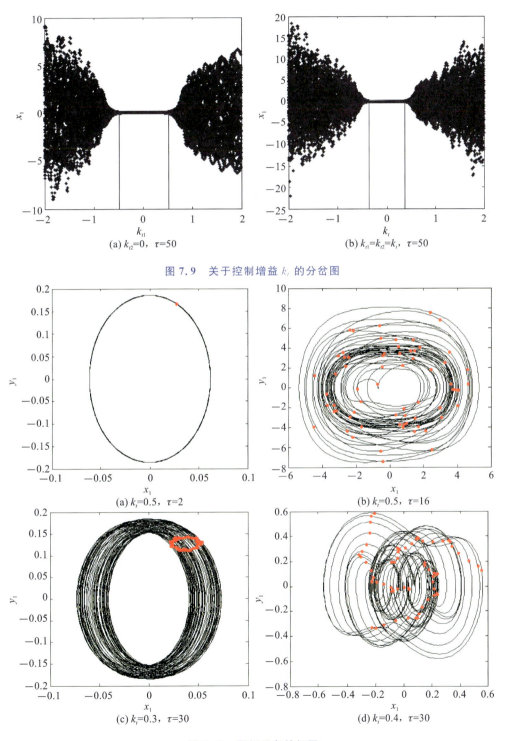

(a) $k_{t2}=0$，$\tau=50$ (b) $k_{t1}=k_{t2}=k_t$，$\tau=50$

图 7.9 关于控制增益 k_t 的分岔图

(a) $k_t=0.5$，$\tau=2$ (b) $k_t=0.5$，$\tau=16$

(c) $k_t=0.3$，$\tau=30$ (d) $k_t=0.4$，$\tau=30$

图 7.10 隔振设备的相图

的振动幅值。

　　图7.11是不同系统双时延反馈控制时的功率谱对比,由图7.11(a)可知,未受控系统作周期运动,最高线谱位于2.997 Hz处,幅值为1.596 dB;施加控制后的一般非线性系统和高静低动刚度隔振系统,单一特征线谱变为连续的响应功率谱,说明施加双时延反馈进行线谱混沌化是有效的;由图7.11(b)和图7.11(c)对比可知,一般非线性系统的功率谱峰值为8.31 dB,而高静低动刚度隔振系统的功率谱峰值为−3.75 dB。因此,高静低动刚度隔振系统混沌化所需控制增益小,有利于实现小能量控制混沌化;双时延反馈控制的高静低动刚度隔振系统不仅能改变线谱特征,而且可以降低线谱强度,具有更好的混沌化效果。

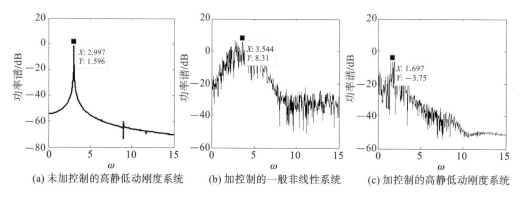

(a) 未加控制的高静低动刚度系统　　(b) 加控制的一般非线性系统　　(c) 加控制的高静低动刚度系统

图7.11　不同系统的功率谱对比

7.3　柔性基础高静低动刚度隔振系统广义混沌同步

　　混沌同步是指两个或多个系统通过反馈、耦合或自适应等相互作用使各个系统的混沌态根据某种函数关系(比如精确、相位、滞后、广义等)达到一致的过程。本节主要对易于工程实现的混沌同步策略进行研究,包括驱动系统的选择、耦合方式的设计和控制参数的优化等问题,解决线谱混沌化方法的另一个难点,即小振幅混沌化。

7.3.1　基于状态反馈的广义混沌同步

　　考虑如下单向耦合系统

$$\begin{aligned}\dot{\boldsymbol{x}} &= \boldsymbol{F}(\boldsymbol{x}) \\ \dot{\boldsymbol{y}} &= \boldsymbol{G}(\boldsymbol{y}) + k\boldsymbol{P}(\boldsymbol{x}, \boldsymbol{y})\end{aligned} \qquad (7.3.1)$$

其中$\boldsymbol{x} \in \mathbf{R}_x^d$和$\boldsymbol{y} \in \mathbf{R}_y^r$均是状态向量,驱动系统$\boldsymbol{F}$和响应系统$\boldsymbol{G}$均是光滑的非线性向量场,$\boldsymbol{P}:\mathbf{R}^n \to \mathbf{R}^m$是$\boldsymbol{F}$和$\boldsymbol{G}$之间的耦合场,标量$k$则是耦合强度。

定义1 当 $k \neq 0$ 时,若有一连续映射 $\boldsymbol{H}: \mathbf{R}^d \rightarrow \mathbf{R}^r$ 使得至少有一个吸引子包含于同步流形 $\boldsymbol{M} = \{(\boldsymbol{x}, \boldsymbol{y}): \boldsymbol{y} = \boldsymbol{H}(\boldsymbol{x})\}$ 中,则称驱动系统和响应系统关于性质 $\boldsymbol{H}$ 广义同步。

利用混沌系统的某一输出信号去驱动一个非线性隔振系统,通过状态反馈控制来实现响应系统能以广义方式同步于驱动的混沌系统,这就是基于状态反馈的广义混沌同步的基本思想。考虑含状态反馈控制的柔性基础高静低动刚度隔振系统如图 7.12 所示,在 M_1 和 M_2 之间安装一个作动器用来施加状态反馈的广义混沌同步控制。

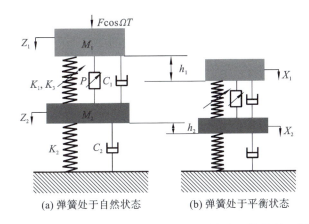

图 7.12 柔性基础高静低动刚度隔振系统状态反馈控制示意图

采用状态反馈的广义混沌同步化柔性基础高静低动刚度隔振系统动力学方程为

$$
\begin{aligned}
M_1 \ddot{X}_1 = & -C_1(\dot{X}_1 - \dot{X}_2) - (K_1 + 3K_3 H^2)(X_1 - X_2) - 3K_3 H (X_1 - X_2)^2 \\
& - K_3 (X_1 - X_2)^3 + F\cos\Omega T - Pq \\
M_2 \ddot{X}_2 = & -C_2 \dot{X}_2 - K_2 X_2 + C_1(\dot{X}_1 - \dot{X}_2) + (K_1 + 3K_3 H^2)(X_1 - X_2) \\
& + 3K_3 H (X_1 - X_2)^2 + K_3 (X_1 - X_2)^3 + Pq
\end{aligned}
\tag{7.3.2}
$$

其中 P 为控制增益,表征输入能量大小,q 为驱动系统的信号输出。令 $p = PB/K_0$,其他符号的物理意义与式(4.2.3)中的符号的物理意义相同,一阶形式的系统无量纲动力学方程为

$$
\begin{aligned}
\dot{x}_1 &= y_1 \\
\dot{y}_1 &= -\xi(y_1 - y_2) - (x_1 - x_2) + \gamma(x_1 - x_2)^2 - (x_1 - x_2)^3 + f\cos\omega t - pq \\
\dot{x}_2 &= y_2 \\
\dot{y}_2 &= -w\xi_2 y_2 - wk_2 x_2 + w\xi_1(y_1 - y_2) + w(x_1 - x_2) - w\gamma(x_1 - x_2)^2 \\
&\quad + w(x_1 - x_2)^3 + wpq
\end{aligned}
\tag{7.3.3}
$$

当 $p = 0$ 时,方程(7.3.3)对应的自治系统有以下三个平衡点:$A(0,0,0,0)$,

$B((\xi_1+\sqrt{\xi_1^2-4})/2,0,0,0)$,$C((\xi_1-\sqrt{\xi_1^2-4})/2,0,0,0)$。然而实际系统中因为荷载与位移之间的函数关系是单调的,柔性基础高静低动刚度隔振系统的刚度曲线不会与位移轴相交超过两次,故该系统的自由振动只会收敛于平衡点 A。

当驱动系统选用 Chen 系统时,其一般形式为

$$\begin{aligned}\dot{x} &= a(y-x)\\ \dot{y} &= (c-a)x-xz+cy\\ \dot{z} &= xy-bz\end{aligned} \quad (7.3.4)$$

当驱动系统选用 Rössler 系统时,其一般形式为

$$\begin{aligned}\dot{x} &= -(y+z)\\ \dot{y} &= x+ay\\ \dot{z} &= z(x-c)+b\end{aligned} \quad (7.3.5)$$

设初始条件为 $(1,1,1)$,当 $a=35,b=3,c=28$ 时,Chen 系统的相图如图 7.13(a)所示;当 $a=0.2,b=0.2,c=5.7$ 时,Rössler 系统的相图如图 7.13(b)所示。由图可知,两个驱动系统均处于混沌状态,在施加广义混沌同步时,均选用输出信号 x 作为驱动信号 q。

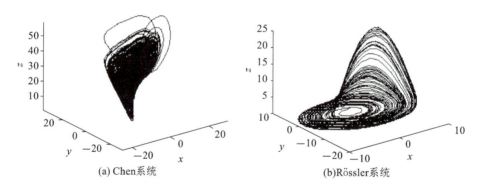

(a) Chen系统　　(b) Rössler系统

图 7.13　Chen 系统和 Rössler 系统的相图

为了提高柔性基础高静低动刚度隔振系统的混沌化品质,引入变量 I 来定量分析控制增益与线谱特征之间的关系

$$I=\frac{y_{\max}}{y_{\text{norm}}}=\frac{\max\left[\sum_{i=1}^{N}x_i\mathrm{e}^{-2\pi j(k-1)(i-1)/N}\right]}{\text{norm}\left[\sum_{i=1}^{N}x_i\mathrm{e}^{-2\pi j(k-1)(i-1)/N}\right]},\quad k=1,2,\cdots,N \quad (7.3.6)$$

其中 x_i 为系统响应时间历程的离散数据,$y_{\max}$ 为频谱幅值的最大值,y_{norm} 为频谱幅值向量的模,粗略地描述频谱的宽度。最优控制增益应使得系统混沌化后频谱峰值最小、频谱宽度最大,即性能指标 I 最小时,对应系统混沌化的品质最高。

由于性能指标 I 关于控制增益的函数不连续,跳跃性和离散性较强,故基于梯度理论的直接优化算法失效。虽然该方法无法得到全局最优解,但遗传算法、模拟退火算法和蚁群算法等计算量较大,时效性不高;由于在某个控制增益区间内,性能指标 I 会存在若干极小值,因此,可用 Hooke&Jeeves 非梯度直接寻优算法,选取适当的初值及步长,快速而又准确地得到局部最优值,优化算法的具体流程如图 7.14 所示。

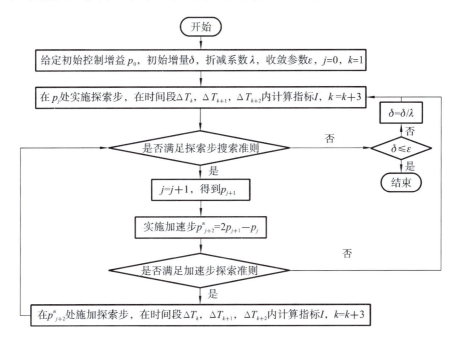

图 7.14 Hooke&Jeeves 方法的寻优流程图

采用如下数值仿真来检验基于状态反馈的广义混沌同步方法的有效性。柔性基础高静低动刚度隔系统参数设置为:$\xi_1=0.1, \xi_2=0.1, \gamma=1, k_2=2, w=0.5, \omega=3.9311, f=20$,初始条件为 $(0,0,0,0)$。式(7.3.3)在平衡点 A 处的特征值为 $(-0.025\pm 0.707i)$ 和 $(-0.1\pm 1.407i)$,可知所有特征值的实部均为负,由奇点理论判定系统渐进稳定。

采用 Hooke&Jeeves 直接寻优算法,初值 $p_0=0$,初始步长 $\delta=0.1$,步长折减系数 $\lambda=2$,收敛准则 $\varepsilon=10^{-2}$,不同驱动系统控制增益 p 与混沌化性能指标 I 的关系如图 7.15 所示。由图可知,性能指标 I 对控制增益 p 变化很敏感,外界驱动系统为 Chen 系统时,最优控制增益 p_{opt} 为 6.8,外界驱动系统为 Rössler 系统时,最优控制增益 p_{opt} 为 8.9。

柔性基础高静低动刚度隔振系统的驱动系统分别选用 Chen 系统和 Rössler 系统,并采用相应的优化控制增益 p_{opt},图 7.16 是基座相应的功率谱图,其中功率谱图以 1

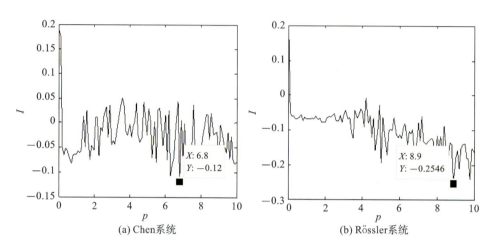

图7.15 不同驱动系统的最优控制增益

为参考值来得到分贝数。由图7.16(a)可知,未受驱动的响应系统具有明显的特征线谱,线谱平均强度为-60.91 dB,主频率处的线谱强度为3.54 dB;采用Chen系统驱动后,线谱平均强度为-86.93 dB,主频率处的线谱强度为-6.76 dB;采用Rössler系统驱动后,线谱平均强度为-78.41 dB,主频率处的线谱强度为-8.86 dB。因此,受到驱动后的响应系统不仅主频率处的线谱特征降低,而且平均线谱强度也减小,具有较好的线谱衰减能力。但是,由图7.17所示基座相应的相图可知,基座的振动幅值相比未混沌化前急剧加大,基于状态反馈的广义混沌同步导致柔性基础高静低动刚度隔振系统的隔振性能变差。

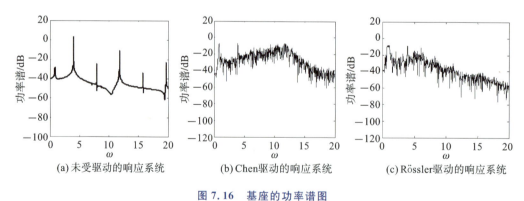

图7.16 基座的功率谱图

7.3.2 基于OPNCL耦合的广义混沌同步

针对基于状态反馈的广义混沌同步导致式(4.2.3)所示系统的振幅增大,从而导致隔振性能不足,本小节采用基于OPNCL耦合的广义混沌同步实现柔性基础高静低

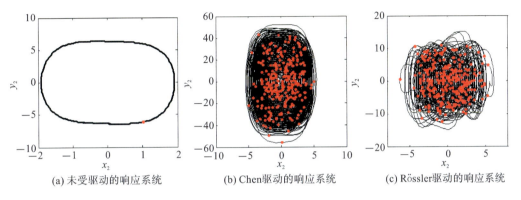

(a) 未受驱动的响应系统　　(b) Chen驱动的响应系统　　(c) Rössler驱动的响应系统

图 7.17　基座的相图

动刚度隔振系统小振幅混沌化，从而解决低频线谱抑制和隔振性能保持之间的矛盾，同时克服 OPNCL 迁移控制实现小振幅混沌化系统共存吸引子须含小振幅混沌吸引子的限制。

考虑如下 OPNCL 方式耦合的系统

$$\begin{aligned}\dot{\boldsymbol{x}}(t) &= \boldsymbol{F}(\boldsymbol{x}(t)) \\ \dot{\boldsymbol{y}}(t) &= \boldsymbol{G}(\boldsymbol{y}(t)) + \boldsymbol{D}(\boldsymbol{y}(t),\boldsymbol{g}(t))\end{aligned} \quad (7.3.7)$$

其中 $\boldsymbol{x}(t) \in \mathbf{R}^n$ 和 $\boldsymbol{y}(t) \in \mathbf{R}^n$ 均为状态向量，驱动系统 $\boldsymbol{F}$ 和响应系统 $\boldsymbol{G}$ 均是光滑的非线性向量场，$\boldsymbol{g}(t) = \boldsymbol{A}\boldsymbol{x}(t)$ 为 $\boldsymbol{F}$ 和 $\boldsymbol{G}$ 之间的目标状态向量，$\boldsymbol{A}$ 是一个刚度控制矩阵，它的功能是来调节控制刚度，$\boldsymbol{A}$ 可以是常数、时间有关的函数或驱动系统状态向量的耦合，若 $\boldsymbol{A}$ 为单位矩阵，则 $\boldsymbol{F}$ 和 $\boldsymbol{G}$ 之间实现了精确同步。依据 4.2.2 节所述的 OPNCL 耦合方式，可以得出相应耦合系统的表达式

$$\dot{\boldsymbol{y}} = \boldsymbol{G}(\boldsymbol{y}(t)) + \dot{\boldsymbol{g}}(t) - \boldsymbol{G}(\boldsymbol{g}(t)) + (\boldsymbol{H} - \boldsymbol{J}(\boldsymbol{g}(t)))(\boldsymbol{y}(t) - \boldsymbol{g}(t)) - \boldsymbol{N}(\boldsymbol{g}(t),\boldsymbol{x}(t),t) \tag{7.3.8}$$

其中 $\boldsymbol{J}(\boldsymbol{g}(t))$ 是 $\boldsymbol{G}(\boldsymbol{g}(t))$ 的 Jacobian 矩阵，$\boldsymbol{H}$ 为 n 阶 Hurwitz 矩阵，$\boldsymbol{N}(\boldsymbol{g}(t),\boldsymbol{x}(t),t)$ 是非线性的闭环控制函数，$N_i(\boldsymbol{g},\boldsymbol{x},t)$ 的表达式如下

$$\begin{aligned}N_i(\boldsymbol{g},\boldsymbol{x},t) = &\frac{1}{2!}\sum_{j,k=1}^n \frac{\partial^2 G_i(\boldsymbol{g},t)}{\partial g_j \partial g_k}e_j e_k + \frac{1}{3!}\sum_{j,k,l=1}^n \frac{\partial^3 G_i(\boldsymbol{g},t)}{\partial g_j \partial g_k \partial g_l}e_j e_k e_l + \cdots \\ &+ \frac{1}{m!}\sum_{j,k,\cdots,p=1}^n \frac{\partial^m G_i(\boldsymbol{g},t)}{\partial g_j \partial g_k \cdots \partial g_p}e_j e_k \cdots e_p, \quad m \geqslant 2, i = 1,2,\cdots,n\end{aligned} \tag{7.3.9}$$

驱动系统和响应系统之间的误差信号定义为 $e(t) = y(t) - g(t)$，代入式(7.3.8)，并将 $\boldsymbol{G}(\boldsymbol{y}(t))$ 利用泰勒级数展开得到误差信号方程 $\dot{e} = \boldsymbol{H}(e)$，因为 $\boldsymbol{H}$ 的所有特征值均

具有负实部，从而保证了误差信号方程的收敛性，即两个系统之间实现了广义混沌同步。

由 4.4.3 节的分析可知，当柔性基础高静低动刚度隔振系统参数为 $\xi_1=0.1,\gamma=2,\xi_2=0.1,w=0.5,k_2=1,\omega=1.6,f=11.8$ 时系统处于混沌运动，将该参数条件下的系统作为驱动系统，状态向量设为 (x_1,x_2,x_3,x_4)；而由 7.3.1 节的分析可知，当系统参数为 $\xi_1=0.1,\gamma=1,\xi_2=0.1,w=0.5,k_2=2,\omega=3.9311,f=20$ 时系统处于周期 1 运动，将该参数条件下的系统作为响应系统，状态向量设为 (y_1,y_2,y_3,y_4)。下面采用上述 OPNCL 耦合的方法，实现两个不同参数的柔性基础高静低刚度隔振系统广义混沌同步。

设 $\boldsymbol{H}=\mathrm{diag}(-10,-10,-10,-10)$，$\boldsymbol{A}=\mathrm{diag}(-0.05,-0.05,-0.05,-0.05)$，图 7.18 是目标状态向量 $\boldsymbol{g}(t)$ 与响应系统状态变量 $\boldsymbol{y}(t)$ 的关系曲线，由图可知，$\boldsymbol{g}(t)$ 和 $\boldsymbol{y}(t)$ 实现了精确同步，因此，$\boldsymbol{x}(t)$ 和 $\boldsymbol{y}(t)$ 实现了广义混沌同步。由驱动前（图 7.19）和 OPNCL 耦合驱动后（图 7.20）基座的相图和功率谱图对比可知，驱动前系统为周期运动，振幅为 1.9，线谱平均强度为 -60.91 dB，$\omega=3.9311$ 处的线谱强度为 3.54 dB；OPNCL 耦合同步后系统为小振幅混沌运动，振幅为 0.2，线谱平均强度为 -73.33 dB，$\omega=3.9311$ 处的线谱强度为 -48.62 dB。通过 OPNCL 耦合的广义混沌同步不仅能显著降低线谱强度，还具有良好的整体隔振性能，因此，基于 OPNCL 耦合的方法要优于基于状态反馈的方法。

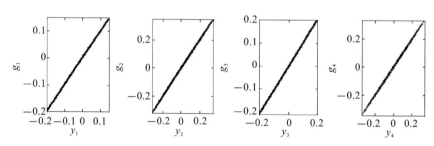

图 7.18 $\boldsymbol{y}(t)$ 与 $\boldsymbol{g}(t)$ 的关系曲线

当 $\boldsymbol{A}=\mathrm{diag}(0.5\sin(0.3t),0.3\cos(-0.5t),0.2\sin(0.1t),0.1\cos(-0.2t))$ 时，图 7.21 是 $\boldsymbol{y}(t)$ 与 $\boldsymbol{x}(t)$ 的关系曲线，由图可知，$\boldsymbol{x}(t)$ 和 $\boldsymbol{y}(t)$ 没有显示明显相关性，但由图 7.22 所示 $\boldsymbol{y}(t)$ 与 $\boldsymbol{g}(t)$ 的关系曲线可知，$\boldsymbol{x}(t)$ 和 $\boldsymbol{y}(t)$ 实现了广义混沌同步，从而说明 OPNCL 耦合的控制方法是全局的，并具有很好的鲁棒性。图 7.23 是驱动后基座的相图和功率谱图，由图可知，当 $\boldsymbol{A}$ 为时间 t 有关的函数时，驱动后系统依然为小振幅混沌运动，振幅约为 0.5，线谱平均强度为 -65.65 dB，$\omega=3.9311$ 处的线谱强度为 -45.47 dB。

第 7 章　高静低动刚度隔振系统线谱混沌化控制

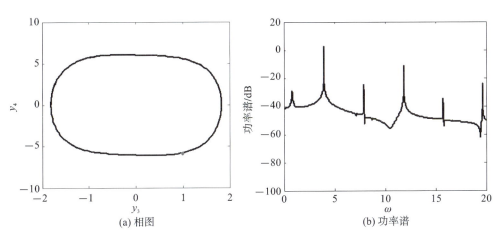

图 7.19　未受驱动时基座的相图和功率谱

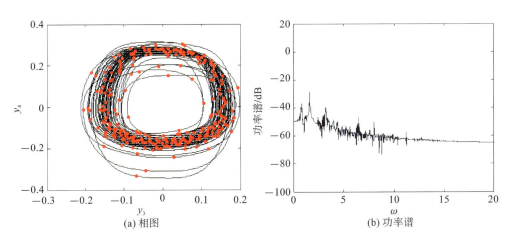

图 7.20　受驱动时基座的相图和功率谱

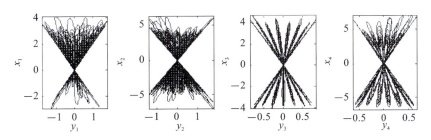

图 7.21　$y(t)$ 与 $x(t)$ 的关系曲线

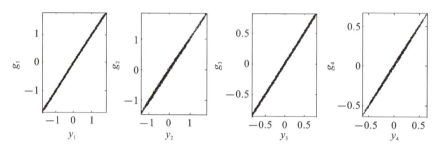

图 7.22　$y(t)$ 与 $g(t)$ 的关系曲线

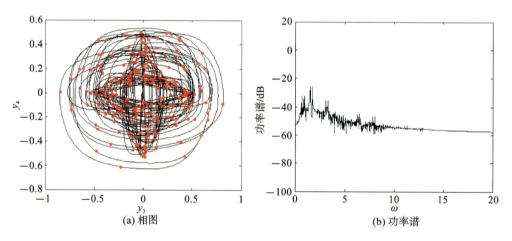

(a) 相图　　　　　　　　　　　　(b) 功率谱

图 7.23　受驱动时基座的相图和功率谱

当 A 为驱动系统状态变量的组合时，例如

$$A = \begin{pmatrix} -0.01x_1 & 0.001x_2 & 0 & 0 \\ 0.003x_2 & 0.01x_1 & 0 & 0 \\ 0 & 0 & -0.001x_3 & 0.02x_4 \\ 0 & 0 & 0.005x_4 & 0.001x_3 \end{pmatrix} \quad (7.3.10)$$

图 7.24 是 $y(t)$ 与 $x(t)$ 的关系曲线，由图可知，$x(t)$ 和 $y(t)$ 没有显示明显相关性，但由图 7.25 $y(t)$ 与 $g(t)$ 的关系曲线可知系统很快被控制到目标轨道，$x(t)$ 和 $y(t)$ 实现了广义混沌同步。图 7.26 是驱动后基座的相图和功率谱图，由图可知，当 A 为驱动系统状态变量的组合时，驱动后系统依然为小振幅混沌运动，振幅约为 0.5，线谱平均强度为 -69.03 dB，$\omega = 3.9311$ 处的线谱强度为 -39.63 dB。

第 7 章 高静低动刚度隔振系统线谱混沌化控制

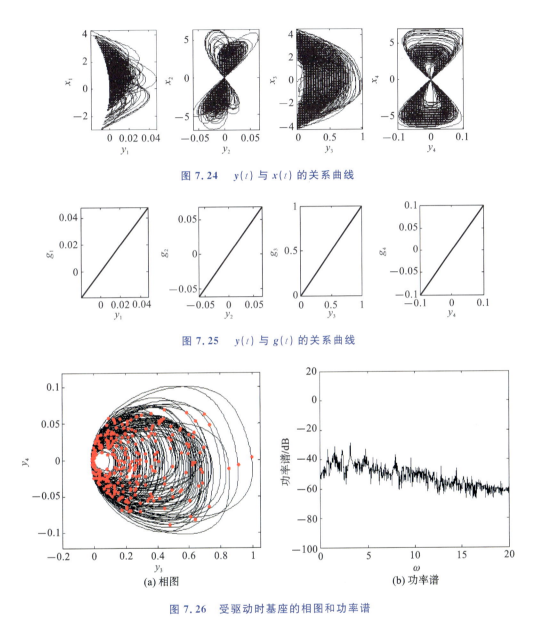

图 7.24 $y(t)$ 与 $x(t)$ 的关系曲线

图 7.25 $y(t)$ 与 $g(t)$ 的关系曲线

图 7.26 受驱动时基座的相图和功率谱

(a) 相图　(b) 功率谱

7.4 本章小结

本章针对线谱混沌化控制技术工程化应用的瓶颈问题,提出了含有位移和速度反馈控制的单自由度双时延高静低动刚度隔振系统,研究了双时延反馈控制系统的稳定性,分析了时延控制参数对系统混沌化品质的影响;然后通过基于状态反馈和 OPNCL

耦合实现了柔性基础高静低动刚度隔振系统的广义混沌同步。双时延反馈混沌化和基于状态反馈的广义混沌同步化方法,虽然可以有效解决线谱混沌化方法工程化应用的第一个难题,即变工况下的持续混沌化,但它们均会放大被隔振设备的振动振幅;而基于OPNCL耦合的广义混沌同步方法可以同时解决变工况下的持续混沌化和小振幅混沌化,且克服了OPNCL迁移控制实现小振幅混沌化时,系统共存吸引子须至少含有一个小振幅混沌吸引子的限制,为线谱混沌化方法的工程应用奠定了良好的理论基础。

第 8 章 技 术 展 望

8.1 引　　言

　　未来,在日益增长的市场需求和科技创新推动下,高静低动刚度隔振器技术将会迎来更加广泛和深入的应用,并且应用范围会更加精密和多样化。同时,随着材料科学、模拟仿真技术和其他相关技术的发展,高静低动刚度隔振器的性能和效果也将不断提升。例如,利用纳米材料等先进材料可制备出更高性能的隔振器,通过智能化控制和人工智能等先进技术可以实现更精准的控制和调节,使得隔振器的性能和效果更为出色。

　　总之,高静低动刚度隔振器在未来的应用前景仍然十分广泛和乐观,其在建筑工程、机械设备和交通工具等领域的应用将会更加深入,并且将会通过材料、技术和设计的创新不断提高其性能和效果。

8.2 高静低动刚度仿生结构隔振

　　仿生学是一门研究生物体如何适应环境的学科,通过研究生物体的结构、生理和行为等方面,从中发掘出适应环境的机制和方法,并将其运用到人工系统中。其中,仿生结构隔振就是借鉴生物体的结构和机理来设计隔振系统,以解决结构受到振动和冲击的问题。20 世纪 50 年代人们开始注意到自然界一些生物机体能够有效避免运动过程中产生的振动给身体带来损伤的事实,如啄木鸟头部可隔离啄食时产生的冲击振动、动物肢体可缓解行走时的复杂路况耦合振动、昆虫翅膀可抵抗飞行时的气动激励等,并对它们的生物组织结构、生物力学特性及实际减振结构的仿生设计进行了一系列研究。利用仿生技术来解决工程实际振动问题无疑为振动控制的研究开辟了一片新的沃土,经过半个多世纪的研究,人们发现啄木鸟头部和动物肢体内分布着大量的肌肉和软组织,受力过程中肌肉和软组织可适应外界荷载的强度、频率的变化自动调整其结构参数,使其在复杂激励工况下始终处于较佳状态。啄木鸟头部和动物肢体的减振抗冲结构为我们解决目前质量-弹簧-阻尼减振装置普遍存在的工作频域窄、复杂激励耦合作用下减振性能低等问题开拓了思路。

一般来说,仿生技术的研究方法是根据生物组织及器官的优异本领,有目的地研究其结构和机能,然后利用数学或物理的语言进行生物原型的描绘,再利用相关科学理论和技术手段进行技术模拟,设计出相应的人工装置或技术系统,并对人工装置与生物原型进行比较,找出存在的差距,提出改进措施,使人工装置或技术系统不断优化完善。这样,经过实践、认识、再实践、再认识的反复过程,不断总结经验,精益求精,将生物的某些先进性能逐步移植到各种各样的人工装置与技术系统中。

生物体在自然界中能够有效地抵御振动和冲击,其中最为典型的例子就是蜘蛛网和羽毛。蜘蛛网由一系列互相交织的丝线组成,形成了一种类似于网格的结构,能够将振动分散到整个网格中,从而减小结构的共振频率;而羽毛则具有多孔性、柔韧性和弹性,能够吸收并减少外界振动对鸟体的影响。

仿生结构隔振技术的设计思路主要包括以下几个方面。

①结构形态:仿生隔振结构可以借鉴生物体的形态特征,如蜘蛛网、骨骼结构等,来设计具有隔振功能的结构形状。这种结构通常具有多孔性、网状的构造或是复杂的分支结构,能够将输入的能量分散到整个结构中,降低结构的振动响应,如图8.1所示。

②材料选择:仿生隔振结构可以选用具有优异隔振性能的材料,如高弹性材料、吸音材料等。高弹性材料的弹性模量和泊松比远高于传统材料,能够有效地减小振动波传播的速度和幅值,从而实现隔振效果。吸音材料可以将振动产生的声波转化为微小的热能,并将其耗散掉。例如在结构设计时,设置黏弹性缓冲结构是一种降低结构振动的有效方法。黏弹性缓冲结构主要是依靠黏弹性阻尼材料的滞回耗能特性来增加结构阻尼。准确表征缓冲结构中黏弹性阻尼材料的力学特性,既是设计缓冲结构的关键,也是设计过程中的难点与重点。黏弹性阻尼材料在冲击荷载作用下,不仅表现为弹性与黏性共存,还呈现几何非线性和材料非线性特征。在冲击响应中,黏弹性阻尼材料良好的弹性力学特性将会逐渐失去,从而影响产品质量、缩短产品的使用时间,使得结构不能正常工作等。因此,研究黏弹性阻尼材料的冲击力学特性具有理论意义和工程实用价值。研究黏弹性阻尼材料尤其是橡胶材料的冲击动态行为特性,是进一步分析橡胶冲击力学特性的基础,同时也是橡胶产品工程应用的关键。通过对建立的黏弹性阻尼材料冲击本构模型实验和仿真的研究,得到黏弹性阻尼材料的冲击特性,为黏弹性阻尼材料缓冲结构在冲击领域的推广和使用提供理论依据。

③结构耦合:仿生隔振结构可以借鉴生物体的分布和连接方式,通过结构的耦合来实现振动的分散和减缓,减小结构的共振频率,如图8.2所示。例如,将多个结构通过柔性杆或弹簧耦合起来,能够使结构之间形成一定的相互作用力,从而达到隔振的

第8章 技术展望

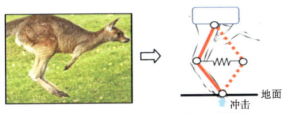

(a) 受袋鼠腿启发的一种完全对称的肢状结构

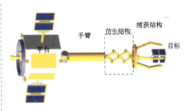

(b) 肢状结构准零刚度隔振器用于抑制卫星臂和捕获机构之间的低频振动

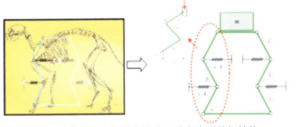

(c) 受猫从高空坠落启发的一种多边形骨架结构

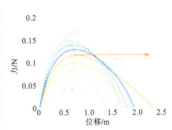

(d) 多边形骨架结构准零刚度隔振器的力-位移曲线

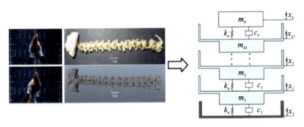

(e) 模拟鸟脖子的一种长脖形结构

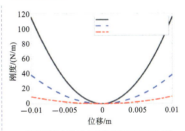

(f) 长脖形结构准零刚度隔振器的刚度位移曲线

图 8.1 典型仿生结构

效果。研究发现,一些动物的肢体结构具有优良的缓冲和隔振效果。一些专家和学者基于结构仿生的思想,设计和研究了各种仿生非线性隔振系统。例如,受动物腿/四肢骨骼启发,Liu Qinghua 等[151]提出了一种仿生抗振动外骨骼(BIAVE)。这种仿生抗振动外骨骼通过模拟动物的肢体结构,充分利用生物抗振结构中有益的非线性特性,从而在不牺牲负载能力的情况下显著降低振动传递速率。他们将其用于重型手提破碎机中,通过数学建模、有限元分析和实验验证发现其对重型手提破碎机的振动抑制效果高达 70%,并可以显著减少从重型破碎机传递到操作手柄的振动。Qi Wenhao 等[152]提出了一种独特的仿生爪式隔振结构(PIS),其灵感来自趾爪中脂肪垫对脚趾的补偿作用。该结构由两部分组成,一部分是由两根杆和一个弹簧模拟的趾状结构,另一部分是由一对互相排斥的磁铁模拟的脂肪垫,通过数学建模和实验验证发现可以有效隔离频率高于 4 Hz 的振动。Ling P 等[153]通过模拟蟑螂的身体拓扑结构,提出了一种由菱形结构模仿腔体,由连杆和滑块模仿前腿的仿蟑螂的低频隔振结构(CIS),研究发现菱形腔体产生非线性刚度,滑块产生非线性阻尼和惯性效应,CIS 的非线性特性可以显著降低共振频率和位移传递率。在较大惯性下,CIS 还会表现出反共振现象。李小彭等[154]受人体在运动时脊柱可以起到负重减振作用的启发,设计了一种多层节状连接仿生隔振器,通过谐波平衡法求解了位移传递率,并分析了不同参数对隔振性能的影响,研究发现其在低频具有比传统的线性隔振器更好的隔振效果。

(a) 基于 Stewart 平台的六自由度准零刚度隔振器

 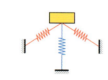 

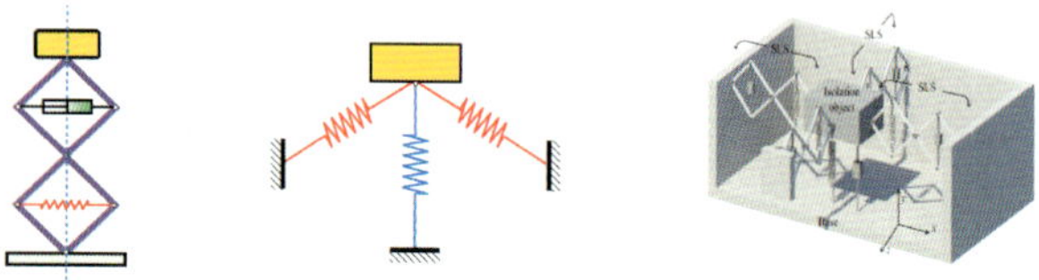

(b) 结合三弹簧和 X 形结构的三自由度准零刚度隔振器

图 8.2　仿生结构耦合

④功能补偿:仿生隔振结构还可引入一些功能元件,如阻尼器、蓄能器等,以增加结构的能量耗散和减振效果。阻尼器通常采用液压或磁流变等技术,能够吸收振动的能量并将其转化成其他形式的能量;蓄能器能够在振动过程中储存振动能量,并在结构恢复正常状态时释放出来,从而减小结构的振动幅值。

例如华东交通大学胡国良等[155]开发了一种集成能量回收装置的磁流变阻尼器,主要由能量回收装置、上端盖、下端盖、外套筒及活塞等组成(图 8.3)。能量回收装置内置于活塞杆空腔内,通过紧固销和紧固片将 8 个永磁铁和 8 个隔片固定安装在支撑杆上。活塞杆的上下运动带动感应线圈绕线架往复运动;在永磁铁作用下,缠绕在感应线圈绕线架上的感应线圈将产生交流电,通过整流电路转换成直流电后,可直接用于活塞绕线槽内的激励线圈的直流供电,产生可控阻尼力;另外,转换后的直流电也可储存在储能电路中,实现振动机械能的能量采集。本装置集能量采集及产生可控阻尼力于一体,空间利用合理,阻尼器整体结构紧凑,特别适合应用于断电等特殊情况下的半主动减振系统。

综上所述,仿生结构隔振技术是一种借鉴自然界生物体结构和机理的隔振技术,通过模仿其结构和机制来设计新的隔振系统。它具有结构简单、能量消耗低、抗冲击

第 8 章 技术展望

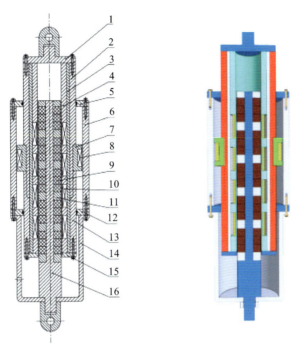

1—上端盖；2—上活塞杆；3—导磁套筒；4—绕线筒；5—上缸盖；6—缸体；
7—活塞头；8—励磁线圈；9—永磁体组；10—感应线圈；11—导磁垫片；
12—下缸盖；13—下活塞杆；14—端罩；15—下端盖；16—支撑杆

图 8.3 集成能量回收装置的磁流变阻尼器

性强等优点，可以有效减小结构物受到的振动和冲击，提高系统的稳定性和安全性。

8.3 高静低动刚度超结构隔振

超材料作为一种新型材料，具有减振降噪方面的潜力。通过设计超材料的结构和组成，可以有效地控制声波的传播和吸收，从而减少振动和噪声。

超材料具有负质量密度、负泊松比和负羽毛效应等特性，这使得它们能够消除或吸收来自外界的振动和噪声。例如，将超材料应用于建筑物的墙体或地板，可以有效地阻隔噪声的传播，创造更加宁静的室内环境。此外，超材料还可以用于制造降噪耳机、汽车隔声材料以及航空航天器件，帮助人们减少噪声干扰，提高舒适性。

当涉及减振降噪方面的超材料时，有几种方法和设计原理可以使用。以下是一些常见的超材料应用和工作原理。

①负泊松比材料：负泊松比材料/结构是一类值得关注的新型材料/结构，其在受到单轴压缩时会发生侧向收缩而不是侧向膨胀。这种独特的变形模式使得负泊松比

材料/结构展现出更强的力学特性。研究证明负泊松比材料/结构能够提高材料自身的性能,包括断裂韧性、剪切模量等。负泊松比材料/结构在压缩过程中,在与荷载垂直的方向上会收缩,这表明在受到压缩荷载作用后,材料会自动集中于加载处从而更好地承受荷载,并且荷载增加时结构的刚度也随之增加。当部分使用超弹性材料时,负泊松比结构还可以具有优异的吸能隔振性能。因为上述独特的特性,负泊松比材料/结构能够应用于多种传统材料难以胜任的领域并受到广泛关注。例如,复旦大学叶明新教授、沈剑锋教授团队[156]开发了基于可量产和低成本的取向二甲基亚砜晶体辅助冷冻凝胶化和冷冻干燥策略,实现了共价交联聚酰亚胺(PI)气凝胶在超低温(4 K)下的超弹性(99%的弹性压缩应变),在剧烈热冲击($\Delta T = 569$ K)后弹性损失几乎为零,以及具有可以承受超过 5000 次压缩循环的抗疲劳性能(图 8.4)。这项工作为构建在超低温下具有超弹性的聚合物材料提供了一条新途径,并有望广泛应用于今后的航空航天探索中。

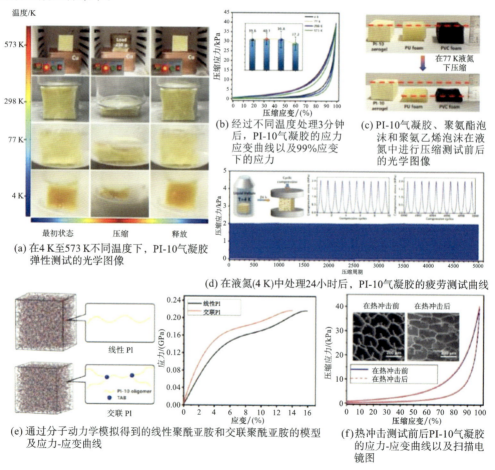

(a) 在4 K至573 K不同温度下,PI-10气凝胶弹性测试的光学图像

(b) 经过不同温度处理3分钟后,PI-10气凝胶的应力应变曲线以及99%应变下的应力

(c) PI-10气凝胶、聚氨酯泡沫和聚氯乙烯泡沫在液氮中进行压缩测试前后的光学图像

(d) 在液氮(4 K)中处理24小时后,PI-10气凝胶的疲劳测试曲线

(e) 通过分子动力学模拟得到的线性聚酰亚胺和交联聚酰亚胺的模型及应力-应变曲线

(f) 热冲击测试前后PI-10气凝胶的应力-应变曲线以及扫描电镜图

图 8.4 PI气凝胶在各种环境中的机械性能

②消声材料：超材料可以设计成能够吸收声波的结构。通过在材料中引入微观结构或孔隙，声波可以被散射和吸收，从而减少噪声的传播。声学超材料和声子晶体为研制低重量、小厚度的隔声系统提供了一个很有前途的平台。然而，这些结构的工作光谱范围通常很窄，限制了它们作为传统隔声系统替代品的应用。在这项工作中，俄罗斯圣彼得堡国家信息技术、机械学与光学研究型大学的 Mariia Krasikova[157]通过演示几种改进基于耦合亥姆霍兹谐振器的周期结构的隔声性能的方法来解决这个问题（图8.5）。研究结果表明，谐振腔间局部耦合的调谐导致了透射光谱中超宽阻带的形成。这一性质与等效无限周期系统的带结构有关，并从带隙工程的角度进行了讨论。局部耦合强度通过几种方式改变，包括引入所谓的啁啾结构和多孔插入的损耗谐振器。该阻带工程程序得到了遗传算法优化的支持，数值计算得到了实验测量的验证。

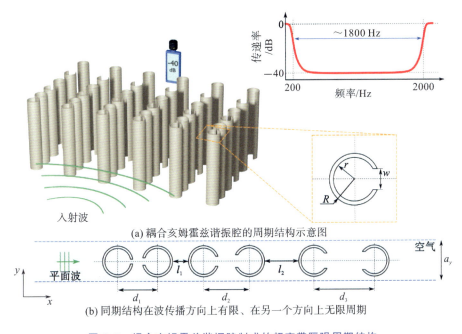

(a) 耦合亥姆霍兹谐振腔的周期结构示意图

(b) 同期结构在波传播方向上有限、在另一个方向上无限周期

图8.5 耦合亥姆霍兹谐振腔制成的超宽带隔噪周期结构

③隔振装置：超材料可以用于制造隔振装置，以减少结构和设备的振动。这些装置利用超材料的特性来吸收和分散振动能量，从而降低噪声。隔振装置常用于汽车发动机支撑、航空发动机隔振和工业设备减振等应用中。中国科学院长春应用化学研究所 Li Kun[158]通过构建基体材料-力学单胞-阵列排布的多级力学结构，借助数字孪生技术完成了高承载、宽频率使用范围的超材料隔振器设计开发，实现了隔振器三向刚度的独立量化设计，在提升低频隔振性能的同时保证了承载稳定性，解决了传统器件隔振频率和承载稳定性难以兼顾的技术难题（图8.6）。实测结果表明，超材料隔振器

在较宽的频率范围内都表现出明显优于传统隔振器的减振降噪效果,且承载稳定性得到根本解决。

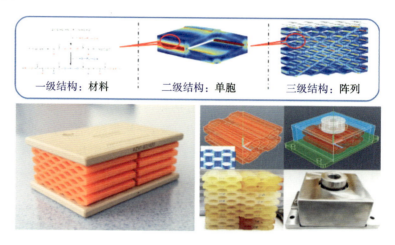

图 8.6　部分型号超材料隔振器产品

④织构化材料:超材料可以通过调整材料的结构和排列方式来达到减振降噪的效果。例如,通过使用排列有序的微结构单元或设计复杂的织构化表面,声波传播和能量传递可以被控制和抑制。西安交通大学马富银等[159]通过将超材料减振降噪中件设置成上件和下件,并在上下两组之间设置缝隙,给予了四边形超材料中件和八边形超材料中件可变形的空间,使超材料在发生形变时可以完全贴合,防止超材料在曲变时各弯曲角度位置会因为屈卷而出现空隙,提高了超材料曲变时各位置的紧密性、抗冲击性及封闭降噪性能,且通过改变传统超材料不规则的六边形状,利用完全规整的四边形和八角形形状进行上下连接,平衡了超材料全部位置的受力点,使超材料的各位置在形变和复位时的间隔完全相同,提高了装置在减振和降噪时的稳定性(图 8.7)。

然而,目前超材料在减振降噪领域的应用仍面临一些挑战。超材料的制造成本较高,制备过程也相对复杂。此外,超材料的性能会受到频率、温度和湿度等因素的影响,因此需要针对具体应用场景进行优化设计。随着科学技术的不断进步,对超材料在减振降噪方面的研究也在不断深入。相信未来会有更多创新和发展,使超材料在减振降噪领域发挥出更大的作用,为人们提供更加安静和舒适的生活和工作环境。

超结构是一种特殊设计的结构,通过将不同材料或组件组合在一起形成复合结构,以实现减振降噪的效果。超结构的设计基于材料的特性和结构的几何形状,旨在最大限度地抑制振动和噪声的传播。超结构的减振降噪效果可以通过以下几个方面实现。

①多层结构:超结构通常由多层材料或组件构成,每一层都具有不同的振动特性。

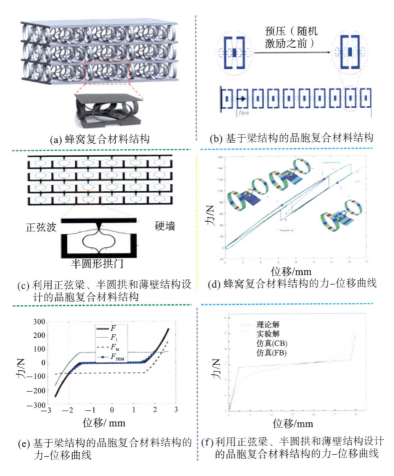

图 8.7 复合结构准零刚度隔振器

这种多层结构可以吸收和耗散振动能量,从而减少振动的传播。通过调整不同层次的材料和组件的参数,如弹性模量、质量密度和厚度等,可以实现对特定频率范围内振动的有效控制。武汉理工大学訾欢[160]研究了基于声学超材料带隙理论设计船用夹芯板超结构,结合有限元方法及实验方法对其弯曲波带隙与减振特性进行了深入研究,揭示了船用夹芯板超结构低频禁带的产生机理,探索了其在实船动力系统低频激励源减振降噪中的应用(图 8.8)。

② 声学孔隙:超结构中的孔隙和空腔可以吸收声波并改变其传播方式。通过在超结构中引入精确设计的孔隙和空腔,声波可以被散射、吸收和折射,从而减少噪声的传播。这种声学孔隙的设计可以考虑材料的孔隙率、孔隙形状和孔隙分布等参数。贵州大学吴越[161]以多孔材料-超结构组合吸声体为主要研究对象,重点分析组合结构在低频与中频的吸声性能,由于多孔材料对高频声波具有良好的吸声特性,而对声波长、能

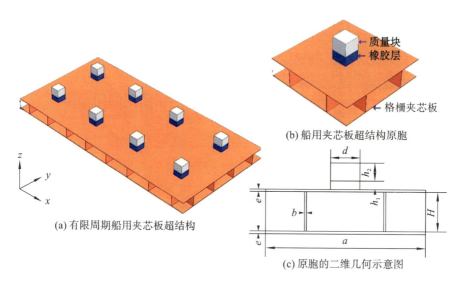

图 8.8 船用夹芯板超结构几何示意图

量大、具有强穿透性的低频声波的吸收效果不理想,因而可以复合超结构,探索兼具低频吸声与大带宽吸声的可能性。而二次余数扩散体(QRD)结构与超结构都可以利用其本身结构的声波调控特性对低频与中频声波起到很好的共振吸声效果,增加声波的传递路径,使得声波在空间内由于结构壁面的黏滞阻力产生摩擦力从而做功消耗低频声波,并复合多孔材料的吸声特点将吸声频带向高频扩展(图 8.9)。

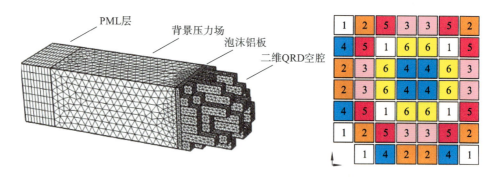

图 8.9 泡沫铝-二维 QRD 结构网格化仿真模型

③非均匀结构:超结构可以通过非均匀的材料分布来实现减振降噪效果。通过在超结构中引入材料的非均匀性,例如材料的渐变性或异质性,可以改变振动和声波在材料内的传播方式,从而降低噪声的产生和传播。

④结构耦合:超结构中的不同组件之间的耦合效应也可以用于减振降噪。通过将多个组件组合成一个整体结构,并利用相互作用和耦合效应,可以有效地控制振动和声波的传播路径,达到减振降噪的目的。

超结构在减振降噪方面具有广泛的应用潜力,特别是在建筑、交通工具、航空航天和工业设备等领域。通过合理设计和优化超结构的材料选择、几何形状和层次结构,可以实现更高效的减振降噪效果,提供更加安静和舒适的环境。

8.4 本章小结

目前高静低动刚度隔振技术在不同领域已经被广泛地应用。新材料和仿生结构的运用为高静低动刚度隔振系统的设计提供了源源不断的多样性,也为变刚度和阻尼提供了更多的可能性。采用新型的复合材料可以避免装配间隙和机构磨损,同时在抑制随机和谐波激励方面是有效的,但它们在抑制脉冲和冲击激励及随机荷载方面的有效性还需要深入研究。本章主要从仿生结构和超材料两个方面展望高静低动刚度隔振技术,该技术具有承载可调、低频隔振和无明显共振三大优点,在解决低频减振技术瓶颈方面具有广阔的应用前景,但相关理论和方法远远没有达到完备,考虑到理论研究和工程应用的需要,诸多问题还有待于更深入和广泛地开展研究。将来的研究方向重点包括如下主题:微幅准零刚度隔振方法(一体化弹性准零刚度结构设计方法、微重力状态下的准零刚度设计方法)、自适应准零刚度隔振技术(承载自适应调节技术、负刚度自适应调节技术)、准零刚度超材料设计与制备方法(准零刚度超材料微结构设计方法、准零刚度超材料一体化制备方法)等。

参 考 文 献

[1] 刘海涛,王文宇,周新,等.高速列车受电弓气动噪声研究综述[J].交通运输工程学报,2023,23(03):1-22.
[2] 李颖.微铣削精密加工刀具振动控制策略研究[D].长春:长春理工大学,2019.
[3] 叶雪荣,王瑛琪,李子先,等.力学环境载荷对运行状态下舵机影响的仿真研究[J].系统仿真学报,2015,27(03):500-505.
[4] 刘吉晔.基于几何非线性动力学理论的浮置板隔振器设计研究[D].哈尔滨:哈尔滨工业大学,2019.
[5] 杨远汉,黄龙,曾鹏,等.新型准零刚度隔振器设计及动力学研究[J].应用力学学报,2023,40(05):1043-1049.
[6] 唐怀诚,杨旖旎,刘烨,等.船舶机械减隔振技术与计算方法研究综述[J].应用数学和力学,2023,44(12):1-29.
[7] 张敏.地地导弹惯性测量装置减振安装结构设计[D].长沙:国防科学技术大学,2012.
[8] 闫健.准零刚度隔振器特性研究与星上隔振应用[D].哈尔滨:哈尔滨工业大学,2016.
[9] 贺波.汽车座椅准零刚度隔振器结构设计与分析[D].大连:大连理工大学,2018.
[10] 胡海岩.对振动学及其发展的美学思考[J].振动工程学报,2000,13(02):5-13.
[11] 韩清凯,马辉.转子动力学研究进展[J].动力学与控制学报,2018,16(06):481-482.
[12] 徐新云,陈旭雯,陈章位.气浮隔振平台特性测试方法的研究[J].机床与液压,2023,51(23):92-96.
[13] 彭超.若干振动控制技术研究[D].合肥:中国科学技术大学,2013.
[14] 韩俊淑,孙景工,孟令帅.一种曲面-弹簧-滚子机构的非线性隔振器特性分析[J].振动与冲击,2019,38(03):170-178.
[15] 黄修长,徐时吟,华宏星,等.曲梁周期结构动力学特性和隔振性能[J].上海交通大学学报,2013,47(02):173-179.
[16] 彭超,龚兴龙,宗路航,等.新型非线性低频被动隔振系统设计及实验研究[J].振动与冲击,2013,32(03):6-11.

[17] 周加喜,王心龙,徐道临,等.含凸轮-滚轮机构的准零刚度系统隔振特性实验研究[J].振动工程学报,2015,28(03):449-455.

[18] 妥吉英,邓兆祥,张河山,等.新型扭转准零刚度的振动角度传感系统[J].西安交通大学学报,2017,51(08):90-95.

[19] WU Z J,JING X J,Bo Sun,et al. A 6DOF passive vibration isolator using X-shape supporting structures[J]. Journal of Sound and Vibration,2016,380:90-111.

[20] ZHENG Y S,ZHANG X N,LUO Y J,et al. Design and experiment of a high-static- low-dynamic stiffness isolator using a negative stiffness magnetic spring[J]. Journal of Sound and Vibration,2016,360:31-52.

[21] ZHOU N,LIU K. A tunable high-static-low-dynamic stiffness vibration isolator [J]. Journal of Sound and Vibration,2010,329(9):1254-1273.

[22] 徐道临,赵智,周加喜.气动可调式准零刚度隔振器设计及特性分析[J].湖南大学学报(自然科学版),2013,40(6):47-52.

[23] WANG S,GAO P,HU Y,et al. A novel dual-parallelogram passive rocking vibration isolator:A theoretical investigation and experiment[J]. Applied Sciences,2017,367(7):2-19.

[24] ARAKI Y,KIMURA K,ASAI T,et al. Integrated mechanical and material design of quasi-zero-stiffness vibration isolator with superelastic Cu-Al-Mn shape memory alloy bars[J]. Journal of Sound and Vibration,2015,358:74-83.

[25] 余慕春,高雪,陈前.分子弹簧隔振器的动力学特性研究[J].振动工程学报,2016,29(5):913-919.

[26] ALABUZHEV P M,RIVIN E I. Vibration protecting and measuring systems with Quasi-zero-stiffness[M]. New York:Hemisphere Pub. Corp. ,1989.

[27] 陈树年,黄天泽,彭献.汽车座椅弹性元件刚度的探讨[J].湖南大学学报(自然科学版),1989,16(3):14-20.

[28] 彭献,陈树年,宋福磐.负刚度的工作原理及应用初探[J].湖南大学学报(自然科学版),1992,19(4):89-94.

[29] 彭献,黎大志,陈树年.准零刚度隔振器及其弹性特性设计[J].振动、测试与诊断,1997,17(4):44-46.

[30] 赵鹏飞,罗俊,周泽兵,等.超低频被动垂直隔振技术研究[J].中国科学,1999,29(3):283-287.

[31] 路纯红,白鸿柏,杨建春,等.超低频非线性隔振系统的研究[J].噪声与振动控

制,2010,4:10-12,17.

[32] 路纯红,白鸿柏.新型超低频非线性被动隔振系统的设计[J].振动与冲击,2011,30(1):234-236.

[33] 张建卓,李旦,董申,等.超低频精密隔振系统的新进展[J].辽宁工程技术大学学报,2004,23(4):38-42.

[34] 张建卓,董申,李旦.基于正负刚度并联的新型隔振系统研究[J].纳米技术与精密工程,2004,4(2):314-318.

[35] 张建卓,李旦,董申,等.新型非线性超低频水平隔振系统研制[J].机械设计,2005,22(5):19-21.

[36] 张建卓,李旦,董申,等.欧拉压杆在超低频垂直隔振系统中的应用研究[J].机械强度,2004,26(3):237-241.

[37] ROBERTSON W S, KIDNER M R F. Theoretical design parameters for a quasi-zero stiffness magnetic spring for vibration isolation[J]. Journal of Sound and Vibration, 2009, 326(1-2):88-103.

[38] LADERA C L, DONOSO G. Oscillations of a spring-magnet system damped by a conductive plate[J]. European Journal of Physics, 2013, 34(5):1187-1197.

[39] CARRELLA A, JBRENNAN M, WATERS T P, et al. On the design of a high-static-low-dynamic stiffness isolator using linear mechanical springs and magnets[J]. Journal of Sound and Vibration, 2008, 315(3):712-720.

[40] MIZUNO T, TOUMIYA T, TAKASAKI M. Vibration isolation system using negative stiffness[J]. JSME International Journal, 2003, 46(3):807-812.

[41] 白晓辉,白鸿柏,郝慧荣.蝶形弹簧负刚度在低频精密隔振中的应用研究[J].新技术新工艺,2009(10):24-27.

[42] 胡光军.一种非线性隔振器的设计及实验研究[D].上海:上海交通大学,2011.

[43] MIZUNO T, TOUMIYA T. Realization of a suspension with negative stiffness for high-performance vibration isolation systems[C]. Proceedings of the ASME Design Engineering Technical Conference, 2003, 5:2143-2149.

[44] MIZUNO T, TOUMIYA T. Vibration isolation system using negative stiffness[J]. JSME International Journal, 2003, 46(3):807-812.

[45] PLATUS D L. Negative-Stiffness-Mechanism vibration isolation systems[C]. Proceedings of SPIE - The International Society for Optical Engineering, 1999, 3786:98-105.

[46] XING J T, XIONG Y P, PRICE W G. Passive-active vibration isolation

systems to produce zero or infinite dynamic modulus: theoretical and conceptual design strategies[J]. Journal of Sound and Vibration,2005,286(3):615-636.

[47] LI Z C,WANG X J,MAJID B,et al. A tunable "negative"stiffness system for vibration control[C]. 2012 Active and Passive Smart Structures and Integrated System,2012,8341:122-133.

[48] CARRELLA A,BRENNAN M J,WATERS T P. Static analysis of a passive vibration isolator with quasi-zero-stiffness characteristic[J]. Journal of Sound and Vibration,2007,301(3-5):678-689.

[49] KOVACIC I,BRENNAN M J,WATERS T P. A study of a nonlinear vibration isolator with a quasi-zero stiffness characteristic[J]. Journal of Sound and Vibration,2008,315(3):700-711.

[50] KOVACIC I,BRENNAN M J,LINETON B. Effect of a static force on the dynamic behavior of a harmonically excited quasi-zero stiffness system[J]. Journal of Sound and Vibration,2009,325(4-5):870-883.

[51] KOVACIC I,BRENNAN M J,LINETON B. On the resonance response of an asymmetric doffing oscillator[J]. Nonlinear mechanics,2008,43(9):858-867.

[52] NOR M A M,ABDULLAH A H,SAMAN A M. Harmonic balance simulation for the nonlinear analysis of vibration isolation system using negative stiffness[C]. 2009 2nd International Conference on Machine Vision,2009:339-342.

[53] 白晓辉,白鸿柏,赫慧荣,等. 正负刚度并联机构动力学分析及隔振仿真[J]. 机械工程师,2009(11):87-89.

[54] CORTEL R. Numerical analysis of dynamic problems with negative stiffness[J]. Computers & Structures,1996,61(6):1009-1011.

[55] GATTI G, KOVACIC I,BRENNAN M J. On the response of a harmonically excited two degree-of-freedom system consisting of a linear and a nonlinear quasi-zero stiffness oscillator[J]. Journal of Sound and Vibration,2010,329(10):1823-1835.

[56] 殷华林,汤炳新. 低频非线性隔振器的动力学分析[J]. 机械工程师,2008(2):66-67.

[57] 杨必胜,杨川. 零动态刚度被动减振系统分析与仿真[J]. 控制与检测,2008(1):53-56.

[58] 彭献,张施祥. 一种准零刚度被动隔振系统的非线性共振响应分析[J]. 湖南大

学学报(自然科学版),2011,38(8):34-39.

[59] 彭解华,陈树年.正、负刚度并联结构的稳定性及应用研究[J].振动、测试与诊断,1995,15(2):14-18.

[60] YANG J,XIONG Y P,XING J T. Dynamics and power flow behavior of a nonlinear vibration isolation system with a negative stiffness mechanism[J]. Journal of Sound and Vibration,2012,332(1):167-183.

[61] CARRELLA A,BRENNAN M J,KOVACIC I,et al. On the force transmissibility of a vibration isolator with quasi-zero-stiffness[J]. Journal of Sound and Vibration,2009,322(4-5):707-717.

[62] PARK S T,LUU T T. Techniques for optimizing parameters of negative stiffness[C]. Proceedings of the Institution of Mechanical Engineers,Part C:Journal of Mechanical Engineering Science,2007,211(5):505-511.

[63] IGARASHI A,HIGUCHI M,IEMURA H. Optimal design parameter for negative stiffness control based on skyhook control analogy[J]. Doboku Gakkai Ronbunshuu,2009,65(3):814-824.

[64] 李爽,霍长海,刘洪波,等.Newmark 积分方法在负刚度时的数值稳定性分析[J].哈尔滨工业大学学报,2011,43(8):1-5.

[65] 许茂,冯加权.负刚度结构的刚度分析[J].科学技术与工程,2010,10(19):4612-4613.

[66] 李辉光,刘恒,杨利花,等.控制时滞对负刚度 Duffing 系统动力学特性的影响[J].西安交通大学学报,2007,41(7):811-814.

[67] 谭久彬,刘彦,王雷,等.基于差动电磁作动器的空气弹簧超低频隔振方法与装置:200610150810.0[P].2006-09-26.

[68] 谭久彬,刘彦,王雷,等.带有磁悬浮单元的空气弹簧隔振基础:200610150808.3[P].2006-09-26.

[69] 吴文江,李子龙,周振华,等.一种超低频精密主动减振器:201110248147.9[P].2011-08-24.

[70] 朱煜,徐登峰,李强,等.一种基于负刚度原理的永磁低频多自由度隔振度机构:2011103266179[P].2011-10-25.

[71] 徐道临,张敬,周加喜,等.承重可调准零刚度电磁隔振器及其控制方法 201210081938.1[P].2012-03-26.

[72] 徐道临,余奇平,吕永建,等.具有准零刚度的非线性磁力隔振器:201120223834.0[P].2011-06-29.

[73] WINTERFLOOD J, BLAIR D G. A long-period vertical vibration isolator for gravitational wave detection[J]. Physics Letters A, 1998, 243(1-2): 1-6.

[74] MOLYNEUX W G. The support of an aircraft for ground resonance test: a survey of available methods [J]. Aircraft Engineering and Aerospace Technology, 1958, 30(6): 160-166.

[75] WOODARD S E, HOUSNER J M. Nonlinear behavior of a passive zero-spring-rate suspension system[J]. Journal of Guidance, Control and Dynamics, 1991, 14(1): 84-89.

[76] BAUGHER J P, COUTU J R A. Micromechanical structure with stable linear positive and negative stiffness[C]. Conference Proceedings of the Society for Experimental Mechanics Series, 2011, 4: 137-143.

[77] PLATUS D L, FERRY D K. Negative-stiffness vibration isolation improves reliability of nanoinstrumentation[J]. Laser Focus World, 2007, 43(10): 107-109.

[78] 张建卓,李旦,董申,等.精密仪器用超低频非线性并联隔振系统研究[J].中国机械工程,2004,15(1):69-71.

[79] LE T D, AHN K K. A vibration isolation system in low frequency excitation region using negative stiffness structure for vehicle seat[J]. Journal of Sound and Vibration, 2011, 330(26): 6311-6335.

[80] LEE C M, GOVERDOVSKIY V N. A multi-stage high-speed railroad vibration isolation system with negative stiffness[J]. Journal of Sound and Vibration, 2012, 331(4): 914-921.

[81] LEE C M, GOVERDOVSKIY V N, Temnikov A I. Design of springs with "negative" stiffness to improve vehicle driver vibration isolation[J]. Journal of Sound and Vibration, 2007, 302(4): 865-874.

[82] 王维锐,吴参,潘双夏,等.车辆半主动悬架负刚度控制策略研究[J].浙江大学学报(工学版),2009,43(6):1129-1133.

[83] 李满红,李华,张磊.基于负刚度弹簧的半主动隔振器研究[J].军事交通学院学报,2011,13(5):85-87.

[84] 朱银龙,王化明,赵东标,等.基于负刚度预载荷机构的锥形介电型EAP驱动器研究[J].航空学报,2011,32(9):1746-1754.

[85] HØGSBERG J. The role of negative stiffness in semi-active control of magneto-rheological dampers[J]. Structural Control and Health Monitoring,

2011,18(3):289-304.

[86] 汪志昊,杨亚彬.结构振动的负刚度控制[J].华北水利水电学院学报,2012,33(2):26-30.

[87] ZHANG T, HUANG H B, ZHANG F F, et al. A control strategy using negative stiffness for active vibration isolation[C]. 3rd IEEE International Conference on Nano/Micro Engineered and Molecular Systems, NEMS,2008: 712-716.

[88] DONG L, LAKES R S. Advanced damper with negative structural stiffness elements[J]. Smart Materials and Structures,2012,21(7):16-21.

[89] SHI D Y, SHI X J. Research on the low-frequency vibration characteristics of the adaptive isolator based on MR damper[C]. 2010 IEEE International Conference on Mechatronics and Automation,2010:1707-1712.

[90] YAO X L, TIAN Z D, SHEN Z H, et al. Research on the low-frequency mechanical characteristics of MR damper in ship isolator[C]. VPPC 2007 - Proceedings of the 2007 IEEE Vehicle Power and Propulsion Conference, 2007:760-764.

[91] ATTARY N, SYMANS M, NAGARAJAIAH S, et al. Application of negative stiffness devices for seismic protection of bridge structures[J]. Proceedings of the 2012 Structures Congress,2012:506-515.

[92] 史鹏飞,吴斌.拟负刚度与粘滞阻尼混合减振结构的动力学特性与减振效果分析[J].振动与冲击,2009,28(11):165-167.

[93] PASALA D T R, SARLIS A A, NAGARAJAIAH S, et al. Negative stiffness device for seismic response control of multistory buildings[C]. 20th Analysis and Computation Specialty Conference - Proceedings of the Conference,2012: 83-96.

[94] WU B, SHI P F, OU J P. Seismic performance of structures incorporating magnetorheological dampers with pseudo-negative stiffness[J]. Structural Control and Health Monitoring,2013,20(3):405-421.

[95] JI H, XIONG S S, LI S W. Isolation effect analysis of the bridge with the negative stiffness damping device[C]. 2010 International Conference on Mechanic Automation and Control Engineering,2010:1052-1056.

[96] IEMURA H, TOYOOKA A, HIGUCHI M, et al. Development of negative stiffness dampers for seismic protection[J]. Applied Mechanics and Materials,

2011,82:645-650.

[97] LI H,LIU J L,OU J P. Seismic response control of a cable-stayed bridge using negative stiffness dampers[J]. Structural Control and Health Monitoring, 2011,18(3):265-288.

[98] IEMURA H,IGARASHI A,PRADONO M H,et al. Passive and semi-active pseudo negative stiffness control of highway bridge benchmark problem[C]. Proceedings of the Structures Congress and Exposition,2006:94.

[99] IEMURA H,IGARASHI A,PRADONO M H,et al. Negative stiffness friction damping for seismically isolated structures[J]. Structural Control and Health Monitoring,2006,13(2):775-791.

[100] IEMURA H,PRADONO M H. Advances in the development of pseudo-negative-stiffness dampers for seismic response control[J]. Structural Control and Health Monitoring,2009,16(7):784-799.

[101] ACAR M A,YILMAZ C. Design of an adaptive-passive dynamic vibration absorber composed of a string-mass system equipped with negative stiffness tension adjusting mechanism[J]. Journal of Sound and Vibration,2012,332(2):231-245.

[102] YAO J T P. Concept of Structural Control[J]. Journal of Structural Division, 1972,98(7):1567-1574.

[103] AHN K K. Active pneumatic vibration isolation system using negative stiffness structures for a vehicle seat[J]. Journal of Sound and Vibration, 2014,333(5):1245-1268.

[104] MIZUNO T, TAKASAKI M, KISHITA D, et al. Vibration isolation system combining zero-power magnetic suspension with springs[J]. Control Engineering Practice, 2007, 15(2): 187-196.

[105] 闻荣伟. 基于主动负刚度原理的大型精密仪器系统微隔振技术[D]. 哈尔滨:哈尔滨工业大学,2015.

[106] YANG J, NING D, SUN S S, et al. A semi-active suspension using a magnetorheological damper with nonlinear negative-stiffness component[J]. Mechanical Systems and Signal Processing, 2021, 147: 107071.

[107] 王勇,李舜酩,程春,等. 立方速度反馈控制的准零刚度隔振器动力学特性分析[J]. 振动工程学报,2016,29(2):305-312.

[108] CHEN C, LI S M, WANG Y, et al. On the analysis of a high-static-low-

dynamic stiffness vibration isolator with time-delayed cubic displacement feedback[J]. Journal of Sound and Vibration,2016,378:76-91.

[109] 李华. 正负刚度并联半主动扭转减振器研究[D]. 北京:北京理工大学,2015.

[110] LE T D,AHN K K. Fuzzy sliding mode controller of a pneumatic active isolation system using negative stiffness structure[J]. Journal of Mechanical Science and Technology,2012,26(12):3873-3884.

[111] TRUNG P V,KIM K R,AHN H J. A nonlinear control of a QZS isolator with flexures based on a Lyapunov function[J]. International Journal of Precision Engineering and Manufacturing,2013,14(6):919-924.

[112] 袁炜. 基于准零刚度隔振理论与神经网络PID滑模控制的光栅刻录机隔振研究[D]. 合肥:合肥工业大学,2017.

[113] 张化广,王智良,黄玮. 混沌理论的控制理论[M]. 沈阳:东北大学出版社,2003.

[114] JACKSON E A,GROSU I. An open-plus-closed-loop (OPCL) control of complex dynamic systems[J]. Physica D,1995,85(1):1-9.

[115] JACKSON E A. The OPCL control method for entrainment, model-resonance,and migration actions on multiple-attractor systems[J]. American Institute of Physics,1997,7(4):550-559.

[116] WEIGEL R,JACKSON E A. Experimental implementation of migrations in multiple-attractors systems[J]. International Journal of Bifurcation and Chaos,1998,8(1):173-178.

[117] CHEN L Q. An open plus nonlinear closed loop control of chaotic oscillators[J]. Chinese Physics,2002,11(9):900-904.

[118] CHEN L Q,LIU Y Z. An open-plus-closed-loop approach control for discrete chaos and hyperchaos[J]. Physics Letters A,2001,281(5-6):327-333.

[119] CHEN L Q. The parametric open-plus-closed-loop control of chaotic maps and its robustness[J]. Chaos,Solitons & Fractals,2004,21:113-118.

[120] 韩清凯,赵雪彦,闻邦椿. 利用改进的OPCL控制实现二连杆机构的同步运动[J]. 应用数学与力学,2008,29(12):1417-1424.

[121] 徐培. 基于OPCL耦合的混沌同步与复杂网络动力学[D]. 西安:电子科技大学,2011.

[122] ROY P K,HENS C,GROSU I,et al. Engineering generalized synchronization in chaotic oscillators[J]. Chaos,2011,21(1):013106-1-7.

[123] WANG J W,CHEN A M. A new scheme to projective synchronization of fractional- order chaotic systems[J]. Chinese Physics Letters,2010,27(11):110501-1-3.

[124] WU X J,WANG H,LU H T. Modified generalized projective synchronization of a new fractional-order hyper-chaotic system and its application to secure communication [J]. Nonlinear Analysis-Real World Application,2012,13(3):1441-1450.

[125] ZHANG H G,LIU D R,WANG Z L. Controlling chaos:Supperssion,Synchronization and Chaotification[M]. London:Springer,2009.

[126] CHEN L Q. A open plus nonlinear closed loop of chaotic oscillators[J]. Chinese Physics,2002,11(9):900-904.

[127] 朱石坚. 舰艇减振降噪系统中的混沌隔振技术研究[D]. 长沙:国防科学技术大学,2006.

[128] 欧阳清. 混沌隔振与振动控制研究[D]. 武汉:海军工程大学,2001.

[129] 姜荣俊. 控制混沌技术在隔振系统中的应用研究[D]. 武汉:海军工程大学,2002.

[130] 刘树勇,朱石坚,俞翔. 准周期激励非线性隔振系统的混沌研究[J]. 船舶力学,2010,14(1-2):141-147.

[131] 楼京俊,何其伟,朱石坚. 多频激励软弹簧型 Duffing 系统中的混沌[J]. 应用数学与力学,2004,25(12):1299-1304.

[132] 张振海,朱石坚,楼京俊. 基于离散混沌化方法的线谱控制技术研究[J]. 振动与冲击,2010,23(11):2286-2290.

[133] 俞翔. 非线性隔振系统动力学特性与混沌反控制研究[D]. 武汉:海军工程大学,2008.

[134] 楼京俊,朱石坚. 混沌隔振方法研究[J]. 船舶力学,2006,10(5):135-141.

[135] LOU J J,ZHU S J,HE L,et al. Application of chaos method to line spectra reduction[J]. Journal of Sound and Vibration,2005,286(3):645-652.

[136] YU X,ZHU S J,LIU S Y. A new method for line spectra reduction similar to generalized synchronization of chaos[J]. Journal of Sound and Vibration,2007,306(3-5):835-848.

[137] LIU S Y,YU X,ZHU S J. Study on the chaos anti-control technology in nonlinear vibration isolation system[J]. Journal of Sound and Vibration,2008,310(4-5):855-864.

[138] 刘树勇,朱石坚,俞翔.相空间重构的一种新方法研究[J].系统仿真学报,2017,19(21):4990-4993.

[139] 张振海,朱石坚,何其伟.基于反馈混沌化方法的多线谱控制技术研究[J].振动工程学报,2012,25(1):30-37.

[140] WEN G L, LU Y Z, ZHANG Z Y, et al. Line spectra reduction and vibration isolation via modified projective synchronization for acoustic stealth of submarines [J]. Journal of Sound and Vibration,2009,324(3-5):954-961.

[141] WEN G L, XU D. Nonlinear observer control for full-state projective synchronization in chaotic continuous-time systems[J]. Chaos, Solitons & Fractals,2005,26(1):71-77.

[142] 周加喜,徐道临,李盈利.基于最优时延反馈控制的主-被动非线性隔振方法研究[J].振动工程学报,2011,24(06):639-645.

[143] 田录林,李言,田琦,等.轴向放置轴向磁化的双环永磁轴承径向磁力研究[J].中国电机工程学报,2007,27(36):41-45.

[144] 易敬曾.磁场计算与磁路分析[M].成都:成都电讯工程学院出版社,1987.

[145] 张云鹏,薛博文,刘淑琴,等.基于气隙磁通边缘效应的轴向混合磁轴承承载力解析计算[J].电机与控制学报,2014,27(5):137-142.

[146] 董光旭,罗亚军,严博,等.基于正负刚度并联的低频隔振器研究[J].航空学报,2016,37(7):2189-2199.

[147] 田录林,张靠社,王德意,等.永磁导轨磁悬浮和导向磁力研究[J].中国电机工程学报,2008,28(21):135-139.

[148] 易敬曾.磁场计算与磁路分析[M].成都:成都电讯工程学院出版社,1987.

[149] 王瑜.永磁装置中磁场力的计算[J].磁性材料及器件,2007,38(5):49-52.

[150] 李群明,万梁,段吉安.一种永磁轴承的设计和磁场分布的解析计算[J].中南大学学报:自然科学版,2006,37(5):970-975.

[151] LIU Q H, HOU Z H, ZHANG Y, et al. Nonlinear Restoring Force Identification of Strongly Nonlinear Structures by Displacement Measurement [J]. Journal of Vibration and Acoustics-Transactions of the ASME, 2021, 144(3):1-29.

[152] QI W H, LIU F R, LU J J, et al. Generative quasi-zero stiffness paradigm for vibration isolation by constraining the constant force with hardening boundaries[J]. Journal of Sound and Vibration,2024(589):118548.

参考文献

[153] LING P, MIAO L L, YU N, et al. Anti-shock performance of a cockroach-inspired structure[J]. Aerospace Science and Technology, 2023(142):108640.

[154] 李小彭,王政浩,王碧涵. 仿脊柱隔振器振动特性分析[J]. 振动与冲击, 2022, 41(08):231-237.

[155] 胡国良,张杰,张佳伟. 基于电磁和磁流变弹性体的复合隔振器设计及仿真分析[J]. 南昌工程学院学报,2024,43(03):1-7.

[156] CHENG Y, ZHANG X, QIN Y X, et al. Super-elasticity at 4K of covalently crosslinked polyimide aerogels with negative Poisson's ratio[J]. Nature Communications, 2021, 12(1):4092.

[157] KRASIKOVA M, PAVLIUK A, KRASIKOV S, et al. Broadband noise-insulating periodic structures made of coupled Helmholtz resonators[J]. APL Materials, 2024, 12(1):011115.

[158] LI K, LI Z Y, ZHANG T, et al. High sensitivity, broad linearity range and low detection limit flexible pressure sensors based on irregular surface microstructure[J]. Organic Electronics, 2020(87):105920.

[159] 吴九汇,马富银,张思文. 声学超材料在低频减振降噪中的应用评述[J]. 机械工程学报, 2016, 52(13):68-78.

[160] 訾欢. 船用夹芯板超结构弯曲波带隙与减振降噪特性研究[D]. 武汉:武汉理工大学,2021.

[161] 吴越. 多孔材料-超结构组合吸声体的声学特性研究[D]. 贵阳:贵州大学,2021.

附录 A 谐波平衡法相关系数的表达式

本附录给出式(4.3.5)中 P_0, P_k, G_k 和 θ_0, θ_{jc} 和 θ_{js} 与 r_0, r_i 和 ϕ_i 的关系：

$$P_0 = r_0(1+r_0^2+A_0) + \frac{3}{4}r_1^2 r_2 (\cos 2\phi_1 - \phi_2) + \frac{3}{2}r_1 r_2 r_3 \cos(\phi_1+\phi_2-\phi_3)$$
$$+ \frac{3}{4}r_2^2 r_4 \cos(2\phi_2-\phi_4) + \frac{3}{2}r_1 r_3 r_4 \cos(\phi_1+\phi_3-\phi_4)$$

$$P_1 = (1-\omega^2)r_1\cos\phi_1 + \xi\omega r_1\sin\phi_1 + A_1 r_1\cos\phi_1 + 3r_0 r_1 r_2\cos(\phi_1-\phi_2)$$
$$+ \frac{3}{4}r_1^2 r_3\cos(2\phi_1-\phi_3) + 3r_0 r_2 r_3\cos(\phi_2-\phi_3) + \frac{3}{4}r_2^2 r_3\cos(2\phi_2-\phi_3)$$
$$+ \frac{3}{2}r_1 r_2 r_4\cos(\phi_1+\phi_2-\phi_4) + 3r_0 r_3 r_4\cos(\phi_3-\phi_4)$$
$$+ \frac{3}{2}r_2 r_3 r_4\cos(\phi_2+\phi_3-\phi_4) - \gamma\rho$$

$$G_1 = (1-\omega^2)r_1\sin\phi_1 - \xi\omega r_1\cos\phi_1 + A_1 r_1\sin\phi_1 - 3r_0 r_1 r_2\sin(\phi_1-\phi_2)$$
$$- \frac{3}{4}r_1^2 r_3\sin(2\phi_1-\phi_3) - 3r_0 r_2 r_3\sin(\phi_2-\phi_3)$$
$$+ \frac{3}{4}r_2^2 r_3\sin(2\phi_2-\phi_3) - \frac{3}{2}r_1 r_2 r_4\sin(\phi_1+\phi_2-\phi_4)$$
$$- 3r_0 r_3 r_4\sin(\phi_3-\phi_4) + \frac{3}{2}r_2 r_3 r_4\sin(\phi_2+\phi_3-\phi_4)$$

$$P_2 = (1-4\omega^2)r_1\cos\phi_1 + 2\xi\omega r_1\sin\phi_1 + \frac{3}{2}r_0 r_1^2\cos 2\phi_1 + 3r_0 r_1 r_3\cos(\phi_1-\phi_3)$$
$$+ A_2 r_2\cos\phi_2 + \frac{3}{2}r_1 r_2 r_3\cos(\phi_1-\phi_2+\phi_3) + \frac{3}{2}r_1 r_3 r_4\cos(\phi_1-\phi_3+\phi_4)$$
$$+ \frac{3}{4}r_1^2 r_4\cos(2\phi_1-\phi_4) + 3r_0 r_2 r_4\cos(\phi_2-\phi_4) + \frac{3}{4}r_3^2 r_4\cos(2\phi_3-\phi_4)$$

$$G_2 = (1-4\omega^2)r_1\sin\phi_1 - 2\xi\omega r_1\cos\phi_1 + \frac{3}{2}r_0 r_1^2\sin 2\phi_1 - 3r_0 r_1 r_3\sin(\phi_1-\phi_3) + A_2 r_2\sin\phi_2$$
$$+ \frac{3}{2}r_1 r_2 r_3\sin(\phi_1-\phi_2+\phi_3) + \frac{3}{2}r_1 r_3 r_4\sin(\phi_1-\phi_3+\phi_4) - \frac{3}{4}r_1^2 r_4\sin(2\phi_1-\phi_4)$$
$$- 3r_0 r_2 r_4\sin(\phi_2-\phi_4) + \frac{3}{4}r_3^2 r_4\sin(2\phi_3-\phi_4)$$

附录 A 谐波平衡法相关系数的表达式

$$P_3 = (1-9\omega^2)r_1\cos\phi_1 + 3\xi\omega r_1\sin\phi_1 + \frac{1}{4}r_1^3\cos3\phi_1 + \frac{3}{4}r_1r_2^2\cos(\phi_1-2\phi_2)$$
$$+ 3r_0r_1r_2\cos(\phi_1+\phi_2) + 3r_0r_1r_4\cos(\phi_1-\phi_4) + \frac{3}{2}r_1r_2r_4\cos(\phi_1-\phi_2+\phi_4)$$
$$+ \frac{3}{2}r_2r_3r_4\cos(\phi_2-\phi_3+\phi_4) + A_3r_3\cos\phi_3$$

$$G_3 = (1-9\omega^2)r_1\sin\phi_1 - 3\xi\omega r_1\cos\phi_1 + \frac{1}{4}r_1^3\sin3\phi_1 - \frac{3}{4}r_1r_2^2\sin(\phi_1-2\phi_2)$$
$$+ 3r_0r_1r_2\sin(\phi_1+\phi_2) - 3r_0r_1r_4\sin(\phi_1-\phi_4) + \frac{3}{2}r_1r_2r_4\sin(\phi_1-\phi_2+\phi_4)$$
$$+ \frac{3}{2}r_2r_3r_4\sin(\phi_2-\phi_3+\phi_4) + A_3r_3\sin\phi_3$$

$$P_4 = (1-16\omega^2)r_1\cos\phi_1 + 4\xi\omega r_1\sin\phi_1 + \frac{3}{2}r_0r_2^2\cos2\phi_2 + \frac{3}{4}r_1^2r_2\cos(2\phi_1+\phi_2)$$
$$+ A_4r_4\cos\phi_4 + \frac{3}{4}r_2r_3^2\cos(\phi_2-2\phi_3) - \frac{3}{2}r_1r_2r_3\cos(\phi_1-\phi_2-\phi_3)$$
$$+ 3r_0r_1r_3\cos(\phi_1+\phi_3)$$

$$G_4 = (1-16\omega^2)r_1\sin\phi_1 - 4\xi\omega r_1\cos\phi_1 + \frac{3}{2}r_0r_2^2\sin2\phi_2 + \frac{3}{4}r_1^2r_2\sin(2\phi_1+\phi_2)$$
$$+ A_4r_4\sin\phi_4 - \frac{3}{4}r_2r_3^2\sin(\phi_2-2\phi_3) + \frac{3}{2}r_1r_2r_3\cos(\phi_1-\phi_2-\phi_3)$$
$$+ 3r_0r_1r_3\sin(\phi_1+\phi_3)$$

$$P_5 = \frac{3}{4}r_1r_2^2\cos(\phi_1+2\phi_2) + \frac{3}{4}r_1r_3^2\cos(\phi_1-2\phi_3) + \frac{3}{2}r_1r_2r_4\cos(\phi_1-\phi_2-\phi_4)$$
$$+ 3r_0r_2r_3\cos(\phi_2+\phi_3) + \frac{3}{4}r_3r_4^2\cos(\phi_3-2\phi_4) + \frac{3}{4}r_1^2r_3\cos(2\phi_1+\phi_3)$$
$$+ \frac{3}{2}r_2r_3r_4\cos(\phi_2-\phi_3-\phi_4) + 3r_0r_1r_4\cos(\phi_1+\phi_4)$$

$$G_5 = \frac{3}{4}r_1r_2^2\sin(\phi_1+2\phi_2) - \frac{3}{4}r_1r_3^2\sin(\phi_1-2\phi_3) - \frac{3}{2}r_1r_2r_4\sin(\phi_1-\phi_2-\phi_4)$$
$$+ 3r_0r_2r_3\sin(\phi_2+\phi_3) - \frac{3}{4}r_3r_4^2\sin(\phi_3-2\phi_4) + \frac{3}{4}r_1^2r_3\sin(2\phi_1+\phi_3)$$
$$- \frac{3}{2}r_2r_3r_4\sin(\phi_2-\phi_3-\phi_4) + 3r_0r_1r_4\sin(\phi_1+\phi_4)$$

$$P_6 = \frac{1}{4}r_2^3\cos3\phi_2 + \frac{3}{2}r_0r_3^2\cos2\phi_3 + \frac{3}{2}r_1r_2r_3\cos(\phi_1+\phi_2+\phi_3) + 3r_0r_2r_4\cos(\phi_2+\phi_4)$$
$$+ \frac{3}{4}r_2r_4^2\cos(\phi_2-\phi_4) + \frac{3}{2}r_1r_3r_4\cos(\phi_1-\phi_3-\phi_4) + \frac{3}{4}r_1^2r_4\cos(2\phi_1+\phi_4)$$

$$G_6 = \frac{1}{4}r_2^3\sin3\phi_2 + \frac{3}{2}r_0r_3^2\sin2\phi_3 + \frac{3}{2}r_1r_2r_3\sin(\phi_1+\phi_2+\phi_3) + 3r_0r_2r_4\sin(\phi_2+\phi_4)$$
$$-\frac{3}{4}r_2r_4^2\sin(\phi_2-2\phi_4) - \frac{3}{2}r_1r_3r_4\sin(\phi_1-\phi_3-\phi_4) + \frac{3}{4}r_1^2r_4\sin(2\phi_1+\phi_4)$$

$$P_7 = \frac{3}{4}r_2^2r_3\cos(2\phi_2+\phi_3) + \frac{3}{4}r_1r_3^2\cos(\phi_1+2\phi_3) + \frac{3}{4}r_1r_4^2\cos(\phi_1-2\phi_4)$$
$$+\frac{3}{2}r_1r_2r_4\cos(\phi_1+\phi_2+\phi_4) + 3r_0r_3r_4\cos(\phi_3+\phi_4)$$

$$G_7 = \frac{3}{4}r_2^2r_3\sin(2\phi_2+\phi_3) + \frac{3}{4}r_1r_3^2\sin(\phi_1+2\phi_3) - \frac{3}{4}r_1r_4^2\sin(\phi_1-2\phi_4)$$
$$+\frac{3}{2}r_1r_2r_4\sin(\phi_1+\phi_2+\phi_4) + 3r_0r_3r_4\sin(\phi_3+\phi_4)$$

$$P_8 = \frac{3}{4}r_2r_3^2\cos(\phi_2+2\phi_3) + \frac{3}{2}r_0r_4^2\cos2\phi_4 + \frac{3}{4}r_2^2r_4\cos(2\phi_2+\phi_4)$$
$$+\frac{3}{2}r_1r_3r_4\cos(\phi_1+\phi_3+\phi_4)$$

$$G_8 = \frac{3}{4}r_2r_3^2\sin(\phi_2+2\phi_3) + \frac{3}{2}r_0r_4^2\sin2\phi_4 + \frac{3}{4}r_2^2r_4\sin(2\phi_2+\phi_4)$$
$$+\frac{3}{2}r_1r_2r_4\sin(\phi_1+\phi_3+\phi_4)$$

$$P_9 = \frac{1}{4}r_3^3\cos3\phi_3 + \frac{3}{2}r_2r_3r_4\cos(\phi_2+\phi_3+\phi_4) + \frac{3}{4}r_1r_4^2\cos(\phi_1+2\phi_4)$$

$$G_9 = \frac{1}{4}r_3^3\sin3\phi_3 + \frac{3}{2}r_2r_3r_4\sin(\phi_2+\phi_3+\phi_4) + \frac{3}{4}r_1r_4^2\sin(\phi_1+2\phi_4)$$

$$P_{10} = \frac{3}{4}\left[r_3^2r_4\cos(2\phi_3+\phi_4) + r_2r_4^2\cos(\phi_2+2\phi_4)\right]$$

$$G_{10} = \frac{3}{4}\left[r_3^2r_4\sin(2\phi_3+\phi_4) + r_2r_4^2\sin(\phi_2+2\phi_4)\right]$$

$$P_{11} = \frac{3}{4}r_3r_4^2\cos(\phi_3+2\phi_4)$$

$$G_{11} = \frac{3}{4}r_3r_4^2\sin(\phi_3+2\phi_4)$$

$$P_{12} = \frac{1}{4}r_4^3\cos3\phi_4$$

$$G_{12} = \frac{1}{4}r_4^3\sin3\phi_4$$

$$A_0 = \frac{3}{2}(r_1^2+r_2^2+r_3^2+r_4^2)$$

$$A_1 = \frac{3}{4}(4r_0^2+r_1^2+2(r_2^2+r_3^2+r_4^2))$$

附录 A 谐波平衡法相关系数的表达式

$$A_2 = \frac{3}{4}(4r_0^2 + 2r_1^2 + r_2^2 + 2(r_3^2 + r_4^2))$$

$$A_3 = \frac{3}{4}(4r_0^2 + 2(r_1^2 + r_2^2) + r_3^2 + 2r_4^2)$$

$$A_4 = \frac{3}{4}(4r_0^2 + 2(r_1^2 + r_2^2 + r_3^2) + r_4^2)$$

$$\theta_0 = 1 + 3r_0^2 + \frac{3}{2}(r_1^2 + r_2^2 + r_3^2 + r_4^2)$$

$$\theta_{1c} = \frac{3}{2}[2r_0 r_1 \cos\phi_1 + r_1 r_2 \cos(\phi_1 - \phi_2) + r_2 r_3 \cos(\phi_2 - \phi_3) + r_3 r_4 \cos(\phi_3 - \phi_4)]$$

$$\theta_{1s} = \frac{3}{2}[2r_0 r_1 \sin\phi_1 - r_1 r_2 \sin(\phi_1 - \phi_2) - r_2 r_3 \sin(\phi_2 - \phi_3) - r_3 r_4 \sin(\phi_3 - \phi_4)]$$

$$\theta_{2c} = \frac{3}{4}[r_1^2 \cos 2\phi_1 + 4r_0 r_2 \cos\phi_2 + 2r_1 r_3 \cos(\phi_1 - \phi_3) + 2r_2 r_4 \cos(\phi_2 - \phi_4)]$$

$$\theta_{2s} = \frac{3}{4}[r_1^2 \sin 2\phi_1 + 4r_0 r_2 \sin\phi_2 - 2r_1 r_3 \sin(\phi_1 - \phi_3) - 2r_2 r_4 \sin(\phi_2 - \phi_4)]$$

$$\theta_{3c} = \frac{3}{2}[4r_1 r_2 \cos(\phi_1 + \phi_2) + 2r_0 r_3 \cos\phi_3 + r_1 r_4 \cos(\phi_1 - \phi_4)]$$

$$\theta_{3s} = \frac{3}{2}[4r_1 r_2 \sin(\phi_1 + \phi_2) + 2r_0 r_3 \sin\phi_3 - r_1 r_4 \sin(\phi_1 - \phi_4)]$$

$$\theta_{4c} = \frac{3}{4}[r_2^2 \cos 2\phi_2 + 2r_1 r_3 \cos(\phi_1 + \phi_3) + 4r_0 r_4 \cos\phi_4]$$

$$\theta_{4s} = \frac{3}{4}[r_2^2 \sin 2\phi_2 + 2r_1 r_3 \sin(\phi_1 + \phi_3) + 4r_0 r_4 \sin\phi_4]$$

$$\theta_{5c} = \frac{3}{2}[r_2 r_3 \cos(\phi_2 + \phi_3) + r_1 r_4 \cos(\phi_1 + \phi_4)]$$

$$\theta_{5s} = \frac{3}{2}[r_2 r_3 \sin(\phi_2 + \phi_3) + r_1 r_4 \sin(\phi_1 + \phi_4)]$$

$$\theta_{6c} = \frac{3}{4}[r_2^3 \cos 3\phi_2 + 2r_2 r_4 \cos(\phi_2 + \phi_4)]$$

$$\theta_{6s} = \frac{3}{4}[r_2^3 \sin 3\phi_2 + 2r_2 r_4 \sin(\phi_2 + \phi_4)]$$

$$\theta_{7c} = \frac{3}{2} r_3 r_4 \cos(\phi_3 + \phi_4)$$

$$\theta_{7s} = \frac{3}{2} r_3 r_4 \sin(\phi_3 + \phi_4)$$

$$\theta_{8c} = \frac{3}{4} r_4^2 \cos 2\phi_4$$

$$\theta_{8s} = \frac{3}{4} r_4^2 \sin 2\phi_4$$

附录 B 单变量分岔方程稳态解系数的表达式

本附录给出式(4.3.15)的稳态解 $\sum_{i=1}^{7} b_i z^{7-i} = 0$ 中 b_i 的具体表达式：

$b_1 = 729\omega_2^6$

$b_2 = -1944\omega_1^3\omega_2^6\gamma^2$

$b_3 = 1728\omega_1^6\omega_2^6\gamma^4 - 2592\omega_1^3\omega_2^6\gamma^2\Delta_1\sigma_1 + 1296\omega_1^6\omega_2^3\gamma^2\Delta_2\sigma_2 + 2187\omega_2^6 B_1^2\Delta_1^2$

$b_4 = -576\omega_1^9\omega_2^6\gamma^6 + 4320\omega_1^6\omega_2^6\gamma^4\Delta_1\sigma_1 - 1728\omega_1^9\omega_2^3\gamma^4\Delta_2\sigma_2 - 3888\omega_1^3\omega_2^6\gamma^2 B_1^2\Delta_1^2$

$b_5 = 64\omega_1^{12}\omega_2^6\gamma^8 - 1920\omega_1^9\omega_2^6\gamma^6\Delta_1\sigma_1 + 384\omega_1^{12}\omega_2^3\gamma^6\Delta_2\sigma_2 + 1872\omega_1^6\omega_2^6\gamma^4 B_1^2\Delta_1^2$
$\quad + 2187\omega_2^6 B_1^4\Delta_1^4 - 288\omega_1^9\omega_2^3\gamma^4 B_1 B_2\Delta_1\Delta_2 - 2304\omega_1^9\omega_2^3\gamma^4\Delta_1\Delta_2\sigma_1\sigma_2$
$\quad + 576\omega_1^{12}\gamma^4\Delta_2^2\sigma_2^2 + 144\omega_1^{12}\gamma^4 B_2^2\Delta_2^2 - 5184\omega_1^3\omega_2^6\gamma^2 B_1^2\Delta_1^3\sigma_1$
$\quad + 2592\omega_1^6\omega_2^3\gamma^2 B_1^2\Delta_1^2\Delta_2\sigma_2 + 2304\omega_1^6\omega_2^6\gamma^4\Delta_1^2\sigma_1^2$

$b_6 = 4320\omega_1^6\omega_2^6\gamma^4 B_1^2\Delta_1^3\sigma_1 - 1728\omega_1^9\omega_2^3\gamma^4 B_1^2\Delta_1^2\Delta_2\sigma_2 + 192\omega_1^{12}\omega_2^3\gamma^6 B_1 B_2\Delta_1\Delta_2$
$\quad - 1536\omega_1^9\omega_2^6\gamma^6\Delta_1^2\sigma_1^2 + 768\omega_1^{12}\omega_2^3\gamma^6\Delta_1\Delta_2\sigma_1\sigma_2 + 256\omega_1^{12}\omega_2^6\gamma^8\Delta_1\sigma_1$
$\quad - 1944\omega_1^3\omega_2^6\gamma^2 B_1^4\Delta_1^4 - 192\omega_1^9\omega_2^6\gamma^6 B_1^2\Delta_1^2$

$b_7 = -144\omega_1^{18}\omega_2^2 f^2\gamma^6 + 256\omega_1^{12}\omega_2^6\gamma^8\Delta_1^2\sigma_1^2 - 384\omega_1^9\omega_2^6\gamma^6 B_1^2\Delta_1^3\sigma_1 + 144\omega_1^6\omega_2^6\gamma^4 B_1^4\Delta_1^4$
$\quad - 288\omega_1^9\omega_2^3\gamma^4 B_1^3 B_2\Delta_1^3\Delta_2 + 144\omega_1^{12}\gamma^4 B_2^2\Delta_1^2\Delta_2^2 + 576\omega_1^{12}\gamma^4 B_1^2\Delta_1^2\Delta_2^2\sigma_2^2$
$\quad + 2304\omega_1^6\omega_2^6\gamma^4 B_1^2\Delta_1^4\sigma_1^2 - 2304\omega_1^9\omega_2^3\gamma^4 B_1^2\Delta_1^3\Delta_2\sigma_1\sigma_2$
$\quad + 384\omega_1^{12}\omega_2^3\gamma^6 B_1 B_2\Delta_1^2\Delta_2\sigma_1 - 2592\omega_1^6\omega_2^3\gamma^2 B_1^4\Delta_1^5\sigma_1$
$\quad + 1296\omega_1^6\omega_2^3\gamma^2 B_1^4\Delta_1^4\Delta_2\sigma_2 + 729\omega_2^6 B_1^6\Delta_1^6$

附录 C 分岔参数与开折参数的表达式

本附录给出式(4.3.21)中分岔参数 $\alpha_1 \sim \alpha_4$ 和开折参数 μ 的具体表达式：

$$\alpha_1 = -\frac{1}{27} \frac{16\omega_1^6 \omega_2^3 \gamma^4 + 96\omega_1^3 \omega_2^3 \gamma^2 \Delta_1 \sigma_1 - 48\omega_1^6 \gamma^2 \Delta_2 \sigma_2 - 81 B_1^2 \Delta_1^2 \omega_2^3}{\omega_2^3}$$

$$\alpha_2 = -\frac{32}{729} \frac{\gamma^4 \omega_1^6 (2\omega_1^3 \omega_2^3 \gamma^2 + 9\omega_2^3 \Delta_1 \sigma_1 - 18\omega_1^3 \Delta_2 \sigma_2)}{\omega_2^3}$$

$$\alpha_3 = \frac{1}{729\omega_2^6}(64\omega_1^{12}\omega_2^6\gamma^8 + 768\omega_1^9\omega_2^6\gamma^6\Delta_1\sigma_1 - 288\omega_1^9\omega_2^3\gamma^4 B_1 B_2 \Delta_1 \Delta_2 - 5184\omega_1^3\omega_2^6\gamma^2 B_1^2 \Delta_1^3 \sigma_1$$
$$- 384\omega_1^{12}\omega_2^3\gamma^6\Delta_2\sigma_2 + 2304\omega_1^6\omega_2^6\gamma^4\Delta_1^2\sigma_1^2 - 2304\omega_1^9\omega_2^3\gamma^4\Delta_1\Delta_2\sigma_1\sigma_2 + 576\omega_1^{12}\gamma^4\Delta_2^2\sigma_2^2$$
$$- 720\omega_1^6\omega_2^6\gamma^4 B_1^2 \Delta_1^2 + 2592\omega_1^6\omega_2^3\gamma^2 B_1^2 \Delta_1^2 \Delta_2 \sigma_2 + 2187\omega_2^6 B_1^4 \Delta_1^4 + 144\omega_1^{12}\gamma^4 B_2^2 \Delta_2^2)$$

$$\alpha_4 = \frac{32\omega_1^6\eta^4}{19683\omega_2^6}(16\omega_1^9\omega_2^6\gamma^6 + 168\omega_1^6\omega_2^6\gamma^4\Delta_1\sigma_1 - 192\omega_1^9\omega_2^3\gamma^4\Delta_2\sigma_2 - 54\omega_1^6\omega_2^3\gamma^2 B_1 B_2 \Delta_1 \Delta_2$$
$$- 1080\omega_1^6\omega_2^3\gamma^2\Delta_1\Delta_2\sigma_1\sigma_2 + 432\omega_1^9\gamma^2\Delta_2^2\sigma_2^2 - 54\omega_1^6\omega_2^3\gamma^2 B_1^2\Delta_1^2 + 432\omega_1^3\omega_2^6\gamma^2\Delta_1^2\sigma_1^2$$
$$+ 108\omega_1^9\gamma^2 B_2^2\Delta_2^2 - 243\omega_2^6 B_1^2\Delta_1^3\sigma_1 + 486\omega_1^3\omega_2^3 B_1^2\Delta_1^2\Delta_2\sigma_2)$$

$$\mu = \frac{1}{531441\omega_2^6}(1679616\omega_1^9\omega_2^3\gamma^4 B_1^2 \Delta_1^3 \Delta_2 \sigma_1 \sigma_2 + 104976\omega_1^{18}\omega_2^2\gamma^6 f^2 - 1679616\omega_1^6\omega_2^6 B_1^2 \Delta_1^4 \sigma_1^2 \gamma^4$$
$$- 373248\omega_1^9\omega_2^6\gamma^6 B_1^2 \Delta_1^3 \sigma_1 + 1889568\omega_1^3\omega_2^6\gamma^2 B_1^4 \Delta_1^5 \sigma_1 - 9216\omega_1^{15}\omega_2^6\gamma^{10}\Delta_1\sigma_1 - 1024\omega_1^{18}\omega_2^6\gamma^{12}$$
$$+ 18432\omega_1^{18}\omega_2^3\gamma^{10}\Delta_2\sigma_2 + 186624\omega_1^{12}\omega_2^6\gamma^6 B_1^2 \Delta_2 \Delta_1^2 \sigma_2 - 531441\omega_2^6 B_1^6 \Delta_1^6 - 82944\omega_1^{18}\gamma^8\Delta_2^2\sigma_2^2$$
$$- 20736\omega_1^{12}\omega_2^6\gamma^8\Delta_1^2\sigma_1^2 + 209952\omega_1^6\omega_2^6\gamma^4 B_1^4 \Delta_1^4 - 20736\omega_1^{12}\omega_2^6\gamma^8 B_1^2 \Delta_1^2 - 20736\omega_1^{18}\gamma^8 B_2^2 \Delta_2^2$$
$$- 944784\omega_1^6\omega_2^3\gamma^2 B_1^4 \Delta_1^4 \Delta_2 \sigma_2 - 20736\omega_1^{15}\omega_2^3\gamma^8 B_1 B_2 \Delta_1 \Delta_2 + 82944\omega_1^{15}\omega_2^3\gamma^8\Delta_1\Delta_2\sigma_1\sigma_2$$
$$- 104976\omega_1^{12}\gamma^4 B_1^2 B_2^2 \Delta_1^2 \Delta_2^2 - 419904\omega_1^{12}\gamma^4 B_1^2 \Delta_1^2 \Delta_2^2 \sigma_2^2 + 209952\omega_1^9\omega_2^3\gamma^4 B_1^3 B_2 \Delta_1^3 \Delta_2$$
$$- 279936\omega_1^{12}\omega_2^3\gamma^6 B_1 B_2 \Delta_1^2 \Delta_2 \sigma_1)$$